Buch

Immer weniger Kinder sind in der Lage, sich erfolgreich in eine Gruppe zu integrieren – das liegt nicht zuletzt an den Werten, die unsere westliche Gesellschaft vermittelt. Heute ist kein Alter zu früh für den Fremdsprachen- und Musikunterricht. Wird keine Sonderbegabung festgestellt, wird so manches Elternpaar nervös. Der Konkurrenz- und Leistungsdruck überträgt sich auf die Kinder, und das Spielen, das zur Prägung des Gemeinschaftsgefühls so wichtig ist, tritt in den Hintergrund.
Wie Rücksichtnahme, Toleranz und soziale Fähigkeiten sich bei Kindern richtig entwickeln und das optimale Miteinander entsteht, zeigt der erfahrene Kinderpsychologe Stephan Valentin. Das erste Team im Leben eines Kindes und damit die richtigen Vorbilder sollten die eigenen Eltern sein. In Kindergarten, Schule und Vereinen wird das Gemeinschaftsempfinden fortgesetzt und das Kind so auf ein erfolgreiches und glückliches Leben vorbereitet.

Autor

Dr. Dipl. Psych. Stephan Valentin hat Psychologie und Schauspiel studiert. Ehrenamtliche Einsätze brachten ihn nach Bombay und an die Elfenbeinküste. Er führt eine kinderpsychologische Praxis in Paris und ist Autor von Elternratgebern und Romanen. Sein Werk »Vielfarben« wurde mit dem Bettina-von-Arnim-Preis ausgezeichnet.

DR. STEPHAN VALENTIN

ICH-LINGE

Warum unsere **Kinder** keine **Teamplayer** sind

GOLDMANN

Alle Ratschläge in diesem Buch wurden vom Autor und vom Verlag sorgfältig erwogen und geprüft. Eine Garantie kann dennoch nicht übernommen werden. Eine Haftung des Autors beziehungsweise des Verlags und seiner Beauftragten für Personen-, Sach- und Vermögensschäden ist daher ausgeschlossen.

MIX
Papier aus verantwortungsvollen Quellen
FSC® C014496

Verlagsgruppe Random House FSC-DEU-0100
Das für dieses Buch verwendete FSC®-zertifizierte Papier *Classic 95*
liefert Stora Enso, Finnland.

1. Auflage
Deutsche Originalausgabe Februar 2012
Wilhelm Goldmann Verlag, München,
in der Verlagsgruppe Random House GmbH
Copyright © 2012 Wilhelm Goldmann Verlag, München,
in der Verlagsgruppe Random House GmbH
Umschlaggestaltung: Uno Werbeagentur, München
Redaktion: Dunja Reulein
Satz: Buch-Werkstatt GmbH, Bad Aibling
Druck und Bindung: GGP Media GmbH, Pößneck
BK · Herstellung: IH
Printed in Germany
ISBN 978-3-442-17290-0

www.goldmann-verlag.de

Inhalt

Vorwort 9

Kapitel 1
Ichlinge – eine bedrohte »Spezies«? 10

Kapitel 2
Der Schlüssel zu anderen Menschen 18
Soziale Kompetenz – spielen wir zusammen? 18
Wie beeinflussen Computer, Videospiele & Co.
    die Entwicklung unserer Kinder? 26
Digitale Welt und soziale Kompetenz 36
Tausend Freunde und allein 45
Empathie – niemand ist eine Insel 50
Vom Verlust der Empathie 56
Empathie und Gewalt 60
Soziale Kompetenz und Teamfähigkeit 64
Erziehung versus Kulturtechnik 67

Kapitel 3
Frühkindliche Bindung –
ein besonderes Band fürs Leben 74
Was bedeutet Bindung? 74
Eine Frage der Bindung – die vier Bindungstypen 75
Programmiert zum Miteinander 80
Die Mutter – ein sicherer Hafen 84
Von bindenden Vätern, Erzieherinnen und Tagesmüttern ... 89
Die Angst vor Nähe – Bindungsängste 99

Kapitel 4
Die Distanz zum Kind 104
Allein, allein – die Geschichte der Kindheit 104
Die Perioden der Eltern-Kind-Beziehung 108
Von kulturellen Erziehungsstilen 110
Die Distanz in der westlichen Kultur 112
Erziehung unter Einfluss 116

Kapitel 5
Der Kult der Autonomie 121
Wie wird mein Kind autonom? 121
Loslassen und festhalten 127
Nein und noch mal Nein 131
Trennung und Autonomie 134
Lost in Autonomie? 141
Autonom um jeden Preis 144

Kapitel 6

Egoismus und Erziehung

Egoismus und Erziehung 154

Egoismus pur 154

Gesunder Egoismus 157

Ichlinge und Egoismus 159

Einzelkinder – verwöhnte Ichlinge? 161

Kapitel 7

Wenn Kinder allein regieren

Wenn Kinder allein regieren 167

Individuum Kind 167

Das Erbe der 1960er-Jahre 174

Die gute Autorität 178

Frustration und Liebe 179

Kind, Kunst und Frustration 185

Kapitel 8

Der einsame Weg zum Erfolg

Der einsame Weg zum Erfolg 187

Die Förder-Hysterie 187

Wenn Eltern das Glück ihres Kindes schmieden 193

Eltern und Schulen unter Erfolgszwang 195

Leistungsdruck und seine Folgen 201

Leistungsdruck und Leistungsverweigerung
   (von Christiane und Michael Gérard) 211

Mehr Leistungsdruck für deutsche Kinder? 232

Kapitel 9

So wird ein Kind zum Teamplayer 237

Das Team 237

Das Eltern-Kind-Team 240

Die Rolle des Kindergartens 254

Die Schule – gemeinsam lernen 259

Lernen und Lehren im Team – Konzept und Alltag der
    Georg-Christoph-Lichtenberg-Gesamtschule Göttingen,
    Hauptpreisträger des Deutschen Schulpreises 2011
    (von Lars Humrich) 271

Teamfähigkeit durch Gewaltprävention
    (von Thomas Henckes) 288

Vom Ego-Shooter zum Teamplayer – was Sport dazu
    beitragen kann (von Dr. Jürgen Hofmann) 308

Nachwort 328

Anmerkungen 330

Register 334

Vorwort

Mein Kind soll in der Gesellschaft einmal erfolgreich bestehen können – viele Eltern würden das wohl als Hauptziel ihrer Erziehung angeben. Kein Wunder, ist doch die Spaltung der Gesellschaft in »Gewinner« und »Verlierer« allgegenwärtig. Für junge Eltern ist der Druck erheblich und wird in bester Absicht an die Kinder weitergegeben. Wenn das Kindergartenkind als Einziges noch nicht die Schere halten kann oder der Lehrer Nachhilfe empfiehlt, ist die Sorge um die Zukunft des Kindes groß. Muss das Kind also darauf getrimmt werden, mit den anderen mitzuhalten, oder besser noch, sie zu überflügeln? Ein »durchschnittliches« Kind ist für viele Eltern keine Option. Die Gleichaltrigen dienen als Messlatte und werden als Konkurrenz empfunden, gegen die es sich durchzusetzen gilt. Das Kind als einsamer Einzelkämpfer? Doch ist der Mensch ein gemeinschaftliches Wesen, und in unserer komplexen Gesellschaft sind wir heute umso mehr auf ein funktionierendes Miteinander angewiesen. Aktuelle Studien zeigen, dass soziales, teamfähiges Verhalten den Einzelnen erfolgreich macht. Das vorliegende Buch möchte unnötigen Leistungsdruck bei der jungen Generation reduzieren und Wege aufzeigen, um Kinder in der Gemeinschaft stark zu machen.

Kapitel 1

Ichlinge –
eine bedrohte »Spezies«?

»Ichlinge haben keine Zukunft«, »Ichlinge sind out« oder »Ichlinge werden wieder solidarisch« – das Wort »Ichling« taucht immer wieder in den Medien auf. Es war übrigens schon den Brüdern Grimm bekannt. In ihrem Wörterbuch haben sie zu diesem Begriff wie folgt Jean Paul zitiert:

»ichling, m. egoist: allerdings genieszt der ichling den grösten grad häuslichen glücks, nämlich sein eignes.«[1]

Auch heute noch versteht man unter »Ichling« einen egoistischen Menschen, und der Begriff wird mehr und mehr in Zusammenhang mit der heutigen Generation von Kindern und Jugendlichen benutzt. Doch nun soll Schluss mit den Ichlingen sein. Gerade in Krisenzeiten sei kein Platz mehr für Egoisten in unserer Gesellschaft, hieß es bei der Vorstellung der letzten Wertewandel-Studie der BAT Stiftung für Zukunftsfragen (2010). Deren wissenschaftlicher Leiter Horst Opaschowski erklärte in einem Interview auf »Welt.de«: »Als großer Hoffnungsträger erweist sich die Jugend.«[2] Und man liest weiterhin in dem Artikel: »Zwei Drittel der Jugendlichen im Alter von 14 bis 17 Jahren sind demnach davon überzeugt, dass sie die Zukunft problemlos meistern können.« Ihre Leistungsorientierung nehme »explosionsartig« zu, 2030 würden 68 Prozent ihren Lebenssinn in der Arbeit suchen, zugleich aber auch das Leben genießen wollen. Familie, Freunde, Hilfsbereitschaft und gute Nachbarschaft gewönnen wieder an Bedeutung. Fazit: Die »Wir-Generation« werde die »Ichling-Generation« ablösen.

Das hört sich alles sehr optimistisch an, und man kann es Deutschland eigentlich nur wünschen. Demnach werden wir in den nächsten Jahren also keinen Werteverfall erleben. Unsere Jugend will sich sozial und politisch engagieren. Zukunftsängste sind out. Aber wie werden die Jugendlichen diese gut gemeinten Vorsätze umsetzen? Wer wird ihnen diese positiven Werte und sozialen Tugenden vermitteln? Helga B. und Marianne K., beide Rektorinnen von Realschulen plus im Raum Heidelberg, wirken besorgt: »Was wir beide übereinstimmend sagen können, ist, dass Eltern von Hauptschülern oft an der Erziehung und Entwicklung ihrer Kinder kein großes Interesse mehr haben und die Kinder schlicht sich selbst überlassen sind – was sicher ein hervorragendes Klima für einen nicht mehr zu kontrollierenden Medienkonsum ist und so die Jugendlichen zu ›Ichlingen‹ werden lässt.«

Aber vielleicht handelt es sich bei dieser neuen »Wir-Generation« um Gymnasiasten? Die bayerischen Gymnasiasten möglicherweise nicht. Die protestierten Anfang 2010 gegen den ihrer Meinung nach unerträglichen Leistungsdruck am achtjährigen Gymnasium G8 (Klasse 5 bis 12). Und damit sind sie nicht allein, denn immer mehr Schüler leiden unter psychosomatischen Beschwerden, verursacht durch die hohen Anforderungen der Eltern und des Schulsystems. Leistungsdruck ist aber gerade einer der Faktoren, der Kinder zu Ichlingen werden lässt, denn der tägliche Konkurrenzkampf, der bereits im Englischkurs für drei Monate alte Babys beginnt, lässt ein »Wir« nicht zu. In der westlichen

11

Gesellschaft kommt immer nur der Beste weiter. Eltern haben das schnell begriffen. Das »Ich« des Kindes wird daher gefördert und gestärkt. Selbst im Sport geht es oft nicht mehr um das Spiel selbst und den Teamgeist. Wenn die Eltern den Trainer am Ende des Turniers abfangen, geht es vor allem darum: »Wie war mein Kind? Wie schneidet es im Vergleich zu seinen Altersgenossen ab?« Für Freundschaften, Spiel und Spaß ist in dem straff durchorganisierten Alltag eines Kindes sowieso nicht mehr viel Zeit. Finden Kinder und Jugendliche auf diese Weise zum »Wir«? Von welchen Kindern und Jugendlichen sprechen wir da? Und nochmals: Wann soll denn dieser Wandel stattfinden?

Vielen Eltern ist diese Problematik bereits bewusst. Sie erwarten von den Lehrern des Kindes nicht nur die Wissensvermittlung, sondern auch die Bildung seiner Persönlichkeit. In der Schule sollen Erziehungsdefizite ausgeglichen werden. Doch den hohen Erwartungshaltungen der Eltern an die Schulen wird die Wirklichkeit anscheinend nicht gerecht.

Woran liegt es, dass Lehrern die Wertevermittlung nicht gelingt? Stark von den Medien geprägt, computerbegeistert, große Konzentrationsprobleme, materialistisch eingestellt, selbstbezogen, verwöhnt – so werden wohl viele Lehrer ihre Schüler beschreiben. Lehrkräfte stellen fest, dass ihre Schüler nicht belastbar sind und eigentlich viel lieber vorm Computerspiel sitzen würden als im Klassenzimmer. Sonja P., Lehrerin einer Abend-Realschule in München, ist fassungslos, wie wenig ihre Schüler wissen, und wirkt demoralisiert: »Die Schüler sind so unmotiviert. Wenn die Klasse einen Test schreiben soll, stehen manche Schüler auf und sagen, dass sie zuerst mal eine rauchen, etwas trinken, etwas es-

Erziehungsort Schule

Eltern in Deutschland wünschen sich die Vermittlung folgender Kenntnisse an Schulen:

- Englisch (71 Prozent)
- Mathematik (69 Prozent)
- Teamfähigkeit (68 Prozent)
- Hilfsbereitschaft bzw. Rücksichtnahme auf andere (63 Prozent)
- Höflichkeit und gute Manieren (57 Prozent)
- Disziplin (47 Prozent)

Die Vermittlung von sozialen Kompetenzen wird also als beinahe ebenso wichtig angesehen wie das klassische Schulwissen. Immerhin 87 Prozent der Lehrer betrachten Wertevermittlung als eine ihrer zentralen Aufgaben, hier besteht also ein weitgehender Konsens zwischen Eltern und Lehrern, denn für beide hat Persönlichkeitsbildung einen hohen Stellenwert.

Doch insgesamt glaubt nur etwa ein Drittel der Lehrer (37 Prozent), dass ihnen das auch gelingt. An Hauptschulen (17 Prozent) und Real- und Sekundarschulen (28 Prozent) glauben sie kaum daran, Grundschulen (45 Prozent) und Gymnasien (40 Prozent) können ebenfalls nicht mit besonders positiven Ergebnissen aufwarten.[3]

sen müssen. Ihre Bedürfnisse stehen an erster Stelle. Oder sie sagen, dass ich keinen Stress machen soll. Im Unterricht starren sie mich an, und unter dem Tisch verschicken sie SMS. Eine Schülerin hat vor Kurzem alles hingeworfen, weil angeblich der Lehrer nicht nett zu ihr gewesen ist.«

Ist das die Jugend, auf die Deutschland alle Hoffnungen setzt? Lehrer werden täglich mit Schülern konfrontiert, die sich nicht mehr einbringen, die nicht mehr in ihre Zukunft investieren wollen. Die Bedürfnisse der Jugendlichen lassen sich immer schwerer mit dem Schulalltag vereinbaren. Der »Trip« Schule mit Regeln und Grenzen ist eben nicht *cool.*

Bernd S., Religions- und Sportlehrer in einem Gymnasium in Heidelberg, berichtet von seinen Eindrücken:

Die Bandbreite des Schülerverhaltens ist so unterschiedlich, wie die Erziehungsstile der Eltern beziehungsweise Erziehungsberechtigten es sind. Etwa zwei bis drei Prozent der Schüler/innen sind verhaltensauffällig. Kommt man mit deren Eltern ins Gespräch, weiß man warum, und sagt sich im Nachhinein: »Dafür sind die Kinder ja noch recht gut gelungen!«

Für viele Kinder ist der Unterricht eine unangenehme Unterbrechung ihrer Freizeitinteressen (Internet, Handy- und Computerspiele). Warum ist das Mitbringen von Handys an der Schule nicht verboten? Antwort: Weil die Eltern jederzeit erreichbar sein wollen. Also werden die Pausen dazu genutzt, mit den Handys zu spielen.

Montags kommen manche Kinder gestresst vom Wochenende in die Schule und benötigen mindestens einen Tag Eingewöhnungszeit.

Die Elterngeneration wuchs unter dem Aspekt der »Selbstverwirklichung« auf, wobei die Betonung oft auf dem »Selbst« lag. Warum wundern wir uns, dass wir jetzt vermehrt »Ichlinge« als Kinder haben?

Die öffentliche Meinung geht davon aus, dass in der Schule alles reparabel ist, was an anderer Stelle nicht gelungen ist. Das ist eine absolute Überforderung der Schullandschaft. Sogenannte Sekundärtugenden wie etwa Disziplin, Sauberkeit, Freundlichkeit und Höflichkeit werden nicht mehr gefördert und müssen mühsam und mit argumentativen »Klimmzügen« vermittelt werden. Es gibt Kinder, die einer Wohlstandsverwahrlosung ausgesetzt sind und meinen, man könne alles »kaufen«. »Überbehütete Kinder« wiederum wundern sich, wenn sie nicht für jeden »Furz« belohnt werden.

Kinder, die schon mit MP3-Player im Ohr aus dem Haus gehen, werden zwangsläufig zu »Autisten« in dem Sinne, dass sie gar kein Interesse an Kontakten mit anderen haben und sich später wundern, warum sie keiner mag.

Da Kinder von den Bildschirmmedien unterhalten werden, wollen sie in der Schule ebenfalls dauernd animiert werden. Geschieht dies nicht, wird abgeschaltet. Da Schule grundsätzlich nur »Spaß« machen soll, ist jeder Lehrer, der das nicht mitmacht, ein Spielverderber.

Ein Großteil der Kinder an meiner Schule (Gymnasium) ist durchaus lernwillig und lernfähig. Die Schere zwischen diesen und

Kindern, die genauso intelligent sind, aber Konzentrationsschwierigkeiten haben, wird aber immer größer. Vermutlich, weil Letztere zu wenig in ihrem Freizeitverhalten zu Hause kontrolliert werden.

Exemplarisch dafür ist folgende Situation: Ein Fünftklässler kommt zur ersten Stunde immer zu spät zum Unterricht. Darauf angesprochen antwortet er: »Mein Vater fährt zu spät weg!« Nach meinem Hinweis: »Dann sag deinem Vater, dass er früher losfahren soll«, ändert sich nichts. Bei der Elternsprechstunde darauf angesprochen, entgegnet der Vater: »Mein Sohn steht morgens so schwer auf!« Auf meine Frage, warum das so sei, kommt die Antwort: »Er geht halt abends spät ins Bett!« Meinen Vorschlag, er solle doch früher ins Bett gehen, lehnt der Vater entrüstet ab: »Nein, nein, mein Sohn soll schon selbst bestimmen, wann er ins Bett geht!«

Die Erfahrungen von Bernd S. sind kein Einzelfall an deutschen Schulen. Wie deckt sich das nun mit der am Anfang des Kapitels genannten Studie, in der sich zeigte, dass zwei Drittel der Jugendlichen zwischen 14 und 17 Jahren recht sorgenfrei in ihre Zukunft blicken? Dort bezogen sich die Antworten der Jugendlichen auf ihr Leben in 20 Jahren, eine für sie noch ferne Zukunft. Was ihre jetzige Situation angeht, so ist es nur verständlich, dass sie versuchen, den Leistungsdruck und ihre eigenen Interessen unter einen Hut zu bringen. Bei steigendem Leistungsdruck wächst automatisch die Lust auf mehr Lebensgenuss und die Sehnsucht nach Sinn. Es erklärt auch zum Teil, warum so viele Kinder und Jugendliche sich ins Internet und in Videospiele flüchten, um dort die reale Welt mit ihren hohen Anforderungen zumindest für eine gewisse Zeit zu verdrängen. Und gleichzeitig ist es ein Merkmal der Ichling-Generation, vorzugeben, seine Zukunft ohne irgendwelche Probleme meistern zu können.

So ist der angekündigte Gesellschaftstrend »Ichlinge sind out« doch wohl nur eine Mär. Das *Ich* braucht das *Wir*? Vielleicht, wenn es dem eigenen Vorteil dient. Die Mehrheit der Jugendlichen strebt beruflichen und materiellen Erfolg an. Der soll zwar nicht so glücklich machen wie gemeinnütziges Engagemet, heißt es in einer Langzeitstudie des Deutschen Instituts für Wirtschaftsforschung, doch er schafft Anerkennung. Es gibt zwar immer wieder Menschen, die anderen zu Hilfe eilen und manchmal dabei ihr eigenes Leben riskieren, doch das ist wohl die Ausnahme. Aktuelle Tendenz ist, Gewalttaten teilnahmslos zuzusehen, womöglich noch alles mit dem Smartphone zu filmen, dann das Video ins Internet zu stellen und sich damit zu profilieren.

Das Interessante ist, dass das Gehirn des Menschen eigentlich zur Kooperation konstruiert ist. 18 Monate alte Kleinkinder wären zum Beispiel noch nicht fähig, aus reinem Kalkül zu handeln, lautet das Ergebnis einer Studie der Wissenschaftler Felix Warneken und Michael Tomasello.[4] Ist der Mensch also von Natur aus ein selbstloser Mensch? Formen äußere Faktoren Kinder zu Ichlingen? Oder ist Egoismus vielleicht altersabhängig? Ichlinge sind, zumindest in der heutigen Gesellschaft, keine bedrohte »Spezies«. Es ist eher das Wir, das Unterstützung benötigt.

Kapitel 2

Der **Schlüssel**
zu anderen **Menschen**

Soziale Kompetenz – spielen wir zusammen?

Mithilfe von sozialer Kompetenz kommuniziert der Mensch seine Interessen und Bedürfnisse und stimmt sie mit denen anderer ab, durch sie ist er in der Lage, Konflikte zu bewältigen und sich gegen Ungerechtigkeiten zu widersetzen. Sie ist es auch, die Menschen teamfähig macht. Auf den anderen eingehen zu können, sich in ihn hineinzuversetzen, ihn zu loben und ermutigen, aber auch selbst Lob und Kritik anzunehmen – das sind Eigenschaften und Voraussetzungen für das Funktionieren eines Teams. Und wer im Team arbeitet, der schiebt der Ichling-Mentalität einen Riegel vor.

Es ist sicher unmöglich, Kinder und Jugendliche als eine einheitliche soziale Gruppe zu definieren. Nicht alle jungen Menschen teilen die Werte der sogenannten Ichlinge. Genauso wenig sind alle Eltern völlig desinteressiert am Werdegang ihrer Kinder oder erziehen sie ohne Regeln und Grenzen. Aber man kann von Tendenzen sprechen. Toleranz, Kritikfähigkeit, Selbstdisziplin und Empathie fehlen zu vielen Kindern und Jugendlichen. Ein Defizit, das im Kindergarten, in der Schule und später in der Arbeitswelt zu Problemen führt. Deutsche Unternehmen bekla-

Info

Was versteht man unter sozialer Kompetenz?

Unter sozialer Kompetenz wird die Kenntnis und Anwendung eines angemessenen Interaktionsverhaltens in sozialen Situationen verstanden. Im Einzelnen zeigt sie sich durch die Kenntnis und Anwendung sozialer Fertigkeiten, die sich in folgende Gruppen einteilen lassen:[5]

- Dominanz im Sinne der Erfüllung von Führungsaufgaben (Planung, Koordinierung, Nachprüfen)
- Verhaltensweisen, die Belohnungswert für die Gruppenmitglieder besitzen
- Fertigkeit, Einfluss demokratisch, überzeugend und konsultativ auszuüben
- Fähigkeit, sich in die Rolle des anderen zu versetzen
- Fähigkeit, gelassen zu reagieren (versus soziale Ängstlichkeit)
- Fähigkeit, die Interaktionspartner zuversichtlich zu machen
- Perzeptuelle Sensitivität, um die Reaktionen der Interaktionspartner richtig beurteilen zu können

gen, dass sie ausbügeln müssen, was Eltern und Schule nicht geschafft haben.

Jede Gelegenheit, die dem Kind geboten wird, seine soziale Kompetenz weiterzuentwickeln, wird sich positiv auf seine geistige Entwicklung, seine Beziehung zu Mitmenschen, seine emotionale Anpassung und sein Dasein als Bürger in einer Gesellschaft auswirken. Kinder lernen soziale Kompetenz über Vorbilder, und das sind in diesem Fall in erster Linie ihre Eltern beziehungsweise ihre Bezugspersonen. Das Entwickeln der sozialen Kompetenz beginnt nämlich von Geburt an. Die Art und Weise, wie Eltern auf die Signale ihres Babys reagieren, wie sie ihm durch ihre Reaktionen vermitteln, dass sie seine Bedürfnisse anerkennen und befriedigen, und auch wie sie mit ihm reden, spielen und ihre Liebe durch Zärtlichkeiten zeigen, prägt das Sozialverhalten des Babys. Klare und altersgerechte Regeln und Grenzen helfen dem Kleinkind, sich in der Gemeinschaft zurechtzufinden und sich angepasst zu verhalten. Das Sozialverhalten der Eltern dient dem Kind als Modell für seinen eigenen Umgang mit Menschen. Eltern leisten also die Vorarbeit des Erwerbs sozialer Kompetenz, die dann im Kontakt mit Gleichaltrigen verfeinert wird.

Spielplätze sind eine wichtige Lehrstation: Soll ich wirklich mein Spielzeug mit dem anderen Kind teilen? Du hast mir Sand in die Augen geworfen! Die hat mich an den Haaren gezogen! Wieso schubst du mich? Der hat mir ein Bussi gegeben! Spielen wir zusammen? Etwas teilen, nachgeben, den anderen respektieren, seine Grenzen erkennen – das alles und noch mehr sind notwendige Erfahrungen für jedes Kind. Das Kind muss lernen, mit seinem Gegenüber auszukommen. Es ist nicht immer ratsam, als Elternteil einzugreifen, wenn kleine Kinder sich streiten, es sei denn, sie werden wirklich zu wild und riskieren, sich zu verletzen. Gerade die Beziehung zu Gleichaltrigen ist ein wichtiger Faktor für die Entwicklung sozialer Kompetenz und für das spätere Verhalten als Erwachsener. Laut dem Forscher Willard W. Hartup von der

So lernen Kinder soziale Kompetenz von ihren Eltern

- Regeln und Gebote sind wichtig, aber Eltern sollten Ausnahmen berücksichtigen, zum Beispiel wenn ihr Kind krank oder wegen eines glücklichen Ereignisses sehr erregt ist. In diesen Momenten können Regeln überschritten werden, wenn sie dabei deutlich als Ausnahme angekündigt werden.

- Eltern sollten auf die Körpersprache ihres Kindes achten. So erkennen sie besser, wie es sich fühlt und was es denkt.

- Kleine Kinder brauchen manchmal lange, bis sie ihre Gedanken ausgedrückt haben. Eltern sollten ihnen die nötige Zeit geben und nicht ihre Sätze beenden.

- Kinder sollten von klein auf die Erfahrung machen, dass ihre Eltern ihnen wirklich zuhören.

- Wenn ein Kind sich verletzt, sollte man seine Schmerzen anerkennen und nicht mit einem »das tut doch gar nicht weh« abtun.

- Einem Kind sollte mitgeteilt werden, wenn etwas unternommen wird. So fühlt es sich respektiert und kann vielleicht sogar mitentscheiden oder Vorschläge machen.

- Eltern sollten den Besitz ihres Kindes respektieren. Auch wenn es nur ein Steinchen ist oder ein für die Eltern nichtssagender Aufkleber. Für das Kind ist sein Besitz ein »Heiligtum«.

University of Minnesota geben nicht Schulnoten und das Benehmen im Unterricht Aufschluss darüber, wie das Anpassungsver-
halten als Erwachsener sein wird. Bedeutend ist, wie das Kind mit
anderen Kindern zurechtkommt. »Kinder, die nicht beliebt sind,
die aggressiv sind und unfähig, eine enge Beziehung zu anderen
Kindern aufrechtzuerhalten, und die keinen Platz unter Gleichaltrigen finden, sind ernsthaft gefährdet.«[6]

Auch der Psychologe Clark McKown ist dieser Ansicht: »Positive Beziehungen zu Gleichaltrigen sind entscheidend für das
Wohlergehen von Kindern. Verglichen mit Kindern, die von anderen akzeptiert werden, haben unbeliebte Kinder ein erhöhtes
Risiko für spätere Anpassungsprobleme.«[7] Dabei geht es nicht darum, wie viele Freunde ein Kind hat, die Qualität seiner Beziehungen ist ausschlaggebend. Man sollte aber einem schüchternen Kind keine Freundschaften aufzwingen, wenn es sich damit
nicht wohlfühlt. Dies wirkt sich sogar kontraproduktiv aus. Obwohl Schüchternheit ein Kind vielleicht erst einmal davon ab-
hält, schöne Dinge wie Geburtstagspartys, Familienfeste oder das
Übernachten bei einem Freund oder einer Freundin so genießen zu können wie seine extrovertierteren Altersgenossen, kann
man doch davon ausgehen, dass diese Schüchternheit mit der Zeit
nachlässt, wenn sie auf sensible Weise gehandhabt wird. Das Sozialverhalten ist von Kind zu Kind verschieden, jedes hat seinen
eigenen Charakter und sein eigenes Temperament, und das von
Geburt an. Die Familienkonstellation (Einzelkind, Geschwister,
geschiedene Eltern etc.) und die Kultur sind ebenso Faktoren, die
auf das Sozialverhalten Einfluss nehmen. Es ist aber wichtig, dass
Kinder lernen, ihre Schwierigkeiten im Bereich des Sozialverhal-

Tipp

Schätzen Sie die soziale Kompetenz Ihres Kindes ein[8]

- Ist das Kind normalerweise in guter Stimmung?
- Besteht keine extreme Abhängigkeit von Erwachsenen?
- Geht das Kind normalerweise gerne in den Kindergarten beziehungsweise die Schule?
- Zeigt es sich mitfühlend anderen gegenüber?
- Geht das Kind offen auf andere zu?
- Drückt es seine Wünsche und Bedürfnisse klar aus; gibt es Gründe für sein Handeln und seine Haltung an?
- Nimmt das Kind an Diskussionen teil? Macht es konstruktive Bemerkungen zu den Aktivitäten?
- Zeigt es Interesse an anderen Kindern, tauscht es mit ihnen Informationen aus und fragt nach Informationen in einer angepassten Art und Weise?
- Akzeptiert das Kind Kinder und Erwachsene, die eine andere Nationalität haben?
- Interagiert es mit anderen nonverbal: lächeln, winken, kopfnicken etc.?
- Wird es von anderen Kindern als ihr Freund/ihre Freundin bezeichnet oder wird ausgedrückt, dass sie gerne mit ihm spielen beziehungsweise zusammenarbeiten?
- Wird das Kind von anderen Kindern akzeptiert?

tens zu überwinden und die Gemeinschaft mit anderen Kindern als positiv zu empfinden.

Für Clark McKown zeichnet sich das sozial kompetente Kind dadurch aus, dass es sieht, wann andere seine Hilfe brauchen. Anhand von Körperhaltung, etwa hängende Schultern, oder wie die Stimme des anderen klingt (traurig, fröhlich etc.), erkennt es, wie der andere sich fühlt, und kann darauf angemessen reagieren. Diese Fähigkeiten und auch der beherrschte Umgang mit eigenen Gefühlen sind der Schlüssel für soziale Bindungen unter Gleichaltrigen. Ohne sie würde ein Kind Gefahr laufen, zum Außenseiter und von anderen abgelehnt zu werden. Soziale Kompetenzen sind wichtig für das emotionale Wohlbefinden des Kindes. Sie ermöglichen ihm das Leben mit den anderen. Zuerst mit den Eltern und der Familie, dann mit Gleichaltrigen im Sandkasten, im Kindergarten und in der Schule. Doch Studien belegen, dass etwa 13 Prozent der Schulkinder Schwierigkeiten haben, sozial-emotionale Kompetenzen zu entwickeln.

Kinder müssen mit dem sechsten Lebensjahr ein Minimum an sozialer Kompetenz gelernt haben. Dies ist ausschlaggebend für ein ausgeglichenes Leben als Erwachsener. Ihnen wird aber immer weniger Gelegenheit gegeben, im Spiel mit Gleichaltrigen ihre soziale Kompetenz weiterzuentwickeln. Fernsehen und Computerbenutzung rauben ihnen von der frühen Kindheit an die Zeit zum Spielen mit anderen Kindern. Heutzutage verbringen viele von ihnen Stunden vor den Bildschirmmedien, über die sie vielleicht auch mit Freunden kommunizieren. Leider bleibt dabei die Körpersprache unbeteiligt. Etwa 93 Prozent der Kommunikation verlaufen jedoch auf nonverbaler Ebene. Für die zwischenmenschliche Interaktion ist es daher wichtig, die Körpersprache bewusst wahrnehmen, sinnvoll interpretieren und selbst gezielt einsetzen zu können. Dieses Wissen bestimmt das Handeln in sozialen Kontexten mit. Wie soll jedoch ein Kind dieses Wissen erlangen, wenn es viele Nachmittage und Abende vor dem Computer oder dem Fernseher verbringt? Zudem sind Kinder und Jugendliche einer virtuellen Welt ausgesetzt, die nicht nur Informationen und Spaß in ihr Leben bringt, sondern auch Aggressivität und Gewalt. Verherrlicht in bestimmten Computerspielen, aber auch in selbst gefilmten Videos auf Internet-Plattformen, in denen Kinder und Jungendliche andere erniedrigen oder verprügeln. Eltern können da schnell den Überblick verlieren, welche Informationen vom Kind wahrgenommen werden.

Bildschirmmedien sind für viele Menschen nicht mehr aus dem Alltag wegzudenken. Damit sie zur Förderung eines Kindes beitragen, ist es ratsam, sich genau über die Vor- und Nachteile dieser neuen Techniken zu informieren und ihre Nutzung zeitlich zu begrenzen, auch um Freizeitaktivitäten mit der Familie und Gleichaltrigen Raum zu lassen. Medienkompetenz sollte nicht vor Sozialkompetenz den Vorrang haben.

Wie beeinflussen Computer, Videospiele & Co. die Entwicklung unserer Kinder?

Schnell krabbelt die zwölf Monate alte Mia über den Teppich in Richtung Wohnzimmertisch. Ein Blick in Richtung Küche … Mama ist noch beschäftigt. Weiter geht es. Vorsichtig und zielsicher zieht sie sich am Tisch hoch. Schon lächelt sie selig. Da liegt es. Mamas Handy. Glücklich drückt sie auf die Tasten und hält sich dann das Handy ans Ohr. Sie quietscht vor Vergnügen. Das Telefongespräch hat begonnen … Als ihre Mutter hereinkommt, tauscht diese ruhig das Handy gegen ein anderes aus, mit der Bemerkung zu den anwesenden Erwachsenen: »Das ist mein altes.« Mia erlaubt den Austausch, ohne zu schreien, auch weil ihre Mutter in das nicht funktionierende Handy hineinspricht und so den Anschein erweckt, es würde noch in Betrieb sein.

Telefone faszinieren Kinder. Es ist allerdings nicht unbedingt das Gerät an sich, sondern vor allem die Tatsache, dass Erwachsene und besonders die Eltern so viel Zeit am Handy beziehungsweise am Telefon verbringen. Das weckt Interesse beim Kind, das gerne das Verhalten seiner Eltern nachahmt. Wie oft sagt man zu seinem Partner: »Das hat die Kleine/der Kleine von dir!« Aber Mia kann nicht nur »telefonieren«. Schon seit dem zehnten Lebensmonat spielt sie auf dem Computer. Auf Mamas Schoß sitzend, tippt ihr kleines Händchen auf der Tastatur und wird von Bildern, Liedern oder farbigen Symbolen belohnt. Diese Art von angeblicher Spaß- und Lerntätigkeit wird immer beliebter. In den USA etwa wird Software schon für Babys ab sechs Monaten angeboten. Und Mia ist fasziniert von der Baby-Software. Die Bewegungen, Farben und Geräusche auf dem Bildschirm halten ihre Aufmerksamkeit auf einem sehr hohen Niveau und stimulieren ihre Sinnesreize.

Mia ist nur eines von vielen Kleinkindern, die sich bereits im ersten Lebensjahr mit Hightech-Spielzeug auf die heutige Gesellschaft vorbereiten sollen, in der Bildschirmmedien eine große Rolle spielen. Spielzeughandys, Kindercomputer oder Computer- und Videospiele gehören schon längst zu den Top-Geschenken für den Nachwuchs. Auch der Kinderalltag wird oft vom Einsatz digitaler Medien bestimmt. Sei es im Kindergarten, wo Computernutzung zur Durchführung von medienpädagogischen Projekten dient, oder einfach zu Hause, wo das Internet allzeit präsent scheint. Dadurch hat moderne Technologie in den letzten Jahren mehr und mehr Einfluss auf das Lernverhalten und die Kompetenzen von Kindern gewonnen.

2200 Mütter mit Internetzugang und Kindern im Alter von zwei bis fünf Jahren in Deutschland, England, Frankreich, Italien, Spanien, den USA, Kanada, Japan, Australien und Neuseeland wurden anlässlich einer Studie der Serie »Digital Diaries« von AVG, einem der Global Player für Internet-Sicherheit, befragt. Erforscht wurde, wie der Umgang von Kindern mit Computertechnik ihr soziales beziehungsweise motorisches Verhalten ändert. Die Studie kam zu erstaunlichen Ergebnissen.

Wir leben in einem Zeitalter der Technologie, denken sich vielleicht viele Eltern, und je früher man sich damit auseinandersetzt, umso besser. Ein Kind kann auch bestimmt wichtige Erfahrungen am Computer sammeln, der ja schon längst zur Grundausstattung eines jeden Kinderzimmers gehört. Anhand der Ergebnisse der Studie wird dennoch deutlich, dass dies auf Kosten anderer Fähig-

Das sagen Studien

Babys und Kleinkinder – die neuen Computerfreaks[9]

1. Es können mehr kleine Kinder PC spielen als Fahrrad fahren. 58 Prozent der Kinder – und sogar 44 Prozent der Zwei- bis Dreijährigen – wissen, wie man ein Computerspiel spielt. Nur 43 Prozent der Zwei- bis Dreijährigen können Fahrrad fahren.

2. Es können mehr Kinder mit Smartphone-Apps umgehen (19 Prozent) als ihre Schnürsenkel binden (9 Prozent). Smartphone-Anwendungen können fast ebenso viele Zwei- bis Dreijährige (17 Prozent) bedienen wie Vier- bis Fünfjährige (21 Prozent).

3. 25 Prozent der Kleinkinder können einen Webbrowser am PC öffnen, aber nur 20 Prozent können ohne Hilfsmittel schwimmen. 63 Prozent können einen Computer selbstständig einschalten, 69 Prozent wissen, wie man mit der Maus umgeht. Doch wie man einen Notruf tätigt, wissen nur 20 Prozent.

4. Es gibt keinen großen Unterschied zwischen Mädchen und Jungen in dieser Altersgruppe. 58 Prozent der Jungen und 59 Prozent der Mädchen können PC spielen, ähnlich gleichverteilt ist die Fähigkeit, einen mobilen Anruf zu tätigen (28 Prozent der Mädchen, 29 Prozent der Jungen).

5. Mütter, die über 35 Jahre alt sind, achten mehr darauf, den Kindern Lebenskompetenzen zu vermitteln, wie etwa das eigene Zubereiten des Frühstücks oder das Binden von Schnürsenkeln.

keiten geschieht. Sport und Spiel an der frischen Luft scheinen in den Hintergrund zu rücken, genauso wie Lebenskompetenzen. Die sind aber, wie schon der Begriff selbst es ausdrückt, wichtig für die Entwicklung des Kindes.

Ist es daher wirklich ratsam, Kinder in ihren ersten Lebensjahren am Computer spielen zu lassen? »Ganz kleine Kinder, etwa bis zum zweiten oder dritten Geburtstag, können von Bildschirmmedien gar nichts lernen«, sagt Professor Manfred Spitzer, leitender ärztlicher Direktor der psychiatrischen Universitätsklinik in Ulm. »Völlig unabhängig vom Inhalt gilt hier, dass die Form digitaler Medien ungeeignet ist, den Kindern das zu geben, was sie brauchen: Input über alle Sinne, der zudem ganz genau zusammenpasst. Stattdessen können Bildschirmmedien im Kindergartenalter Lernprozesse aktiv behindern. Denn wer sich die Welt per Mausklick aneignet, der lernt sie nur sehr oberflächlich.«[10]

Neueste amerikanische Studien bestätigen Professor Spitzers Aussage. Lernvideos wie »Baby Einstein« oder »Brainy Baby« würden zum Beispiel die Sprachentwicklung bei Kleinkindern stören, anstatt sie zu fördern. Babys im Alter von zwölf bis 24 Monaten, die sehr früh und regelmäßig diese Art von Lernvideos schauten, hatten einen besonders spärlichen Wortschatz. Dennoch vertrauen immer noch viele Eltern auf die virtuelle Beschleunigung der geistigen, sprachlichen und musikalischen Entwicklung ihres Kleinkindes mithilfe von Lernvideos und Computerspielen, ohne vielleicht die negativen Auswirkungen zu bedenken, wenn man das individuelle Entwicklungstempo eines Kindes nicht berücksichtigt. Für Professor Spitzer ist sogar »der Einsatz von Computern in der Grundschule nicht sinnvoll und selbst in der Sekundarstufe 1 möglicherweise eher schädlich als günstig. Wer mit den Medien umgeht, der braucht vor allem eines: Vorwissen. Dieses bekommt er definitionsgemäß nicht aus den Medien, sondern er muss es schon haben, um mit den Medien umgehen zu können.« Natürlich gibt es auch die Verfechter der frühen Computernutzung. Sie werden von vielen Eltern unterstützt, da die berufliche Zukunft ihrer Kinder ohne Kenntnisse auf diesem Gebiet unvorstellbar zu sein scheint.

Die Debatte, ob Computernutzung in Kindergärten und Schulen von Vorteil ist, wird wohl noch andauern. Gleichwohl hat in vielen deutschen Schulen die neue Technik schon längst Einzug genommen. Bestimmte Fächer können gar nicht mehr ohne Computer unterrichtet werden. Für Eltern ist es jedoch an der Zeit, sich genau über die Vorteile und die Gefahren der Bildschirmmedien zu erkundigen. Wichtig ist, dass Kinder nicht nur lernen zu konsumieren, sondern die Informationen kritisch zu betrachten und zu hinterfragen. Denn wer schon einmal zu einem x-beliebigen Thema im Internet recherchiert hat, weiß, dass viele Informationen im Netz schlichtweg falsch sind. Eltern, die von einer frühen Computernutzung überzeugt sind, sollten darauf achten, dass ihr Kind die »reale Welt« mit »realen« Menschen nicht vernachläs-

Tipp

Klare Regeln für PC- und Fernsehkonsum[11]

- Kinder unter drei Jahren sollen überhaupt nicht fernsehen oder Computer spielen.
- Vorschulkinder zwischen drei und fünf Jahren sollen nicht länger als eine halbe Stunde pro Tag vor dem Fernseher oder am Computer verbringen.
- Bei Grundschulkindern ist bis zu eine Stunde Fernseh- beziehungsweise Computerzeit pro Tag akzeptabel.
- Kinder sollen nur einmal am Tag eine bestimmte Sendung schauen. Danach wird der Fernseher abgeschaltet.
- Morgens vor dem Kindergarten oder vor der Schule, während der Mahlzeiten und unmittelbar vor dem Schlafengehen bleiben Fernseher beziehungsweise Computer ausgeschaltet.
- Dauert eine Sendung länger als die vereinbarte Zeit, sollte sie in altersgerechte »Portionen« mithilfe eines DVD- oder Videorecorders aufgeteilt werden.
- Kinder sollen auf gar keinen Fall alleine vor dem Fernseher sitzen, und Eltern sollen darauf achten, dass auch nur die abgesprochene Sendung geschaut wird.
- Fernsehgeräte gehören nicht ins Kinderzimmer.
- Kinder unter zehn Jahren sollen nicht ohne Begleitung eines Erwachsenen im Internet surfen.

sigt. Und zu dieser Welt gehört es nun auch mal zu lernen, sich die Schnürsenkel zu binden. Doch in vielen Kindergärten werden Eltern bereits gebeten, ihren Kindern Schuhe mit Klettverschluss zu kaufen. Man passt sich anscheinend an, wie man kann.

Eltern benötigen mehr Aufklärung auf dem Gebiet der neuen Bildschirmmedien, denn die Zahlen sprechen für sich: 95 Prozent der deutschen Jugendlichen im Alter von zwölf bis 19 Jahren nutzen digitale Medien, 63 Prozent surfen im Internet, 80 Prozent benutzen täglich das Handy und 72 Prozent kommunizieren über soziale Netzwerke. Laut einer Studie des Münchner Marktforschungsinstitutes Iconkids & Youth haben nur acht Prozent der Zehn- bis 19-Jährigen keinen Zugang zu einem Computer. Kein Wunder, da es bereits zu einer Selbstverständlichkeit geworden ist, dass Familien einen eigenen PC mit Internetanschluss haben. In der Schule wird der Besitz eines Computers oft vorausgesetzt.

Im Internet suchen Kinder und Teenager Informationen, Spaß, Entspannung, Kommunikation und natürlich Spiele. Mehr und mehr werden sie dabei zu Profis der digitalen Welt. Die Eltern bewundern ihre Kinder, wie toll sie die Bildschirmmedien beherrschen. Mittlerweile beraten Jugendliche ihre Eltern, welchen Computer sie am besten kaufen sollten. Bildschirmmedien sind Teil einer neuen sozialen Welt geworden, vor der Kinder keine Angst haben sollten.

Sie dürfen natürlich Erfahrungen am PC sammeln, doch die Nutzung muss geregelt sein. Der Rheumatologe Yusuf Yazici hat in einer Studie gezeigt, dass eine exzessive Nutzung von Computern, Spielekonsolen oder Handys bei Kindern Schmerzen in den

Mediennutzung bei Jugendlichen

Die James-Studie (Jugend, Aktivitäten, Medien – Erhebung Schweiz 2010) der Zürcher Hochschule für Angewandte Wissenschaften[12], in deren Rahmen über 1000 Schweizer Jugendliche im Alter von zwölf bis 19 Jahren befragt wurden, zeigt den Umfang der Computer- und Internetnutzung:

- Drei Viertel der Befragten haben einen eigenen Computer. 95 Prozent haben von zu Hause aus Zugang zum Internet. Diesen nutzen die Jugendlichen rege: An Wochentagen wird durchschnittlich zwei Stunden und fünf Minuten im Internet gesurft, an freien Tagen knapp eine Stunde mehr (drei Stunden und eine Minute).
- 66 Prozent der Jugendlichen nutzen ihren Computer zu Hause täglich oder mehrmals pro Woche, um Arbeiten für die Schule oder die Lehrstelle zu erledigen. Dieser Wert bleibt über alle Altersgruppen konstant.
- In der Schule werden Computer und Internet von knapp einem Drittel der 18- bis 19-Jährigen täglich oder mehrmals pro Woche genutzt. Bei den jüngsten der Befragten (zwölf bis 13 Jahre) sind es 10 Prozent.

Fingern und Handgelenken verursacht. »Dies gibt Anlass zur Sorge über die langfristigen gesundheitlichen Folgen moderner Technologie«, sagt Yazici.[13]

Und das sind nicht die einzigen negativen Auswirkungen der Bildschirmmedien, wenn der Mensch sich von ihnen regieren lässt.

Welche Auswirkungen sie auf den Menschen zu haben scheinen, zeigt eine kürzliche Umfrage der National Sleep Foundation bei US-Amerikanern im Alter zwischen 13 und 64 Jahren zu ihrem Schlafverhalten, deren Ergebnisse im Kasten auf der folgenden Seite zusammengefasst sind.

Dass der Fernseher Einzug ins Schlafzimmer gehalten hat, ist nichts Neues. Den Erwachsenen kann – ganz im Gegensatz zu Kindern – ein Fernseher helfen »abzuschalten«, wobei es natürlich darauf ankommt, was man sich gerade anschaut. Generell ist es aber der passive Konsum des Fernsehens, durch den man irgendwann schläfrig wird und eindöst. Aber »Abschalten«, gerade das scheint die jüngere Generation nicht zu wollen. Im Gegenteil, man will stets »online« bleiben. Noch spät nachts im Bett wird gechattet, werden Beiträge bei Facebook gepostet oder SMS verschickt. Und das hält wach.

Für viele Jugendliche scheint es undenkbar, das Handy in der Nacht auszuschalten oder einfach nur den Ton abzustellen. Für Lauren Hale vom Stony Brook University Medical Center könnten diese schlafstörenden Bildschirmmedien bei der jüngeren Generation »ernsthafte Folgen für die körperliche Gesundheit, die kognitive Entwicklung und andere Kriterien für das Wohlergehen haben«[14]. Auch bei Jugendlichen in Deutschland ist diese Entwicklung zu beobachten. Lars, 17 Jahre, bekommt »die Krise«, wie er sagt, wenn er sein Smartphone ausschalten muss, und Kim, 14 Jahre, gesteht, dass sie noch nicht einmal weiß, wo das Handy ausge-

Das sagen Studien

Schlaflos vorm Bildschirm[15]

- 95 Prozent der Befragten benutzen irgendein Bildschirmmedium in der letzten Stunde, bevor sie schlafen gehen.
- 55 Prozent der 13- bis 18-Jährigen surfen fast jede Nacht in der letzten Stunde, bevor sie einschlafen, im Internet.
- 36 Prozent der 13- bis 18-Jährigen spielen in dieser Stunde Videospiele.
- 56 Prozent der 13- bis 18-Jährigen senden, lesen oder erhalten so gut wie jede Nacht SMS auf ihrem Handy in der letzten Stunde, bevor sie schlafen gehen.
- 9 Prozent der 13- bis 18-Jährigen werden jede oder fast jede Nacht durch einen Anruf, eine SMS oder eine E-Mail geweckt.
- 43 Prozent der Befragten schlafen während der Woche nur selten ausreichend.
- 7 Prozent der 13- bis 18-Jährigen schlafen bereits weniger als sechs Stunden pro Nacht.

macht wird. »Für was auch?!«, fragt sie. Kim gehört zu der Vielzahl von Jugendlichen, die niemals ihr Handy ausschalten, um rund um die Uhr erreichbar zu bleiben. Sie gesteht, dass sie nachts oft schlecht einschlafen kann. »Ich denke, dass bestimmt gleich eine SMS kommt. Und dann schau ich immer wieder auf mein Handy.

Ich bin dann total angespannt. Das Handy liegt auch neben mir auf dem Kopfkissen. Im Schlaf höre ich, wenn es vibriert, und wache auf. Eigentlich schlafe ich nie wirklich tief. Ich habe Angst, dass ich einen Anruf oder eine SMS verpasse.« Permanente Müdigkeit am Tag ist nur eine der vielen Nebenwirkungen von Schlafmangel. Auch psychische Auswirkungen wie depressive und aggressive Verstimmungen können auftreten.

Wenn bereits bei Babys notwendige Lebenskompetenzen beeinträchtigt werden und das gesundheitliche und psychische Wohlbefinden bei Kindern und Jugendlichen durch sie negativ beeinflusst wird, dann haben Bildschirmmedien ganz offensichtlich nicht nur auf positive Weise unser Leben verändert.

Digitale Welt und soziale Kompetenz

Ein gesundes Kind spielt ungefähr 15 000 Stunden in den ersten sechs Lebensjahren. Spielen macht Spaß und ist eine tolle Freizeitbeschäftigung. Aber Spielen gehört ebenso zur kindgerechten Form des Lernens und unterstützt das Kind in seiner Entwicklung. Sehr schnell entwickelt es neue Fähigkeiten und Fertigkeiten. Es kann experimentieren, spielerisch die Umwelt erkunden und begreifen, kreativ werden und neue Interessen entdecken. Deshalb ist es wichtig, altersgerechtes Spielzeug für sein Kind auszuwählen, um es zum Beispiel nicht zu unterfordern, weil es bereits zu alt für das Spiel ist, oder im Gegenteil zu überfordern, weil es noch zu klein ist.

Spielzeug ist besonders pädagogisch wertvoll, weil es, wie Spielen an sich, auch die sozialen Kompetenzen durch das Spiel mit dem anderen trainiert. Geben Sie Ihrem Kind einen Ball, und es dauert nicht lange, bis im Park andere Kinder hinzukommen, um gemeinsam zu spielen. Ein Kreisel dreht sich auf dem Boden, und sofort ist die Interaktion mit anderen Kindern etabliert. Jeder will mal drehen. Farbige Glasmurmeln erzielen dasselbe Ergebnis. Davon gibt es unzählige Beispiele. Nicht umsonst wird Spielzeug bevorzugt in Therapien für autistische Kinder eingesetzt, um sie aus ihrer Isolation herauszulocken und ihre sozialen Kompetenzen zu fördern.

Ab dem sechsten Lebensmonat kann man bereits beobachten, wie Babys miteinander in Kontakt treten, indem sie zum Beispiel Spielzeug austauschen. Je älter das Kind wird, umso komplexer wird der Umgang mit Spielzeug. Mit 16 bis 18 Monaten kann das Kleinkind bereits Spielzeug verwenden, um etwa ein anderes weinendes Kind damit zu trösten. Spielen mit den Eltern oder den Personen, die sich um das Kind kümmern, ist überaus wichtig, denn sie zeigen dem Kind durch ihr positives Verhalten, wie es sich im Kontakt mit seinem Gegenüber oder in der Gruppe verhalten soll. Niederlagen ertragen, sich an Regeln und Absprachen halten, im Team arbeiten – was man beim Spielen lernt, wird automatisch ins reale Leben übertragen.

Aber wie entwickeln sich soziale Kompetenzen im Spiel mit Computern, Spielekonsolen oder Smartphones? Laut einer Untersuchung des Kriminologischen Forschungsinstituts Niedersachsen[16] verbringen 15-jährige Jungen mehr als sieben Stunden vor Fernseher oder PC, die Mädchen immerhin noch sechs Stunden. Doch man sitzt oft allein vor dem Bildschirmmedium. Viele

Spezialisten zeigen sich bereits besorgt und schlagen Alarm. Der Neurobiologe und Hirnforscher Gerald Hüther gibt zu bedenken, dass jede Stunde vor dem Computer dem Menschen eine Stunde nimmt, um sein Gehirn für die Anforderungen im realen Leben weiterzuentwickeln. Schwindende soziale Kontakte würden unweigerlich die sozialen Kompetenzen bei Kindern vermindern. Sie würden sozusagen vor ihrem Bildschirm verkümmern.

Auf dem 17. Kongress für Jugendmedizin in Weimar im März 2011 war der Umgang mit Spielekonsolen und Computern bei Kindern und Jugendlichen ein Hauptthema. Die Bildschirmmedien haben das Sozialverhalten bei vielen Jugendlichen stark beeinflusst. Früher traf man sich noch am Nachmittag nach der Schule bei Freunden. Heutzutage wird im Internet gechattet, und das mit meist virtuellen Freunden. Wie lernt man Konflikte zu lösen, wenn man bei einem Streit mit anderen Chattern im Internet einfach den Computer ausschalten kann? Wie kommt es zu Versöhnungen? Rücksichtnahme und Feingefühl sind in der digitalen Welt nicht wirklich von Bedeutung. Durch die Anonymität, die der Bildschirm bewahrt, leidet auch die Empathie. Was der virtuelle Freund empfindet, wenn man ihn im Chat angreift und beschimpft, ist viel schwieriger nachzufühlen als im wirklichen Leben, wenn man vor der Person steht und erlebt, wie der andere sich fühlt. Soziale Netzwerke bieten eine »ideale« Plattform, um andere zu beleidigen und zu erniedrigen. Mit einem Klick verbreiten sich diese Kommentare im Web und sind, einmal online, für alle virtuellen Freunde zu lesen. Gravierende Fälle von Internet-Mobbing oder Online-Schikanen unter Jugendlichen häufen sich in den letzten Jahren und können verheerende Folgen haben.

Böse Kommentare bei Facebook von Mitschülern trieben kürzlich ein 15-jähriges Mädchen in den USA in den Selbstmord. In der virtuellen Welt sieht man nicht, welchen Schaden man dem anderen zufügt. Die Bildschirmmedien produzieren eine Distanz zum Gegenüber, die Hemmschwellen sinken lässt. So trauen sich auch viele schüchterne Menschen viel mehr im Internet als im realen Leben, was oft dazu führt, dass sie sich immer mehr abkapseln, weil sie sich im Internet wohler fühlen als im Umgang mit ihren Mitmenschen. Laut dem Tagungsleiter des Kongresses Uwe Büsching sollten Aktivitäten gegen diese Entwicklung vorgeschlagen werden: »Medienberatung sollte ebenso Teil der Prävention sein wie etwa die Ernährungsberatung.«[17]

Ist die digitale Welt also eine einsame Welt? Es hört sich an, als müsste sich ein Kind heutzutage zwischen Computer und Freunden entscheiden. Das muss aber nicht sein. Das meint auch Kongressleiter Büsching, für den die neuen Medien keineswegs pauschal zu verurteilen oder zu diskriminieren sind. Es käme auf den Umgang damit an.

Bestimmte Videospiele lassen ein gemeinsames Messen der Joystick-Fähigkeiten zu, was das Spielen in der Gruppe fördert. Der Umgang mit Bildschirmmedien im schulischen Bereich kann ebenso rege Kommunikationsprozesse über das Geschehen auf dem Bildschirm erzeugen, auch weil sich oft mehrere Kinder einen Computer teilen. Außerdem ist die Zeit vor dem Computer in der Schule durch die Schulstunde begrenzt. Gemeinsam spielen, gemeinsam üben – das bedeutet gemeinsame Stunden verbringen. Zeit, in der soziale Kontakte gefördert werden.

Die Wissenschaftlerin Cheryl K. Olson von der Harvard University in Massachusetts hat 2008 eine der größten Studien zur Auswirkung von Videospielen auf Kinder und Jugendliche durchgeführt. Im Gespräch mit dem *Spiegel* erklärte sie: »Die Menschen sollten aufhören, sich über Kinder, die viele Games spielen, Sorgen zu machen. Im Gegenteil: Unseren Ergebnissen zufolge haben Kinder, die keinen Kontakt zu Videospielen haben, mehr Probleme in der Schule oder im Elternhaus. Nicht dass Games per se glücklich machen – aber da die meisten Titel gemeinsam gespielt werden, ist ein Nichtspielen heutzutage ein Zeichen von fehlender Sozialkompetenz. Genauso ist ein Zusammenhang von Games und der Gewalt an Schulen oder den Attentaten in Columbine (USA) oder in Deutschland nicht zu beweisen. (…) Jungs spielen öfter in Gruppen, Mädchen in der Regel alleine.«[18] Es ist nachvollziehbar, dass Videospiele, die man zu mehreren spielt, soziale Kompetenzen fördern können, so wie auch Gesellschaftsspiele. Man tauscht sich aus, hat Spaß, feuert sich an und kann sogar als Team aktiv vorgehen, um den virtuellen Gegner zu besiegen.

Haben aber Kinder, die keine Videospiele spielen, wirklich ein Manko an Sozialkompetenzen? Und was ist mit Kindern und Jugendlichen, die nicht chatten oder bloggen und die Facebook ablehnen? Laufen diese Kinder etwa ebenso Gefahr, soziale Außenseiter zu werden? Nur, weil sie dem Gruppendruck standhalten und ihren eigenen Interessen und Vorlieben nachgehen? Wenn man gegen den Strom schwimmt, schwimmt man oft alleine. Mit fehlenden Sozialkompetenzen hat das nichts zu tun, sondern mit der Intoleranz einer Mehrheit, die sich unter Gleichgesinnten wohler und sicherer fühlt. Videospiele sind heutzutage ein wichtiges Gesprächsthema unter Kindern und Jugendlichen. Nicht auf dem neuesten Stand zu sein oder Videospiele abzulehnen bedeutet Gefahr zu laufen, auf dem Schulhof ausgeschlossen zu werden. Nicht nur Kinder und Jugendliche, sondern auch Erwachsene spüren generell Gruppendruck und seine Auswirkungen auf das Sozialleben – und das sogar fernab der digitalen Welt – wie zum Beispiel Christina, 27 Jahre. Die gelernte Betriebswirtin arbeitet seit Kurzem in einer großen Firma. »In der Mittagspause reden meine Kolleginnen alle über ›Germany's next Topmodel‹ mit Heidi Klum. Ich schaue mir so was nie an, weil mich das nicht interessiert. ›DSDS‹ auch nicht. Jetzt kann ich aber nie mitreden und hocke nur stumm da. Ich fühle mich ausgeschlossen. Ich frage mich, ob die denken, dass ich mir zu gut für so was bin und mich ihnen überlegen fühle. Ehrlich gesagt, ich habe mir schon überlegt, ob ich vielleicht nicht doch mal die Model-Sendung anschaue.«

Eltern brauchen sich deshalb nicht gleich Sorgen um die sozialen Kompetenzen ihres Kindes zu machen, wenn es sich nun einmal nicht für Videospiele interessiert. Generell ist es viel wichtiger darauf zu achten, dass das Kind nicht die Gemeinschaft scheut und eine einsame Aktivität dazu benutzt, um den Kontakt mit Gleichaltrigen zu vermeiden. Doch viele Eltern suchen Hilfe, weil ihr Kind, wie sie es ausdrücken, »süchtig« nach Videospielen ist und sich völlig von ihnen und seinen Freunden isoliert. In Amsterdam wurde 2006 die erste Klinik Europas für Videospiel-Süchtige eröffnet. In einem Interview mit der BBC berichtete ein 21-jähriger Holländer, mehr als 100 Kilo Körpergewicht, blasse Haut: »Ich lebte ausschließlich in meinem Zimmer. Um mich herum vier Bildschirme, die Xbox 360, die PlayStation 2, die Xbox 1, ein Notebook sowie mein GameCube. 17 Stunden am Tag hab ich so verbracht, wenn's nötig war, habe ich sogar in eine Flasche gepinkelt, um das Spiel nicht verlassen zu müssen.«[19] Keith Bakker, Leiter der Videospielsuchtklinik, schätzt, dass jeder fünfte Videospieler gefährdet ist, spielsüchtig zu werden. »Wir haben Jugendliche, die nicht wissen, wie man mit jemandem von Angesicht zu Angesicht spricht, weil sie die vergangenen drei Jahre damit verbrachten, sich über den Computer mit einem Cyber-Freund in Korea zu unterhalten«, erklärt der Spielsuchtexperte und bestätigt, welchen Einfluss Bildschirmmedien auf das Sozialverhalten des Menschen haben. Zahlreiche Online-Gamer, die gemeinsam mit anderen spielen, fühlen sich sogar schuldig, wenn sie die Spielkonsole verlassen müssen. Korea plant bereits ein »Cinderella-Gesetz«, das den unter 15-Jährigen das Online-Videogamespielen zwischen Mitternacht und sechs Uhr morgens untersagt. Die American Medical Association entschied jedoch, dass Videospiel-Sucht keine ernsthafte psychische Krankheit sei. Auch sollte das Wort »Sucht« nicht in diesem Kontext benutzt werden, denn man könnte diese Art der Abhängigkeit nicht mit anderen Substanz-Missbrauchsstörungen vergleichen. Man benötige weitere Forschungen, um Computerspielsucht als formale Diagnose in Betracht ziehen zu können.

Anerkannte Störung oder nicht, viele Familien leiden unter den Symptomen einer übermäßigen Computer- oder Spielekonsolennutzung bei ihren Kindern. So auch die Eltern des neunjährigen Leon, die Folgendes berichten.

Leon, neun Jahre, und seine Spielekonsole

Leon ist ein sehr aktiver Junge. In seiner Freizeit nimmt er Musikunterricht, spielt Tennis, Skateboard, fährt Rad. Er trifft sich häufig mit Freunden und besucht seine Großeltern. Er spielt gerne,
Lego zum Beispiel, er schreibt und liest gerne. Manchmal schaut
er einen Film, aber wir haben keinen Fernseher zu Hause. Den
sieht er dann auf unserem PC.

Zu seinem neunten Geburtstag hat er sich eine Spielekonsole
gewünscht, weil die meisten seiner Freunde eine haben. Ehrlich
gesagt, wir waren nicht gerade dafür. Es ist kein Gesellschafts-
spiel, und wir hatten Angst, dass die Konsole alles andere in den
Hintergrund drängen könnte. Die Mutter meiner Frau hat uns
dann überzeugt: Immerhin könne er mit der Spielekonsole online mit seinen Freunden spielen. Das fanden wir dann auch gut.
Leon trägt eine Brille, und der Arzt hat darauf bestanden, dass
er nicht mehr als 20 Minuten am Stück spielt.

Wir haben sie ihm also geschenkt. Leons Verhalten wurde
unerträglich. Nicht nur, dass er nicht selbst aufhören konnte, er
wurde aggressiv, wenn wir ihn darum baten. Er dachte nur noch
an diese Konsole. Er spielte heimlich, tagsüber, abends, in der
Nacht. Wir verbrachten den ganzen Tag damit, ihn und seine
Spielekonsole zu suchen. Er lehnte plötzlich jeden ab. Er kapsel-
te sich total ab und stellte sich taub, wenn man ihn ansprach.

Wir haben ihm das Gerät nach drei Tagen weggenommen
und mit ihm gesprochen. Er versprach uns, sich zu ändern, und
verstand auch, dass zu viel Videospielen nicht gut für ihn ist.
Doch kaum hatten wir es ihm zurückgegeben, ging alles wieder von vorne los. Leon liebt es zu gewinnen, genauso wie er

es hasst, zu verlieren. Dieses Spiel musste er unbedingt beherrschen. Er wollte immer besser werden. Aber es gelang ihm nicht so schnell wie erhofft, und deshalb verhielt er sich so extrem. Vorher liebte er es, sonntags lange zu schlafen. Jetzt stand er heimlich früh auf, um zu spielen.

Wir sind mit ihm gemeinsam zu einem Kinderpsychologen gegangen, und Leon hat zugegeben, dass er nicht fähig ist, sich hier selbst Grenzen zu setzen. Das ist unsere Rolle. Wir haben beschlossen, dass er nur noch im Wohnzimmer spielen darf, wenn jemand von uns da ist, und auch nur zu bestimmten Zeiten. Zum Beispiel statt eines Films, aber nicht, wenn er zur Musikstunde gehen soll.

Bis jetzt, vier Monate später, hat sich Leon an unsere Abmachungen gehalten. Aber wir müssen doch ständig aufpassen und ihm immer wieder Grenzen setzen, ihn erinnern, was er uns versprochen hat. Andererseits hat Leon nur einen einzigen Freund, der keine Spielekonsole hat, und dieser Junge wird von den anderen ausgeschlossen. In die Schule darf Leon die Konsole nicht mitnehmen. Aber andere Kinder tun es und spielen heimlich im Schulhof.

Es ist nicht einfach, seit die Spielekonsole in unser Haus gekommen ist ...

Extremfälle wie der von Leon sind keine Seltenheit mehr. Immer mehr Kinder und Jugendliche kapseln sich ab. Im Videospiel fühlen sich Kinder stark und sicher. Hier haben sie den Eindruck, dass sie alles können, was sie in der realen Welt nicht schaffen. Diese Erfolgserlebnisse werden sogar vom Gehirn belohnt, das den Botenstoff Dopamin ausschüttet und ein Glücksgefühl erzeugt. Bei jeder gemeisterten Aufgabe im Videospiel wiederholt sich dieser Prozess und motiviert so das Kind weiterzuspielen. Die Figuren in den Spielen werden als Freunde angesehen. Sie sind immer da. Nicht wie in der realen Welt. Durch diese einseitige Freizeitbeschäftigung, die bei manchen Kindern zur Hauptbeschäftigung wird, kann die soziale Kompetenz nicht gestärkt werden. Dies trifft besonders dann zu, wenn das Kind stundenlang allein vor dem Bildschirm sitzt. Um diese Kinder vom Computer wegzuholen und in die reale Welt zu führen, ist es wichtig herauszufinden, was sie in der virtuellen Welt suchen und vor allem finden.

Tausend Freunde und allein

»Ich bin immer wieder erschüttert, wie einsam Jugendliche sind«, sagt Matthias Vogt, Co-Leiter der Jugendberatungsstelle der Stadt Zürich. Seiner Meinung nach fällt es Jugendlichen immer schwerer, zwischen realer und virtueller Welt zu unterscheiden, soziale Kontakte nehmen daher ab. Auch die Wiener Telefonberater der Jugendrotkreuz-Hotline »time4friends« bestätigen, dass Einsamkeit mit zu den häufigsten Problemen ihrer jugendlichen Anrufer gehört. Einsamkeit als Symptom der selbst herbeigeführten medialen Isolation? Oder ist Einsamkeit die Ursache dafür, dass Bildschirmmedien als Ersatz für reale zwischenmenschliche Beziehungen einspringen?

Ein eingeschalteter Fernseher vermittelt automatisch eine Art »Präsenz« durch das Ausstrahlen menschlicher Stimmen, wenn man allein zu Hause ist. Das Internet lässt uns in Kontakt mit seinen Millionen Teilnehmern treten. Computerspiele ermöglichen den Wettstreit mit virtuellen Gegnern. Stundenlange Gespräche im Chat ersetzen Besuche bei Freunden. Sind die Jugendlichen auf der Suche nach sozialen Kontakten, wenn sie sich Bildschirmmedien zuwenden? Kontakt, den sie im realen Leben vielleicht nicht mehr aufbauen können, weil sie sozial ängstlich geworden sind? Ertragen sie reale Menschen nicht mehr? Oder ist es einfach nur Bequemlichkeit? Gemütlich zu Hause, ohne zwischenmenschlichen Stress, schaltet man das Gerät aus, wann man will und genug davon hat.

Jens, 17 Jahre, erzählt

Manchmal sitze ich Stunden vor dem Computer. Ich chatte vor allem, und wenn ich dann nach draußen gehe, in eine überfüllte Bar, dann ist das wie ein Schock. Die vielen Menschen. Dieses seltsame Gefühl, unter ihnen zu sein. Es ist, als ob ich die Menschen neu entdecke. Dass ich ja gar nicht allein bin. Dass die anderen da draußen sind. Und ich schließe mich immer weg. Irgendwie macht es mich glücklich, dieses Wimmeln von Menschen zu beobachten. Ich sauge das in mich auf. Als müsste ich Reserven anlegen. Kaum bin ich zu Hause, muss ich gleich wieder vor den Computer. Die anderen im Chat fragen mich, wo ich gewesen bin. Dann bin ich wieder für Stunden in meinem Zimmer. Wenn man mich zu einer Party einlädt, erfinde ich oft Ausreden, um nicht hingehen zu müssen. Dabei fühle ich mich super auf Partys. Aber ich habe ja auch Spaß beim Chatten. Einmal war der Computer kaputt. Ohne Internet habe ich es kaum in meinem Zimmer ausgehalten. Ich habe mich so einsam gefühlt. Ich wusste gar nicht mehr, was ich mit mir anfangen sollte. Das war krank.

Bestimmte Bildschirmmedien verdrängen das Gefühl der Einsamkeit. Mittlerweile kündigen manche Jugendliche sogar ihren geplanten Suizid bei sozialen Netzwerken im Internet an. Facebook bietet bereits ein Formular zum Herunterladen an, um in diesem Fall Hilfe leisten zu können. Der virtuelle Freund wird so zum Lebensretter.

Soziale Netzwerke müssen also nicht unbedingt zur sozialen Isolation führen. Viele Jugendliche haben dort ein Profil eingestellt und pflegen ihre Beziehungen online in ihrer Freizeit. Sie tauschen Fotos und Gedanken aus. Schreiben virtuelle Postkarten aus dem Urlaub. Sie geben online auch mehr über sich preis und vertrauen ihren Freunden mehr an als im wirklichen Leben. Das kann sich positiv auf eine Freundschaft auswirken. »Unsere Ergebnisse legen nahe, dass Facebook die Interaktion von Angesicht zu Angesicht zwischen Freunden, in der Familie und unter Kollegen nicht verdrängt. Genau genommen sind wir sogar der Ansicht, dass soziale Medien uns neue Möglichkeiten eröffnen, Freundschaft, Nähe und Gemeinschaft auszudrücken«, erklärt S. Craig Watkins von der Universität von Texas, Leiter einer Studie über die Zusammenhänge von Facebook-Nutzung und direkten sozialen Kontakten zu Familie und Freunden.[20] Eine Studienteilnehmerin, Anfang 20, meinte sogar: »Facebook hat eine große Bedeutung in unserem Leben, heutzutage und in unserem Alter. Und wenn man daran nicht teilhaben kann, dann verpasst man viel vom Leben seiner Freunde.« Doch bei diesen Freundschaften handelt es sich um Beziehungen, die auch im realen Leben bestehen. Diese jungen Menschen scheinen sozial integriert zu sein. Die Kommunikation in sozialen Netzwerken ersetzt hier die früheren stundenlangen Telefongespräche, die Eltern hohe Telefonrechnungen beschert haben. Wenn Jugendliche aber Kontakte mit Fremden im Chatroom oder in sozialen Netzwerken suchen, dann ist das ein Zeichen, das auf einen sozialen Ausschluss hindeuten kann. »Reale Freundschaften werden bestätigt, reale Isoliertheit ebenso. Wer im echten Leben einsam ist, bleibt es auch trotz Facebook«, lautet das Ergebnis einer Studie von der FH OÖ Campus Steyr.[21] Studien belegen weiterhin, dass Chatten das Gefühl der Einsamkeit erhöht. Wahrscheinlich, weil man im Chatroom anonym auftritt und mit anonymen Pseudonymen kommuniziert. Das bedeutet, dass schüchternen und introvertierten Menschen durch Chatten nicht geholfen werden kann. Realer Kontakt zu anderen Menschen lässt hingegen das Gefühl der Einsamkeit sinken.

Menschen sind von ihrer Biologie her auf Gemeinschaft ausgelegt, erklärt der Sozialpsychologe John Cacioppo von der Universität Chicago. Der Mensch braucht soziale Kontakte, und dieses Bedürfnis wird sich immer bemerkbar machen, egal wie. Momentan sind die meisten Menschen irgendwie vernetzt. Allzeit brauchten sie das Gefühl, erreichbar zu sein. Sogar auf Reisen begleitet sie der Laptop oder das Handy, denn schnell kann man sich in einem fremden Land allein fühlen. Und wer keinen Laptop besitzt, wird immer wieder ein Internet-Café aufsuchen, um dort seine E-Mails zu lesen und zu chatten. Auch Studenten, besonders die im ersten

Semester, für die alles an der Universität noch neu und fremd ist, können sich schnell einsam fühlen und verbringen daher viel Zeit in sozialen Netzwerken.

Benutzer von sozialen Netzwerken haben dort im Durchschnitt 130 Freunde, manche sogar Tausende. Doch wollen sie soziale Beziehungen zu all diesen Personen unterhalten? Oder ist es nicht einfach nur ein Beliebtheitswettbewerb, bei dem es nur darum geht, wer die meisten Freunde im sozialen Netzwerk hat? Mit diesen Zahlen wird untereinander geprahlt. Es ist eine virtuelle Selbstbestätigung. Man wurde von Tausenden Usern als »Freund« akzeptiert, ohne vorher jemals ein paar Zeilen ausgetauscht zu haben. Es genügt ein Klick. In diesen Fällen geht es wohl kaum um die Suche nach einer tiefen Bindung oder festen Freundschaft. Der bekannte deutsche Internetblogger Sascha Lobo nennt seine »Freunde« im Netz grundsätzlich Friends. Und er zieht zwischen ihnen und seinen Freunden eine klare Linie: »Wer Friends mit Freunden verwechselt, wird vermutlich böse enttäuscht. Friends helfen eher nicht beim Umzug. Friends sind nur selten alarmiert, wenn man zwei Wochen verstummt«, sagt Lobo. Und weiter: »Friends können wesentlich schlechter zwischen den Zeilen lesen als Freunde. Friends sind eher digitale Nachbarn. Das macht weder Friends noch Nachbarn zu schlechteren Menschen, es sind eben nur keine Freunde im klassischen Sinn«, so der Blogger, dem Facebook jetzt bei über 5000 Freunden den Account abgeriegelt hat.[22]

Tausend Freunde und allein? Virtuelle Kontakte lassen eine Schutzmauer um den Menschen herum entstehen, und auf jedem Stein steht gemeißelt: »Ich bin doch nicht allein!« Die virtuelle Gemeinde wird so wie früher der Lieblingsteddy überall mit hingenommen und verhindert auf diese Weise Verlassenheitsängste. Es ist eine virtuelle Schmusedecke. Besonders deutlich wird diese Ersatzwirkung der virtuellen Kontaktwelt, wenn man keinen Zugang zum Internet hat oder das Handy nicht funktioniert. Es ist, als ob jemand die Tür zu einer anderen Welt verriegelt hätte. Was fängt man plötzlich mit sich an? Konfrontiert mit sich selbst, können schnell Ängste auftreten. Es ist auch der Moment, in dem man erkennt, welchen Raum das Internet bereits im eigenen Leben eingenommen hat. Wenn dann auch noch der Fernseher streikt, kann es sein, dass man es nicht mehr zu Hause aushält. Reale Menschen, reale Bäume, reale Gerüche … das alles wartet vor der Tür. Die Frage ist nur, ob man es noch will.

Empathie – niemand ist eine Insel

Wenn wir Probleme haben, uns sorgen oder einfach nur traurig sind, dann suchen wir oft das Gespräch mit der Person, der wir am meisten vertrauen. Über unsere Gefühle zu sprechen hilft uns, sie besser zu verstehen. Ein Gespräch schafft auch eine gewisse Distanz zu dem, was wir empfinden. Es erleichtert uns. Nicht umsonst existiert der Ausdruck »jemandem sein Herz ausschütten«. Wir suchen häufig den Rat des anderen, wenn wir nicht mehr weiterwissen. Doch nicht immer haben wir den Eindruck, dass wir wirkliches Gehör bei den Menschen um uns herum finden. Auch wenn sie uns sehr nahestehen. Beginnen wir, von unseren Sorgen zu erzählen, wartet zum Beispiel die beste Freundin nur darauf, sich selbst irgendwie in das Gespräch einzubringen, um von ihren eigenen Problemen reden zu können. Meist geschieht das etwa auf diese Weise: »Ja, schlimm, was dir da passiert ist. Aber weißt du, mir geht es nicht besser. Das muss ich dir erzählen …« Man hat den Eindruck, als würde das, was einem geschah, nicht richtig wahrgenommen und dazu noch übertrumpft. Die Verhaltensweise unseres Gegenübers kann man als eine Art Anteilnahme interpretieren. Durch das Aufzählen noch tragischerer Erlebnisse sollen unsere Sorgen relativiert werden: »So schlecht geht es dir ja gar nicht!« Durch eigene Beispiele soll signalisiert werden, dass man durchaus nachempfinden kann, was wir fühlen. Oft hat man dennoch den Eindruck, dass unser Gesprächspartner nicht wirklich an unseren Gefühlen interessiert ist und es ihm schwerfällt, sich in uns hineinzuversetzen. Seine eigenen Gefühle scheinen vorrangig. Fazit: Am Ende ist man meist genauso schlau beziehungsweise frustriert wie vor dem Gespräch.

Sich in unsere Mitmenschen hineinversetzen zu können ist eine Grundvoraussetzung für soziales Verhalten. Unsere soziale Kompetenz hängt von diesem Einfühlungsvermögen ab. Sehr früh versetzt sich zum Beispiel jede Mutter in ihr Baby, um es besser zu verstehen. Verletzt sich jemand, verziehen wir automatisch vor Schmerz das Gesicht und signalisieren, dass wir mitfühlen. Wir spüren auch, wenn es jemandem schlecht geht. Diese Fähigkeit bezeichnet man als Empathie. Das Wort Empathie leitet sich vom griechischen *Pathos* (das Leid) ab und bedeutet »mitleiden«, »mitfühlen«. Man versteht unter Empathie das Verstehen und das Vermögen, die Gefühle, Konflikte und Einstellungen unserer Mitmenschen zu erkennen und sie gefühlsmäßig nachvollziehen zu können.

Dank der Empathie navigieren wir sicher durch die Welt sozialer Kontakte. Mimik, Modulationen der Stimme, Körperhaltungen oder Blicke – diese äußeren Informationsquellen dienen dem Menschen, die Gefühlswelt des anderen zu erkennen, zu interpretieren, zu verstehen, und geben ihm die Möglichkeit, sich daran anzupassen. »Empathie ist aber auch eine besondere Emotion, die zu prosozialem oder altruistischem Verhalten führt«, erklärt Jean Decety, Neurobiologe an der Universität Washington in Seattle.[23] Altruistisches Handeln ist laut Decety bei der menschlichen Spezies besonders stark entwickelt: Die Bereitschaft, jemand anderem Wohltaten zu erweisen, gilt nicht nur der eigenen Familie und nahestehenden Personen, sondern kann auch auf ein Mitglied einer anderen Gruppe gerichtet werden und selbst auf eine andere Spezies wie zum Beispiel Tiere. Die überfüllten Regale in Supermärkten mit Hunde- und Katzenprodukten zeugen von der mitfühlenden Disposition des Menschen.

Die Empathie, die der andere uns durch seine Anteilnahme signalisiert, dient auch als Feedback auf unsere eigenen Gefühle. Wenn ein Kind hingefallen ist und weint, sagt so mancher Erwachsene – treu nach dem Motto »ein Indianer kennt kein Schmerz« –: »Ach, das ist doch gar nicht so schlimm«, »das ist doch nichts« oder »kein Grund zum Weinen«, anstatt das Kind in die Arme zu nehmen, vielleicht auf die schmerzende Stelle zu pusten und es mit tröstenden Worten zu beruhigen. Vom erzieherischen Standpunkt aus soll so kein Weichling aus dem Kind gemacht werden. Anstatt das Kind abzuhärten, vermittelt ihm dieses Verhalten jedoch etwas ganz anderes: »Meine Schmerzen und meine Gefühle werden ignoriert.« Dies führt dazu, dass das Kind unsicher in seinen eigenen Gefühlen wird: »Mir tut das Knie weh, aber Papa/Mama sagt, das stimmt nicht. Habe ich jetzt Schmerzen oder nicht?« Wie wird sich das Kind bei der nächsten Verletzung verhalten? Wie wird es seine Gefühle interpretieren? Natürlich geht es nicht darum, ins Extrem zu verfallen und das Kind mit Mitleid zu überhäufen. Die Reaktion der Eltern sollte dem Vorfall angemessen sein und Mitgefühl vermitteln. Das setzt aber voraus, dass die Eltern die Fähigkeit haben, die Gefühle ihres Kindes nachfühlen zu können, sie anzuerkennen und nicht mit ihren eigenen zu verwechseln.

Die Fähigkeit zur Empathie ist angeboren, Empathie selbst aber nicht. Sie muss sich erst entwickeln und hängt von der Reifung des Gehirns ab. So zeigt sich ein Kind erst ab dem vierten oder fünften Lebensjahr empathisch. Das bedeutet aber nicht, dass ein Baby nicht die Gefühle anderer verstehen kann. Von Geburt an erkennt der Säugling, dass der andere (zum Beispiel Mutter oder Vater) so ist wie er selbst. Sehr früh imitiert er die Bewegungen und Mimik seines Gegenübers, wie den Mund zu öffnen oder die Zunge herauszustrecken. Dies wurde sogar bei einem nur 42 Minuten alten Neugeborenen beobachtet. Dieses Imitieren hat zu diesem Zeitpunkt noch keine Intention, sondern geschieht sozusagen automatisch. Aber es ist eine wichtige Voraussetzung für die Empathie. Ist Mama oder Papa glücklich, spürt das ein Baby ebenfalls schon in den ersten Lebensmonaten. Doch auch hierbei handelt es sich noch nicht um Empathie, denn dafür muss das Baby sich und den anderen als eigenständige Individuen erkennen. Bis zum achten Monat formen Mutter und Baby jedoch aus der Sicht des Babys eine Einheit.

Wie stark die Fähigkeit zur Empathie beim Menschen verankert ist, haben Forschungsergebnisse belegt. Ein Baby beginnt zum Beispiel zu weinen, wenn andere gleichaltrige Babys weinen. Wird einem Baby aber sein eigenes vorher aufgenommenes Weinen vorgespielt, zeigt es sich nicht mehr mitfühlend. Mit ungefähr zwei Jahren reagiert das Kleinkind nicht mehr durch bloßes Imitieren. Ein interessantes Experiment[24] verdeutlicht das besonders gut: Ein Forscher sitzt mit einem zweijährigen Kind am Tisch, und beide essen etwas mit einem Plastiklöffel. Dann zerbricht der Forscher seinen Löffel. Ein Kind unter eineinhalb Jahren würde den Forscher imitieren und versuchen, seinen eigenen Löffel ebenfalls zu zerbrechen. Im Alter von zwei Jahren jedoch beobachtet das Kind den Forscher und sein Tun, denkt nach und bietet ihm dann seinen eigenen Löffel an. Das Kind kommt seinem Mitmenschen zu Hilfe. Das Verhalten in dieser Phase wird als »prosozial« bezeichnet, was aber durch Empathie motiviert wird. Erst mit vier Jahren ist das Kind wirklich fähig, sich in den anderen hineinzuversetzen, und kann sich vorstellen und nachfühlen, was mental und emotionell in ihm vorgeht. Nun kann es entscheiden, ob es dem anderen hilft, ihn manipuliert oder ihm sogar schadet.

Die Fähigkeit der Empathie ist bei jedem Menschen unterschiedlich stark ausgeprägt. Damit kommen wir wieder zur wichtigen Rolle der Eltern in der Entwicklung ihres Kindes. Sie sind seine positiven Vorbilder, auch was die Empathie anbelangt. Seinem Kind zu signalisieren, dass man seine Bedürfnisse und Gefühle erkennt und versteht, unterstützt die Entwicklung der Empathie. Was aber noch wichtiger ist: Das Kind muss versuchen zu akzeptieren, dass der andere ebenfalls Zugang zu seinen Gedan-

Info

Meilensteine der Empathie beim Kleinkind

- Das Kind beginnt mehr Fragen über die Gefühle anderer zu stellen, etwa wenn etwas passiert ist oder in bestimmten Situationen: »Mama, warum bist du so traurig?«, oder: »Mama, hast du dir aua gemacht?«
- Es beginnt langsam seine eigenen Schlüsse zu ziehen, was die Gefühle anderer in bestimmten Situationen betrifft.
- Das Kind bezieht die Empathie mit in sein Spiel ein. Ein Mädchen wird zum Beispiel zu seiner Puppe sagen: »Du brauchst nicht zu weinen. Mama wird sich um dich kümmern!«
- Es wird auf die Gefühle anderer eingehen und darauf reagieren. Sieht es, wie ein anderes Kind weint, weil sein Keks auf den Boden gefallen ist, wird es ihm tröstend einen von seinen Bonbons geben.

ken und Gefühlen hat, ohne sich dadurch bedroht zu fühlen. Die gegenseitige Empathie, dank der man sich vom anderen verstanden fühlt, ist eine wichtige Voraussetzung für zwischenmenschliche Beziehungen.

Vom Verlust der Empathie

Egoismus, Narzissmus und soziale Verwahrlosung – das sind die Folgen, wenn die Fähigkeit der Empathie bei Menschen verloren geht. Folgen, die automatisch an die Ichlinge-Generation denken lassen. Ichlinge haben kein besonderes Interesse an ihren Mitmenschen, wenn dies nicht ihrem Vorteil dient. Sie legen keinen Wert darauf, Gefühle und die Denkweise von anderen Menschen zu verstehen oder sich selbst mit den Augen des Gegenübers zu sehen. Ichlinge sind ich-bezogen. Empathie ist aber der soziale Kitt einer Gesellschaft. Wenn schon Kinder und Jugendliche nur noch an sich denken und kein Interesse am Mitmenschen zeigen, wird dies die Gesellschaft nachhaltig prägen, denn die Fähigkeit zur Empathie bildet sich in der Kindheit aus.

Aktuelle nordamerikanische Forschungsarbeiten zeigen, dass eine Erosion der Empathie bereits in den vergangenen Jahren begonnen hat. Psychologen der University of Michigan[25] haben 72 Untersuchungen aus den Jahren 1979 bis 2009 zum Thema Empathie ausgewertet. Insgesamt nahmen 14 000 US-Studenten an diesen Studien teil. »Studenten haben heutzutage 40 Prozent weniger Empathie als diejenigen von vor 20 oder 30 Jahren«, erklärt Sara Konrath, Forscherin an der University of Michigan. Der stärkste Rückgang an Empathie wurde nach dem Jahr 2000 beobachtet. Was die jetzigen Studenten – manchmal auch Generation ICH genannt – am meisten auszeichnet, sind folgende Adjektive: selbstzentriert, narzisstisch, konkurrierend, selbstsicher und individualistisch. »Es überrascht nicht, dass diese wachsende Selbstwertschätzung von einer entsprechenden Abwertung der anderen begleitet wird«, sagt ihr Kollege Edward O'Brian. Das Psychologenteam will die Ursachen dieses drastischen Rückgangs an Empathie untersuchen, glaubt aber, dass der große Einfluss der Medien, Computerspiele, Reality Shows und auch der sozialen Netzwerke ein Faktor sei. Edward O'Brian ist der Meinung, dass Studenten sehr wahrscheinlich so mit sich selbst beschäftigt sind, dass sie kaum noch Zeit für andere haben. Jemandem zuzuhören, ihm Zeit zu schenken würde sie zu sehr aufhalten. Das erklärt auch, warum die Studenten nach dem Jahr 2000 wenig mit Aussagen wie diesen etwas anfangen können: »Ich versuche manchmal, meine Freunde besser zu verstehen, indem ich mich in sie hineinversetze.«, und: »Ich habe oft aufrichtiges Mitgefühl für Menschen, die weniger Glück haben als ich.«

Jugendliche sind aber auch zu sehr auf sich bezogen, weil es die wettbewerbsorientierte Gesellschaft, in der wir zurzeit leben, von ihnen verlangt. Was heutzutage zählt, sind Erfolge in der Schule, in der Freizeit und später natürlich im Beruf. Anstatt im Team voranzukommen, heißt es sich allein durchzukämpfen. Ständig seine Mitmenschen als Konkurrenten anzusehen, die die eigene Existenz und persönliche Erfolge bedrohen, trägt nicht zur Förderung der Empathie bei. Im Gegenteil, Kinder und Jugendliche lernen von Kindheit an, dass der andere ein Hindernis sein kann.

Ein weiterer Faktor könnte den Rückgang der Empathie erklären: Kinder benötigen zum Entwickeln ihrer Empathie positive Vorbilder, und das sind, wie bereits angesprochen, in erster Linie die Eltern beziehungsweise seine Bezugspersonen. Sie sollten den Kindern die Werte vorleben, die sie vermitteln möchten. Wir befinden uns jedoch in einer Zeit, in der viele Eltern große Schwierigkeiten haben, Empathie für ihre Kinder zu empfinden. Kinder und Jugendliche bewegen sich in einer Welt der modernen Technologie, die den meisten Eltern neu ist. Momentan ist die Generation Eltern selbst dabei, die Bildschirmmedien für sich zu entdecken, oder sie blocken ab und weigern sich, sich damit zu befassen. In beiden Fällen erschwert dies die Empathie der Eltern. Da sie noch nicht die nötige Distanz zur neuen Technik haben und zudem nicht auf ihre eigenen Kindheitserfahrungen zurückgreifen können, haben sie Schwierigkeiten, sich in ihr Kind hineinzuversetzen und ihm als Vorbild zu dienen. Durch die fehlende Empathie auf diesem Gebiet wird aber auch die Erziehung beeinflusst, denn häufig wissen Eltern nicht, wie sie das Kind an diese Technik heranführen sollen. Unklare Regeln und Grenzen sind dann die Folgen. Das Kind fühlt sich von den Eltern nicht verstanden. Sehr schnell kann es in diesem Fall zu Konflikten kommen, und dem Kind fehlt die Gelegenheit, seine Empathie weiterzuentwickeln.

Die genannte amerikanische Studie wurde 2010 veröffentlicht. Also im selben Jahr wie die Wertewandel-Studie der BAT Stiftung für Zukunftsfragen, in der die jetzige Generation deutscher Jugendlicher als »Hoffnungsträger« bezeichnet wurde. Die USA sind nicht Deutschland, aber Denkweisen wie bei den amerikanischen Jugendlichen sind auch bei der deutschen Jugend zu beobachten. Durch die Zunahme des Karrieredrucks suchen sich Jugendliche ihr soziales Umfeld genau aus und sehen den eigenen Nutzen als Hauptmotiv einer Beziehung. Erfolg wird rein durch »beruflichen Erfolg« definiert. Sicher existiert auch ein gesellschaftliches Engagement unter Jugendlichen, doch die »Ich-AG« hat auch darüber Kontrolle und kooperiert nur, wenn dies der eigenen Entwicklung

TIPP

Wie fördere ich Empathie bei meinem Kind?

- Sprechen Sie mit Ihrem Kind, wenn sich ein anderes Kind zum Beispiel verletzt hat und weint. Versuchen Sie ihm zu erklären, warum es traurig sein könnte. Schlagen Sie Ihrem Kind vor, was man tun könnte, um dem Kind zu helfen.
- Zeigen auch Sie sich mitfühlend mit Ihren Mitmenschen. So wird Ihr Kind erfahren, wie eine andere Person auf dieses Mitgefühl reagiert.
- Nehmen Sie sich die Zeit, mit Ihrem Kind über Gefühle zu sprechen.
- Nutzen Sie Gelegenheiten, in denen man Mitmenschen einen Gefallen tun kann. So wird Ihr Kind selbst aufmerksamer werden und auf die Gefühle anderer mehr achten.
- Setzen Sie dem Verhalten Ihres Kindes Grenzen. Seinem Kind alles zu erlauben verhindert, dass es die Bedürfnisse anderer anerkennt.

dient. Unsere Gesellschaft besteht zwar nicht nur aus Ichlingen. Doch wie soll sich ein kooperativ veranlagter Mensch in einer Gesellschaft durchsetzen, wenn ein Großteil um ihn herum nur daran denkt, sich gegenseitig auszutricksen? »Eine einzelne Person bleibt auf Dauer nicht kooperativ gegenüber anderen. Damit Kooperation erfolgreich ist, muss es genügend Interaktionspartner geben, die ebenfalls kooperativ sind«, erklärt der Soziologe Dirk Helbing.[26] Doch diese Interaktionspartner gilt es zu finden in der »Wüste des Egoismus«, die von extrem eigennützigen Wesen bewohnt ist – den Ichlingen. Ihnen liegt daran, ihre Mitmenschen auf Abstand zu halten, um sich besser auf sich selbst konzentrieren und in der aktuellen erfolgsorientierten Gesellschaft behaupten zu können. Jeder ist dort sich selbst der Nächste. Die Interessen des Einzelnen sind vorrangig. Empathie, aber auch soziale Tugenden wie Verantwortungsgefühl, Nächstenliebe, Hilfsbereitschaft und Gemeinschaftssinn sind Werte, die in der aktuellen Gesellschaft nicht nur bedroht sind, sondern auch langsam anders interpretiert werden, wie zum Beispiel: »Ich helfe meinem Mitmenschen, damit es mir besser geht.«

Empathie und Gewalt

Empathiedefizite können das Auftreten von gewalttätigen Handlungen erhöhen, verursacht durch geringe Impulskontrolle, Aggressivität, Selbstbezogenheit und fehlende Schuldgefühle. Empathie wird daher von den Wissenschaftlern als Hemmfaktor für Gewalttaten und antisoziales Verhalten angesehen. Das kann auch Dr. Karl Heinz Brisch vom Dr. von Hauner'schen Kinderspital in München bestätigen: »Wir sehen heute viele Kinder, die in Konfliktsituationen wirklich nicht mehr in der Lage sind, überhaupt wahrzunehmen, dass der andere eigene Absichten, Pläne, Handlungen und auch Gefühle hat. Selbst dann, wenn es mal aggressiver zugeht und Kinder rangeln miteinander, messen ihre Kräfte, wollen ihre Interessen durchsetzen. Aber wenn der andere dann unter der aggressiven Auseinandersetzung plötzlich am Boden liegt, dann würden – allein schon wegen der der menschlichen Spezies innewohnenden Tötungshemmung – normalerweise Menschen aufhören, aufeinander einzuschlagen.«[27]

Doch gerade die Fähigkeit des »Mit-Leidens« scheint bei vielen Heranwachsenden zu fehlen. Folgende Formen von Gewalt bei Kindern und Jugendlichen hat der Lehrerverband bereits 2003 festgestellt[28]:

- Der Umgangston unter Schülern ist rauer und gereizter geworden. Sogenannte Szenesprüche, deftigste Schimpfnamen von einer früher nicht üblichen Menschenverachtung oder Drohungen künden bereits unter Grundschülern von einer bedenklich gesunkenen Hemmschwelle.
- Zugenommen haben Vandalismus-Schäden. Das Beschädigen, Bemalen, Besprühen (Graffiti) oder Verschmutzen von Gebäuden und Einrichtungen scheint ebenso an der Tagesordnung zu sein wie das Beschädigen von Eigentum von Alterskollegen (vor allem von Fahrrädern).
- Ein Teil der Kinder und Jugendlichen stattet sich mit Waffen aus. Durchaus üblich sind Messer, »Butterflys«, Wurfsterne, Schlagringe, Gaspistolen, Schlagketten und zweckentfremdete Baseball-Schläger, aber auch Defensivwaffen (Gassprays).
- In vielen Fällen kommt es zur Erpressung. In der Schule oder im Schulbus etwa werden Schutzgelder erpresst. Manche zwingen ihre Mitschüler unter Androhung von Gewalt zum »Spickenlassen«. In einzelnen Kreisen ist das »Jackenziehen« üblich, das

heißt Mitschülern werden teure Lederjacken oder auch teure Turnschuhe geraubt.

- Die Formen der körperlichen Gewalt haben eine große Vielfalt angenommen; sie reichen von einfacheren Raufereien bis zur bewussten Schädigung beziehungsweise Verletzung des Opfers.

Immer wieder wird im Zusammenhang mit Gewalt bei Schülern über den Einfluss von Computerspielen mit aggressiven und gewaltvollen Inhalten diskutiert. Dieser Zusammenhang ist umstritten. Wissenschaftler sind sich jedoch einig, dass gewaltorientierte Computerspiele keine Lernfelder für die Förderung von Empathie sind, auch weil diese Fähigkeit im Computerspiel unangemessen ist. »Das vom Computer generierte ›Gegenüber‹ lässt sich nicht empathisch erschließen, sondern nur einschätzen hinsichtlich seiner programmierten Reaktionsmuster. Nicht Empathie wird verlangt, sondern strategisch-taktisches Verhalten im Rahmen eines festgelegten Regelsystems, das für die jeweilige virtuelle Welt Gültigkeit hat. (…) Empathie ist nur in der realen Welt des menschlichen Miteinanders erlernbar (und verlernbar) und nicht in der virtuellen Welt des Computerspiels. Immer längere Aufenthalte in der virtuellen Welt können schädigen, weil sich dadurch die Zeit vermindert, in der sich diese Empathie ausbilden könnte. Sie schädigen auch deshalb, weil sich Muster für emotionale Befriedigungen herausbilden können, die ohne Empathie auskommen und daher von der Notwendigkeit ablenken, eine empathische Form der Zwischenmenschlichkeit auszubilden, die auf Gewalt weitgehend verzichten kann und die durch ihre besondere emotionale Qualität Befriedigung schenkt.«[29] In der virtuellen Welt des Computerspiels geht es um das Überleben des Spielers. Blitzschnelle Reaktionen sind gefordert, um sich zu verteidigen. Wie soll in dieser Situation Empathie für den Gegner entstehen, der selbst gefühllos ist und nur ein Ziel kennt: den Spieler zu töten? Für Moral und Empathie ist einfach keine Zeit. Im Gegenteil, prosoziale Gefühle und Empathie stehen wohl eher dem Sieg über den Computergegner im Weg, denn sie sind eine entscheidende Hemmschwelle gegen Gewalt.

Jean Decety, Professor für Psychologie und Psychiatrie an der University of Chicago, hat im Sozialverhalten von Kindern nachgewiesen, dass aggressive Jungen Freude am Schaden anderer empfinden. In einem Versuch wurde aggressiven Jungen ein Videoclip vorgeführt, in dem Menschen einen Unfall erlitten oder absichtlich gequält wurden. Beispiel: Eine Person klemmte einem Klavierspieler absichtlich die Finger mit dem Klavierdeckel ein. Mithilfe der funktionellen Kernspintomografie wurde gezeigt, dass bei den aggressiven Jungen der mit dem Belohnungssystem verknüpfte Hirnbereich aktiv und der Impuls für Mitgefühl unterdrückt wurde. »Gewaltbereite Jugendliche schleppen nicht die Last der Empathie mit sich herum«, sagt Prof. Dr. Klaus Mathiak von der Universitätsklinik in Aachen. Er erklärt die Gelassenheit der Jungen angesichts von Gewaltszenen mit einer gehemmten Region im Gehirn, wo normalerweise die Entwicklung von Empathie in solchen Situationen stattfindet.[30]

Für aggressive Kinder heißt es deshalb, wieder Empathiemomente in zwischenmenschlichen Beziehungen erkennen und darauf angepasst reagieren zu lernen. Aber auch generell sollten Programme zur Förderung von Empathie früh in der Kindheit gestartet werden, um diese zu üben. Dies könnte Gewalt bei Kindern und Jugendlichen vorbeugen. Auch Ichlinge würden davon profitieren, das Interesse am Mitmenschen wieder zu entdecken.

Soziale Kompetenz und Teamfähigkeit

Soziale Kompetenz ist ebenfalls eine Grundvoraussetzung für Teamarbeit. Kooperations- und Kommunikationsfähigkeit, Rücksichtnahme, mitmenschliche Sensibilität, Empathie und Konfliktfähigkeit sind die Qualitäten, die Menschen teamfähig machen. Ohne das Respektieren von Regeln, Normen, Idealen, Prinzipien, Erwartungen und Empfindungen wird eine Zusammenarbeit im Team nicht möglich sein. Die soziale Kompetenz ist ebenso notwendig, wenn ein neues Mitglied ins Team kommt. Sich einzuordnen und an die anderen Mitglieder zu gewöhnen braucht Zeit und auch Geduld von beiden Seiten. Damit das Team wirksam zusammenarbeiten kann, und das auf längere Zeit, müssen die Mitglieder miteinander kommunizieren und Informationen austauschen.

Ichlinge legen häufig ein starkes Selbstbewusstsein an den Tag. Sie wissen genau, was sie wollen, und »verkaufen« sich dementsprechend, wenn es um eine berufliche Position geht. Auch im Team ist es notwendig, selbstbewusst zu sein, um aktiv an der Teamarbeit teilnehmen zu können. Es gibt jedoch einen Unterschied zwischen Selbstbewusstsein und Arroganz. Sich überheblich im Team zu verhalten kann schnell zu Komplikationen im zwischenmenschlichen Bereich führen und das Arbeitsklima stören. Ein Team verhält sich so zu einzelnen Mitgliedern, wie sie sich selbst verhalten. Bin ich tolerant, wird das Team auch mir Toleranz entgegenbringen. Vertraue ich meinem Team, wir es auch mir vertrauen. Im Team geht es daher um gegenseitigen Respekt. Teamfähigkeit bedeutet aber nicht, dass man seine Individualität unterdrücken soll. Im Gegenteil, eigene Ideen sind auch hier gefragt. Sein Können im Team einzubringen gehört zur Teamfähigkeit. Ziel ist es, das Potenzial jedes Einzelnen zusammenfließen zu lassen und dadurch ein Ergebnis zu erzielen, das der Einzelne nicht geschafft hätte.

Prof. Dr. Klaus Scala vom Zentrum für Soziale Kompetenz, Universität Graz, nennt drei weitere Ebenen, die soziale Kompetenz in Bezug auf Teamfähigkeit konkretisieren:

»*Selbstwahrnehmung und Selbstreflexion:* Mitarbeiter in Teams, Führungskräfte, Beraterinnen sind immer in der doppelten Situation, auf der einen Seite als Akteure eine Arbeitssituation zu gestalten, voranzutreiben, und gleichzeitig müssen sie sich ein Stück dabei auch selber zuschauen, weil sie selber Teil der Situation sind. Es ist die Fähigkeit gefragt zu handeln und sich dabei zugleich zu beobachten, die eigene emotionale Betroffenheit wahrzunehmen, sie zu berücksichtigen und sich auch ein Stück davon zu distanzieren, die eigenen Vorlieben zu kennen und zu wissen, in welchen Situationen die eigenen Alarmglocken läuten.

Soziale Diagnosefähigkeit: Professionalität zeichnet sich durch die Fähigkeit einer spezifischen Beobachtungsfähigkeit aus. Eine Ärztin ›sieht‹ mehr in Bezug auf den Gesundheitszustand, ein Fußballtrainer mehr bei einem Spiel als der Laie. In sozialen Kontexten ist daher die Fähigkeit, soziale Situationen differenziert wahrnehmen zu können, eine Grundvoraussetzung, um auch erfolgreich zu handeln. Wie steht es um die Arbeitsfähigkeit eines Teams? Wodurch wird sie gerade jetzt gefördert oder blockiert? Welche Unterschiede bewegen die Gruppe? Welche Themen werden vermieden?

Teamfähigkeit: In Gruppen braucht es die Fähigkeit, sich selbst inhaltlich zu positionieren, kreative Ideen einzubringen, Wissen an passender Stelle zur Verfügung zu stellen. Es ist aber auch in hohem Maße notwendig, sich auf die Gruppe zu beziehen: auf Vorschläge anderer aufbauen, zuhören, für die Beteiligung aller sorgen, Unterschiede deutlich machen und vermitteln, Konflikte ansprechen und Lösungen anbieten, für Entlastung sorgen.«[31]

Unternehmen erwarten heutzutage mehr als nur Fachwissen. Soziale Kompetenz wird von Arbeitgebern als Basisqualität vorausgesetzt. Ichlinge sind daher nur so lange erfolgreich, wie sie eine Position in einem Unternehmen haben, in dem der Alleingang gefordert wird. Doch irgendwann müssen auch Ichlinge ein Minimum an sozialer Kompetenz an den Tag legen, denn sie befinden sich nicht in einem Vakuum.

Soziale Kompetenz muss bereits in der Kindheit trainiert werden. Gruppenarbeit, Schulsport und die Klassengemeinschaft bieten täglich Gelegenheiten, um personale Tugenden wie Ich-Kompetenz, Selbstentfaltung, Durchsetzungsvermögen, Rücksichtnahme, Belastbarkeit, Gerechtigkeit und Friedensbereitschaft zu fördern. Durch das Zusammenarbeiten entstehen soziale Beziehungen, die den Schülern erlauben, ihre Kompetenzen zu testen und weiterzuentwickeln. Die Förderung von sozialer Kompetenz gelingt umso besser, wenn Kinder bereits über eine gewisse Basis verfügen. Diese Basis zu vermitteln gehört zu den Aufgaben der Eltern.

Erziehung versus Kulturtechnik

Kinder lernen sehr viel, indem sie das Verhalten ihrer Eltern nachahmen. So sind wir alle in gewisser Weise das »Produkt« unserer Eltern. Sei es beim Essen, im Umgang mit anderen oder beim Spielen – ein Kind macht Fortschritte, indem es seine Eltern beobachtet. Sehr oft versuchen Eltern, sich an ihre eigene Kindheit zu erinnern, wenn es um Erziehungsfragen geht. Ein gutes Beispiel sind Ohrfeigen oder den Hintern zu versohlen. In Deutschland sind Prügelstrafen erst seit 2002 verboten. Das bedeutet, dass wohl die Mehrheit der jetzigen Erwachsenen ab und zu verprügelt oder geohrfeigt wurde, wenn sie als Kinder frech waren oder irgendwelche Untaten begingen. Häufig schwören sich Eltern, niemals den Erziehungsstil ihrer eigenen Eltern zu kopieren, unter dem sie selbst gelitten haben. Das gilt auch für das Thema Prügelstrafen. »Ich werde nie mein Kind schlagen, so wie ich von meinen Eltern geschlagen wurde!« – bis zum ersten Schreikampf ihres kleinen Engels im Supermarkt, weil er unbedingt ein Eis haben will und die Eltern damit nicht einverstanden sind. Resultat: Das Kind wirft sich auf den Boden, strampelt mit allen vieren, schlägt um sich, schreit und weint und wird puterrot. Eltern fühlen sich in dieser

Situation oft emotional erpresst. Sie fühlen die Blicke der anderen Kunden. Die ältere Generation denkt kopfschüttelnd »so was hätte es früher nicht gegeben« – hat es doch –, und dieser Druck kombiniert mit dem Wutanfall des Kindes und der eigenen Wut, weil das Kind nun mal gar nicht hören will, kann Eltern dazu bringen, dass ihnen doch die Hand ausrutscht. Gerade in Extremsituationen, wenn man als Elternteil nicht mehr ein noch aus weiß, kann man schnell in den Erziehungsstil zurückfallen, den man selbst als Kind erlebt hat. Es ist wie ein Reflex. Man reagiert so, wie die eigenen Eltern in einer ähnlichen Situation gehandelt haben. Das kann ein erschreckender Moment sein, für das Kind und besonders für seine Eltern, die nicht verstehen, wie sie so reagieren konnten. Die eigene Kindheit schüttelt man nicht so einfach ab. Ein Teil von ihr lebt in unserem Unterbewusstsein, wohin man sie verdrängt hat, bis sie in bestimmten Situationen die aufgebauten Mauern wieder durchbricht.

Kindheitserinnerungen können auch positiv auf die Reaktionen der Eltern einwirken. Wurde man selbst als Kind liebevoll mit einer Gute-Nacht-Geschichte oder Wiegenliedern auf den Schlaf vorbereitet, dann ist die Wahrscheinlichkeit sehr hoch, dass man mit seinem eigenen Kind diese harmonischen Momente wiederaufleben lassen möchte. Etwas selbst erlebt zu haben gibt uns oft Sicherheit in unserem Handeln. Gerade dies scheint aber vielen Eltern zu fehlen, wenn es um den Umgang mit Bildschirmmedien geht. Die heutigen Kinder und Jugendlichen wachsen in einer Medienkultur auf, mit der die Generation ihrer Eltern sehr spät konfrontiert wurde. Das bedeutet oft, dass Eltern erst gemeinsam mit ihren Kindern die Bildschirmmedien erleben.

TIPP

Wie Eltern stattdessen reagieren sollten

Um Krisen im Supermarkt oder an anderen Orten zu vermeiden ist es hilfreich, seinem Kind vorher mitzuteilen, was es dort erwartet. Beispiel: »Wenn wir nachher in den Supermarkt gehen, kann ich dir dieses Mal keine Süßigkeiten kaufen. Wir können nicht jedes Mal Geld dafür ausgeben, und wir haben zu Hause noch genügend Süßes.« Das Kind muss mit einem Ja zu verstehen geben, dass es verstanden hat. So kann es sich schon vor dem Betreten des Supermarktes darauf einstellen, dass es heute keinen Schokoriegel gibt, und wird nicht erst damit konfrontiert, wenn es in der Süßwarenabteilung steht.

Auch in anderen Situationen wie dem Fernsehen wirken sich diese Strategien positiv aus. »Du darfst eine halbe Stunde den Film schauen. Aber danach machen wir etwas anderes. Bist du damit einverstanden?« Das Kind muss Ja sagen. Fünf Minuten vor Ende der halben Stunde sagt man seinem Kind, dass bald Schluss ist. So gibt man ihm die Möglichkeit, sich auf das Ende dieser Aktivität vorzubereiten, anstatt einfach nach dreißig Minuten an den Fernseher zu gehen und ihn auszuknipsen. Damit wäre eine erneute Krise vorprogrammiert.

- Wie schränke ich den Computerkonsum beim Kind ein?
- Was sind die Gefahren dieser neuen Technik?
- Ab wann soll mein Kind diese Geräte benutzen?
- Ist das wirklich gut für mein Kind?

Fragen, die viele Eltern sich stellen und dabei nicht auf ihre eigenen Kindheitserfahrungen zurückgreifen können. Sie haben nicht selbst die Auswirkungen dieser neuen Medien erlebt. Häufig fühlen Eltern sich deshalb überfordert. Sie müssen erst lernen, sich an diese Erziehungsfragen heranzutasten und dem Kind wirksame Grenzen zu setzen. Dieses Problem ist umso größer, weil etliche Eltern selbst von Bildschirmmedien fasziniert sind und zuerst ihr eigenes Verhalten im Umgang mit ihnen kennenlernen müssen, um sich dann selbst Grenzen zu setzen. Nicht selten verbringt der eigene Partner oder die Partnerin Stunden vor dem Computer, spielt Poker online, bekämpft virtuelle Außerirdische oder chattet mit ausgefallenen Pseudonymen. Diese Begeisterung für die virtuelle Welt, die besonders stark bei Eltern zwischen 20 und 40 Jahren ist, wird schon von Geburt an auf das eigene Kind übertragen und im Laufe seines Lebens immer weiter ausgebaut. In dieser Euphorie vergessen viele Eltern, dem Kind Kompetenzen zu vermitteln, die es im Alltag benötigt. Besonders wenn es um den Umgang mit seinen Mitmenschen geht. Mediale Kompetenz hat vor sozialer Kompetenz anscheinend den Vorrang. Vielleicht auch, weil viele Eltern sich wahrscheinlich denken, dass Letztere sich bei ihrem Baby mehr oder weniger von selbst entwickelt. Das tut sie auch. Im Umgang mit den Eltern und besonders mit Gleichaltrigen. Nicht jedoch vor dem Computer. Nur wenn Kinder immer wieder die

Digitale Geburt

Babys mit eigenem Internetprofil? Das ist der neue Trend weltweit und auch in Deutschland, lauten die Ergebnisse einer Studie des Softwareherstellers AVG, für die 2200 Mütter in den USA, Kanada, Großbritannien, Frankreich, Deutschland, Italien, Spanien, Australien, Neuseeland und Japan befragt wurden[32]:

- Die Mehrheit der Babys kommt im Alter von sechs Monaten »digital« auf die Welt.
- 30 Prozent der deutschen Babys (33 Prozent international) werden schon als Neugeborene der Web-Community präsentiert.
- 81 Prozent der Kinder (weltweit) sind dann im Alter von zwei Jahren im Internet zu sehen.
- 71 Prozent der deutschen Mütter laden ihre Babyfotos im Internet hoch (92 Prozent der amerikanischen Mütter und 73 Prozent in Europa).
- Sonogramme von 15 Prozent der deutschen Babys (international 23 Prozent) werden noch vor der Geburt online gestellt.
- 7 Prozent der deutschen Eltern haben für ihr Baby eine eigene E-Mail-Adresse eingerichtet.
- 5 Prozent der deutschen Babys haben ein Profil bei Facebook oder in einem anderen sozialen Netzwerk.

Gelegenheit bekommen, soziale Kontakte mit anderen zu knüpfen, kann ihre soziale Kompetenz gefördert werden.

Die vorangegangene Studie zeigt, wie sorglos Eltern weltweit mit dem Medium Internet und mit sozialen Netzwerken umgehen. Noch bevor die Kleinen laufen können, hinterlassen sie dank Mama und Papa ihre »digitalen Fußabdrücke« im Internet. Eltern-Tweets erzählen vom dem freudigen Gedeihen des Sprösslings, so wie früher die Überschrift eines Fotos im Familienalbum. »Es ist vollkommen verständlich, warum stolze Eltern Aufnahmen ihrer sehr kleinen Kinder hochladen und bei Freunden und in der Familie herumzeigen wollen«, meint AVG-Chef J. R. Smith, aber er fragt angehende Eltern auch: »Was für einen ›digitalen Fußabdruck‹ wollen Sie für Ihre Kinder erstellen, und was werden die in Zukunft von den Informationen halten, die Sie jetzt hochladen?« Viele Webprofile von Kindern sind automatisch der ganzen Welt online zugänglich, also völlig unbekannten Menschen. Daher ist es unbedingt notwendig, die privaten Einstellungen bei sozialen Netzwerken zu aktivieren, damit eine gewissen Privatsphäre des Kindes respektiert wird – wenn es schon nicht vorher aus altersbedingten Gründen um seine Meinung gefragt werden kann.

Die Medien- und Konsumindustrie nimmt Kinder und Jugendliche längst als spezielle Zielgruppe ernst und umwirbt sie kontinuierlich. Dabei setzt sie auf deren enormen Mitbestimmfaktor, denn das Kind ist seiner passiven Rolle entwachsen. Was es isst, was es trägt, was es im Fernsehen sieht, was es auf der Konsole spielt – das bestimmen in vielen Familien nicht mehr die Eltern, sondern die lieben Kleinen. Soziologen sprechen daher von einer kindzentrierten Familie, in der die Wünsche des Kindes Priorität haben. Hauptprojekt der Eltern: Unser Kind muss glücklich werden! Dagegen ist natürlich nichts zu sagen. Allerdings versuchen viele Eltern deshalb, Konflikten mit ihrem Kind aus dem Weg zu gehen. Frustrationen werden vermieden. Notwendige Grenzen für das Verhalten des Kindes werden nicht aufgestellt oder eingehalten. Dabei vergessen die Eltern ihre Rolle als Vorbild. Die Kinder bestimmen, wo es langgeht. Es stellt sich aber die Frage, ob sie sich in dieser neuen Rolle nicht überfordert fühlen, denn Kinder haben das tiefe Bedürfnis, geführt zu werden.

Kapitel 3

Frühkindliche **Bindung** – ein besonderes Band fürs **Leben**

Was bedeutet Bindung?

Angesichts der steigenden Scheidungsrate (190 000 Ehepaare trennen sich jährlich in Deutschland), der ebenfalls steigenden Single-Haushalte (jeder vierte Deutsche zwischen 20 und 35 Jahren lebt allein), der vielen Singles, die keine feste Beziehung eingehen möchten, und auch der wachsenden »Ichling-Gemeinde« wird vermehrt auf die Bindungstheorie hingewiesen, denn es ist offensichtlich, dass das Aufbauen einer Beziehung zu einem anderen Menschen und vor allem deren jahrelanges Aufrechterhalten mit großen Schwierigkeiten verbunden sein kann. Aber was versteht man eigentlich darunter?

Die Bindungstheorie, begründet von dem britischen Kinderpsychiater und Psychoanalytiker John C. Bowlby (1907–1990) bezeichnet das universelle menschliche Grundbedürfnis, enge emotionale Bindungen zu Mitmenschen einzugehen. Der Grundstein dafür wird in den ersten drei Lebensjahren gelegt. Sichere Bindungen haben Einfluss auf die emotionale Entwicklung des Menschen und fördern die soziale Kompetenz, das Selbstvertrauen und auch die Selbstregulation. Sie sind eine Basis für menschliche Beziehungen. Dabei ist besonders die Mutter-Kind-Bindung von Bedeutung. Das angeborene Bindungsverhalten sichert dem Säugling vom ersten Lebenstag an notwendigen Schutz, liebevolle Zuwendung und mütterliche Nähe. Dieses besondere Band entsteht sehr früh zwischen dem Kind und seiner Bezugsperson. Auf dieser Beziehung basiert die Fähigkeit des Kindes, sein Leben lang solide Beziehungen zu seinen Mitmenschen aufzubauen und aufrechtzuerhalten. Die Bindung zur Mutter beziehungsweise zur Bezugsperson, die gleich nach der Geburt beginnt, prägt also unser Verhalten und unser gesamtes späteres Leben.

Eine Frage der Bindung – die vier Bindungstypen

Im Team zu funktionieren bedarf sozialer Kompetenzen. Das Kind muss sich jedoch auch im Team sicher fühlen. Voraussetzung dafür ist, dass es die Trennung von seiner Bezugsperson verkraften kann, ohne dass dies sein Verhalten negativ belastet. Dieses Gefühl der Sicherheit oder Unsicherheit hängt von der Bindung des Kindes zu seiner Bezugsperson ab. Hat das Kind in den ersten Lebensjahren die positive Bindungserfahrung gemacht, dass es auf seine primäre Bezugsperson zählen kann, wenn es sie braucht, und hat es die Gewissheit erlangt, dass die Bezugsperson das Richtige zur rechten Zeit tut, wird es Vertrauen in sich gewinnen und seine Umgebung autonom und aktiv erkunden. Dies ist eine sichere Basis für die soziale Entwicklung des Kindes.

Um die Qualität der Bindung beim Kleinkind zu untersuchen, entwickelte die Psychologin Mary D. Salter Ainsworth Ende der

1960er-Jahre die sogenannte *Fremde Situation,* eine standardisierte Laborsituation. In diesem Experiment befinden sich das Kleinkind (im Alter von eineinhalb bis zwei Jahren) und seine Mutter in einem ihnen unbekannten Raum mit Spielzeug und zwei Stühlen. Kameras filmen Mutter und Kind. Zuerst kann man beobachten, dass das Kind den Raum erkundet und sich anschließend für das Spielzeug interessiert. Eine fremde Person kommt nun herein, spricht kurz mit der Mutter und versucht, mit dem Kind Kontakt aufzunehmen. Dann verlässt die Mutter unauffällig den Raum. Das Experiment besteht nun darin, die Reaktion des Kindes auf den Weggang der Mutter zu beobachten und – ganz wichtig – seine Reaktion, wenn die Mutter nach spätestens drei Minuten wieder zurückkommt.

Tränen, Gleichgültigkeit oder Freude – aufgrund des kindlichen Verhaltens in diesen Trennungs- und Wiedersehensphasen als Schlüsselelement haben Ainsworth und ihre Kollegen drei Klassifikationen des kindlichen Bindungsverhaltens aufgestellt:

Sichere Bindung

Folgendes Verhalten charakterisiert eine sichere Bindung: Wenn die Mutter den Raum verlässt, weinen oder schreien die Kinder. Bei ihrer Rückkehr wird sie freudig begrüßt, und die Kinder suchen nach Körperkontakt und Trost. Sehr schnell werden sie von der Mutter beruhigt und beginnen wieder zu spielen. Obwohl die Kinder ganz offensichtlich ihren Kummer zeigten, als die Mutter abwesend war, wurde kein erhöhter Cortisolspiegel gemessen. Cortisol ist ein Hormon, das bei Stress vermehrt vom Körper ausgeschüttet wird.

Der sichere Bindungstyp wird bei Kindern beobachtet, deren Bindungsperson feinfühlig auf ihre Signale und besonders auf ihre Bedürfnisse und Hilferufe eingegangen sind. Sicher gebunden erkunden diese Kinder, getrennt von ihrer Bezugsperson, frei und ohne Angst ihre Umgebung, um dann wieder Zuflucht bei der Bindungsperson zu finden, wenn sie sich ängstigen und unsicher fühlen. Die Kinder werden ebenfalls mehr spielen und sind kontaktfreudiger. Sie ertragen mit der Zeit immer besser die Trennung von ihrer Bezugsperson, denn sie haben ihr positives Bild verinnerlicht.

Unsicher-vermeidende Bindung

Bei diesem Bindungstyp zeigen die Kinder während der Abwesenheit der Mutter wenig Kummergefühle und beschäftigen sich weiterhin mit dem Spielzeug. Sehr schnell werden sie von der fremden Person getröstet. Wenn die Mutter zurückkommt, wird dies mehr oder weniger von den Kindern ignoriert. Sie suchen keinen aktiven Kontakt zu ihr. Körperliche Nähe wird vermieden. Dafür konzentrieren sie sich auf ihre Umgebung und das Spielzeug. Sie »vermeiden« die Situation.

Man könnte meinen, dass die Kinder die Trennung von der Mutter sehr gut verkraftet haben. Sie haben sich eher ruhig verhalten und nicht geweint. Doch Speichelproben haben einen hohen Cortisolspiegel bei ihnen nachgewiesen, Zeichen für inneren Stress. Wie ist das zu verstehen? Die Kinder sehnen sich eigentlich nach der mütterlichen Nähe, doch sie haben in der Vergangenheit in ähnlichen Situationen die negative und frustrierende Erfahrung gemacht, dass sie von ihrer primären Bindungsperson systematisch abgewiesen wurden, wenn sie in Not waren. Die Kinder verhalten sich nun mehr oder weniger passiv und bleiben auf Distanz. So schützen sie sich davor, dass ihre Bedürfnisse wieder von der Bezugsperson ignoriert werden. Sie haben gelernt, ihr Bedürfnis nach Zuwendung zu kaschieren.

Unsicher-ambivalente Bindung

Kinder dieses Bindungstyps bemerken die Abwesenheit der Mutter, beginnen heftig zu weinen und zu schreien und sind nicht zu trösten. Wenn die Mutter zurückkommt, freuen sie sich einerseits, sie wiederzusehen, andererseits drücken sie ihren Ärger aus. Die Kinder suchen die mütterliche Nähe und ihren Kontakt, gleichzeitig schlagen sie um sich und sind aggressiv. Wenn die Mutter das Kind zum Beispiel in die Arme nehmen will, wehrt es sich, aber wenn sie es loslässt, protestiert es ebenfalls. Es dauert sehr lange, bis diese Kinder sich beruhigen und wieder zu spielen beginnen.

Was verursacht dieses kindliche Verhalten? Wenn das Kind die frühe Erfahrung gemacht hat, dass die Reaktionen seiner Bindungsperson nicht vorhersehbar beziehungsweise nicht vorhersagbar sind, weil sie sich immer anders verhält als erwartet, wird diese zu einer unsicheren Bezugsperson und damit zu einer unsicheren Basis. Das Kind steht unter dem Druck, ständig wachsam sein zu müssen, um ja keine Chance zu verpassen, die Aufmerksamkeit der Mutter zu bekommen. Das Bindungssystem befindet sich in einem hyperaktiven Zustand. Kinder dieses Bindungstyps klammern sich oft an ihre Bindungsperson, fühlen sich unsicher und haben Trennungsängste, die sich besonders am Abend bemerkbar machen, wenn es ins Bett gehen soll.

Mit der Zeit wurde jedoch festgestellt, dass einige Kinder nicht diesen oben genannten Verhaltensmustern entsprachen. Auch wurde das Verhalten von misshandelten und vernachlässigten Kindern als »sicher gebunden« eingestuft, obwohl sie sich außerhalb der *Fremden Situation* – also im alltäglichen Leben – abweichend verhielten. Für diese Minderheit mit widersprüchlichem Verhalten wurde 1986 von den Psychologinnen Mary Main und Judith Solomon eine weitere Kategorie hinzugefügt.

Desorganisierte/desorientierte Bindung

Die Kinder befinden sich in einer paradoxen Situation: Die Person, die ihnen Sicherheit schenken soll, erweist sich als furchterregend. Ihr Verhalten wird daher von der Angst vor ihrer Bezugsperson gekennzeichnet. Dies führt zu einer Kombination von Bindungs- und Abwehrverhalten. Die Kinder suchen zum Beispiel die Nähe zur Mutter, und kurz vor dem Körperkontakt brechen sie ihr Vorgehen ab, indem sie sich auf den Boden fallen lassen, erstarren, sich im Kreis drehen oder plötzlich ziellos umherirren. Diese widersprüchlichen Verhaltensweisen treten besonders bei Kleinkindern mit Missbrauchserfahrung und wenig feinfühligen Bindungspersonen auf. Der Cortisolspiegel ist wie bei den unsicher gebundenen Kindern deutlich erhöht.

Die Fähigkeit zum Bindungsaufbau ist bei jedem Kind genetisch vorgegeben. Wie sich die Bindung jedoch individuell entwickelt, hängt von der Beziehung zwischen dem Kind und seiner Bezugsperson ab. Dabei kommt es vorwiegend auf deren Verhalten an. Wie feinfühlig antwortet sie auf die Signale des Kindes? In dieser besonderen Beziehung ist es nicht unbedingt ausschlaggebend, wie viel Zeit die Bindungsperson mit dem Kind verbringt, sondern vor allem, wie diese Zeit qualitativ genutzt wird. Das Bindungsverhalten des Kindes kann sich im Lauf der Kindheit verändern, doch die frühen Bindungserfahrungen in den ersten Lebensmonaten stellen oft ein Grundmuster dar. Auch im Erwachsenenalter bestimmen sie mit, wie der Mensch sich in seinen Beziehungen verhält und wie er im Team funktioniert. So haben Kinder mit einer sicheren Bindung später als Erwachsene auch höchstwahrscheinlich einen sicher-autonomen Bindungsstil und sind fähig, Beziehungen einzugehen und diese aufrechtzuerhalten.

Programmiert zum Miteinander

Die Eltern-Kind-Beziehung beginnt nicht erst mit der Geburt des Kindes. Schon während der Schwangerschaft kommt es zu ersten Kontaktaufnahmen. Mama und Papa reden zum Beispiel mit ihrem ungeborenen Baby. Auch wenn es nicht wirklich versteht, was sie ihm sagen, so tragen ihre Stimmen ihre Liebe und ihre positiven Emotionen zu ihm. Zärtlich streichelt Mama mit der Hand über ihren Bauch und singt ein beruhigendes Lied. Miteinander gespielt wird natürlich auch schon lange vor der Geburt. Das Baby drückt sich gegen Papas Hand auf Mamas Bauch. Einmal hier und dann wieder woanders. Eine haptonomische Schwangerschaftsbegleitung fördert übrigens die Bindung zwischen dem Baby und seinen Eltern, denn sie hilft ihnen schon vor der Geburt, miteinander in Beziehung zu treten, beispielsweise durch Handauflegen auf den Bauch. Diese Momente sind wunderbare Gelegenheiten, um dem ungeborenen Baby zu vermitteln, dass es nicht allein ist und dass da »draußen« jemand auf es wartet. Gleichzeitig haben die Eltern die Möglichkeit, jetzt schon ihr Baby kennenzulernen und sich mit ihm vertraut zu machen. Besonders für den Vater sind diese Augenblicke wichtig, denn so fühlt er sich während der Schwangerschaft nicht ausgeschlossen. Das Team zu dritt entsteht bereits hier. Liebe, Emotionen, Kontaktaufnahme – das sind die Zutaten für eine pränatale Bindung.

Nach neun Monaten, die das Baby im Uterus verbracht hat, diesem dunklen, warmen und sicheren Ort, wird es dann plötzlich am Tag seiner Geburt in eine ihm noch fremde Welt katapultiert. Nicht nur das, die Nabelschnur wird durchtrennt. Sie hat das Baby mit der Mutter verbunden, und durch sie hatte es Zugang zu einer Art »Restaurant mit Selbstbedienung«, das 24 Stunden am Tag geöffnet hatte. Getrennt von seiner Mutter, beginnt es zu schreien, aber nicht für lange, denn sehr schnell wird es auf ihren Bauch gelegt, wo es sich beruhigt. Der Kontakt ist wieder hergestellt. Im Alter von nur einer Stunde kann das Neugeborene selbstständig und zielstrebig auf dem Bauch der Mutter zur Mutterbrust kriechen. Einmal die Brustwarze gefunden, beginnt es zu saugen. Der Kontakt mit der nackten Haut der Mutter wärmt es. Wenn das Neugeborene in den ersten 90 Minuten nach der Geburt auf den Körper der Mutter gelegt wird, wird es im Vergleich zu Neugeborenen, die man nach dem Baden in ein separates Bett gelegt hat, kaum schreien.

Der Säugling besitzt ein angeborenes Bindungsverhalten, um die Zuwendung der Mutter beziehungsweise der Bezugsperson auszulösen und sie so in seiner Nähe zu behalten. Zu diesem Bindungsverhalten gehören zum Beispiel Verhaltensweisen wie Weinen, Schreien, Anklammern, Blickkontakt und Lächeln. Noch unfähig, sich selbst zu versorgen, und vollkommen abhängig von der Fürsorge der Eltern, ist dieses Bindungsverhalten Voraussetzung für das Überleben des Säuglings. Es wäre allerdings falsch anzunehmen, dass Bindung nur auf die Ernährung des Babys ausgerichtet ist. Das Baby sucht die Nähe seiner Bezugsperson auch, insbesondere der Mutter, wenn diese nicht für seine Ernährung zuständig ist. Von dem Moment, in dem es fähig ist, seine Mutter zu erkennen, sucht es ihre Nähe um ihrer selbst willen.

Generell bleibt die früh erworbene Bindung bis zum Jugendalter aufrechterhalten und wird durch weitere Lebenserfahrungen gestärkt. Das Bindungssystem eines Kindes scheint aber grundsätzlich veränderbar zu sein. Bestimmte Forscher sind der Meinung, dass sich durch Risikofaktoren wie die Scheidung der Eltern, längere Trennungen von den Eltern, der Verlust der primären Bindungsperson oder schwere Erkrankungen eine sichere Bindung in eine unsichere verwandeln könne. Umgekehrt würden aber auch positive Faktoren existieren, die eine unsichere Bindung in eine sichere transformieren können, wie das Verhalten der primären Bindungsperson, die mehr auf ihr Kind eingeht und ihm Schutz und Geborgenheit vermittelt. Weiterhin könnten Therapien und pädagogische Einrichtungen, wie etwa Kindergärten, die Bindungsmuster positiv beeinflussen.

Das Bindungsmuster eines Kindes ist nicht nur wichtig für das Kind selbst. Es scheint auch dafür verantwortlich zu sein, wie seine Mitmenschen sich ihm gegenüber verhalten. Die Forscher Sroufe und Fleeson[33] fanden heraus, dass die Lehrer in ihrer Studie die

Das sagen Studien

Die Experimente von Kaiser Friedrich II.

Welche Rolle die emotionale Versorgung für das Heranwachsen und die Entwicklung des Kindes spielt, zeigt das »Sprachexperiment« von Kaiser Friedrich II. (1194 bis 1250), der wissen wollte, welche Ursprache der Mensch spricht. Er ließ dazu Säuglinge nach der Geburt von ihren Müttern trennen. Damit sie ohne Ansprache und Zuneigung aufwuchsen, wurde angeordnet, dass die Hebammen den Babys nur das Notwendigste zukommen lassen sollten. Doch das Experiment fand ein trauriges Ende. Alle Babys starben, und der forschende Kaiser stellte fest: »Sie vermochten nicht zu leben ohne das Händepatschen und das fröhliche Gesichterschneiden und die Koseworte ihrer Ammen.«

Schüler je nach deren Bindungsmuster behandelten. So wurden Kinder mit unsicher-ambivalenter Bindung von ihrem Lehrer als hilflos empfunden. Auf Kinder mit unsicher-vermeidender Bindung reagierten die Lehrer mit ärgerlicher Zurückweisung. Nur bei Kindern mit einer sicheren Bindung beobachteten die Forscher ein angemessenes Verhalten seitens der Lehrer. Die Bindungsmuster der Mitglieder eines Teams könnten daher eine wichtige Rolle in Bezug auf die Zusammenarbeit und Kommunikation innerhalb des Teams spielen, da sie den zwischenmenschlichen Umgang mitbestimmen.

Die Mutter – ein sicherer Hafen

Bindungsverhalten aktiviert nicht nur das Fürsorgesystem der Bezugsperson, sondern auch das Explorationsverhaltenssystem des Babys. Voraussetzung ist jedoch, dass der Säugling in den ersten neun Monaten emotionale Sicherheit durch die Bindung zu seiner Bezugsperson erfahren und somit ein Grundvertrauen erlangt hat. Dabei spielt die Feinfühligkeit der Bindungsperson eine wichtige Rolle. Ihre Fähigkeit, die Signale des Babys wahrzunehmen, sie richtig zu deuten und angemessen sowie prompt auf sie zu reagieren, vermittelt dem Baby, dass es als eigenständige Person mit seinen Bedürfnissen anerkannt wird. Ein sehr gutes Beispiel ist zum Beispiel der Hungerschrei des Säuglings. In den ersten Wochen schreit das Neugeborene, sobald es Hunger hat, und hört nicht mehr auf, bis es endlich gestillt wird oder sein Fläschchen bekommt. Doch mit der Zeit, wenn es immer wieder die positive Erfahrung gemacht hat, dass seine Mutter beziehungsweise seine Bezugsperson schnell auf sein Schreien reagiert, wird es sich allmählich etwas mehr gedulden können. Das Baby schreit, um sein Hungergefühl zu signalisieren, und beginnt nun zum Beispiel, an seinem Daumen zu lutschen, um die Zeit zu überbrücken, bis es gestillt beziehungsweise gefüttert wird. Durch die vorangegangenen positiven Erfahrungen hat es gelernt, dass Mama sicher kommen wird und es nicht mehr ständig schreien muss.

Positive Erfahrungen in der frühen Kindheit, besonders in der Mutter-Kind-Beziehung, haben einen großen Einfluss auf die kindliche Entwicklung. »Kinder brauchen zuerst ihre Grundsicherheit, damit sie neugierig die Welt erobern können«, bestätigt

Tipp

Vom Mythos, man sollte ein Baby ruhig schreien lassen

Auch heute noch wird manchmal Müttern geraten, ihr Baby ruhig schreien zu lassen, damit es eine kräftige Stimme bekommt, seine Lungen gestärkt werden oder es nicht verzogen wird. Dahinter steckt vor allem die Sorge, dass das Kind niemals lernen wird, sich selbst zu beruhigen, und nicht früh genug autonom wird. Mary Ainsworth hat jedoch nachgewiesen, dass ein Baby mit einem Jahr viel autonomer ist, wenn die Bezugsperson von Anfang an sehr schnell auf sein Schreien reagiert hat, als wenn man es hat schreien lassen, um es gerade dadurch selbstständiger zu machen.

Prim. Dr. Klaus Vavrik, Präsident der Liga für Kindergesundheit. »Umgekehrt ist es schmerzlich, dass Kinder aus Waisenhäusern beispielsweise oft auf sich selbst bezogen sind und nicht so sicher hinausgehen können. Genau das ist aber die Voraussetzung für das Lernen. Sicher gebundene Kinder sind später deutlich kreativer und beziehungsorientierter, sie haben mehr Freunde, bessere Schulerfolge und machen häufiger die Matura. Sie sind für den Rest ihres Lebens belastungsfähiger und widerständiger gegen Stress. Gibt es dagegen Bindungsprobleme, werden die oft durch auffälliges Verhalten umso deutlicher, je älter die Kinder werden.«[34]

Die Bindungsbeziehung führt im Grunde zu einem ganz anderen Resultat, als der Begriff selbst es vermuten lässt. Das Kind bindet sich, um sich besser lösen zu können. Und je mehr Vertrauen es in seine Bindungsperson hat, desto autonomer und unternehmenslustiger wird es werden. Die Mutter beziehungsweise die Bezugsperson dient dem Kleinkind beim Erkunden seiner Umwelt als sicherer Hafen. Sie ist die verlässliche Basis, zu der es jederzeit zurückkehren kann, wenn es Angst hat und unsicher wird. Dies ist besonders wichtig, denn das Kleinkind ist noch nicht so weit, selbst einzuschätzen, was für es gefährlich ist und was nicht. So tastet es sich mehr oder weniger vorsichtig voran, immer darauf bedacht, zumindest den Blickkontakt mit seiner Bindungsperson aufrechtzuerhalten. Sehr gut ist das auf dem Spielplatz zu beobachten. Kleine Kinder spielen gerne in einiger Entfernung von ihren Müttern im Sandkasten oder wagen sich zur Rutschbahn vor. Aber immer wieder schauen sie dabei zu ihren Müttern, um sich zu vergewissern, dass sie aufpassen und ihnen gegebenenfalls helfen, wenn sie in Not sind. Der Blickkontakt ist sozusagen ein unsichtbares Band zwischen Mutter und Kind. Wenn dieser Blickkontakt nicht gegeben ist, weil die Mutter sich gerade auf ihr Handy konzentriert oder mit anderen Müttern plaudert, wird das Kind in einer für ihn bedrohlich empfundenen Situation unsicher und beginnt zu weinen. Es signalisiert seiner Mutter seine Angst und versucht ihre Zuwendung auszulösen. Mit diesem Verhalten ist es auch meistens hundertprozentig erfolgreich. Sofort springt die Mutter auf, nimmt ihr weinendes Kind tröstend in die Arme und erkundigt sich, was denn passiert sei. Augenblicklich wird sie zum sicheren Hafen.

Die Bedeutung der Bindungsperson für das Kind

- Das Kleinkind nutzt eine Bindungsperson als »sicheren Hafen«, als Ort der Sicherheit und des Schutzes besonders in fremder Umgebung. Bei Angst flieht es zur Bindungsperson. Ohne sie sind unvertraute Situationen belastender als mit ihr.

- Eine Bindungsperson funktioniert als Sicherheitsbasis des Kleinkindes, von der aus es exploriert. Dabei vergewissert es sich stets, wo die Bezugsperson ist und ob sie auf es achtet, selbst wenn es nicht direkt mit ihr spielen will.

- Das Kleinkind protestiert in unvertrauter Umgebung gegen eine Trennung von der Bindungsperson. Es vermisst sie, wenn sie nicht da ist, und lässt sich gut von ihr beruhigen.

- Das Kleinkind wird eifersüchtig, wenn die Bezugsperson Zuneigung zu einem anderen Kind zeigt.

- *Keine* Bindung besteht wahrscheinlich dann, wenn das Kind keine Bevorzugung dieser Person bei Belastung erkennen lässt, sich wenig um ihren Verbleib kümmert, kein Trennungsleid oder Vermissen zeigt und keine Erleichterung und keinen Sicherheitsgewinn aus ihrer Gegenwart zieht. [35]

Es gibt immer wieder Phasen in der frühen Kindheit, in denen das Explorationsverhalten mal schwächer und mal stärker sein wird. Das hängt zum einen vom Alter des Kindes, von seiner momentanen emotionalen Gefühlslage ab, aber auch von der Umgebung. Ist der Ort, an dem es sich befindet, ihm bekannt oder fremd? In für das Kleinkind ungewohnten Situationen lässt das Explorationsverhalten nach, und es zieht es nun vor, nur an der Hand der Bindungsperson die Umgebung zu erkunden. Und dann auf der Wiese im Park, zu der es mit seiner Mutter jeden Nachmittag geht, saust es auf allen vieren davon und blickt sich noch nicht mal um. Doch grundsätzlich benötigt ein Kind die sichere Nähe und das Gefühl, gehalten zu werden. Nachts, wenn es weinend aufwacht, bei Krankheiten, Kummer oder weil es sich allein fühlt und auch in alltäglichen Situationen wird das Kind immer wieder den Körperkontakt mit seiner Bindungsperson suchen, um sich geborgen zu fühlen. Die Bezugsperson ist eine Art emotionale »Tankstelle«, die durch ihre Zuneigung, ihre liebevollen Worte und ihre für das Kind offenen Arme Trost spendet und vorübergehend Zuflucht bietet, bis das Kind sich wieder stark genug fühlt, um allein die Umgebung auszukundschaften.

Von bindenden Vätern, Erzieherinnen und Tagesmüttern

Psychologen, aber auch Ärzte oder Lehrer werden sicher bestätigen, dass sie Väter eher selten zu Gesicht bekommen, wenn ein das Kind betreffender Termin ansteht. Väter nehmen auch kaum einen Tag Urlaub, um ihr Kind zu Hause zu pflegen, wenn es krank ist. Für viele Väter ist es immer noch die Aufgabe der Mutter, sich um das Kind zu kümmern. Der Job des Vaters scheint Vorrang zu haben, auch wenn die Mutter selbst berufstätig ist. Von Geburt an entzieht sich so mancher Mann geschickt seiner väterlichen Verantwortung. Wie oft haben Mütter die Entschuldigung zu hören bekommen, wenn das Baby schreit und weint: »Geh du! Du kannst das besser als ich.« Was das Stillen angeht, trifft das sicher zu. Sobald aber auf Babyflasche umgestellt wird, dürfte dieses »Argument« eigentlich nicht mehr gelten. In den letzten Jahrzehnten hat sich zwar eine Tendenz bemerkbar gemacht, dass Väter sich die Säuglingspflege mit der Mutter teilen. Ein Großteil der Väter zieht dennoch die Couch vorm Fernseher vor. So bleibt die Erziehung des Kindes und besonders seine körperliche und psychische Entwicklung der Mutter überlassen.

In der Vergangenheit wurden Mütter immer wieder für psychische Krankheiten ihrer Kinder verantwortlich gemacht, basierend auf der speziellen Mutter-Kind-Beziehung. Forschungsergebnisse haben jedoch mittlerweile gezeigt, dass diesen Krankheiten, wie etwa im Fall des Autismus, eine genetische Ursache zugrunde liegt. In Bezug auf das Bindungsmuster könnte man sehr schnell den Fehler machen, allein die Mutter für eine sichere Bindung verantwortlich zu machen. Wärme, Zärtlichkeit, Liebe, Feinfühligkeit werden zu oft als besonders weibliche Eigenschaften interpretiert, obwohl auch Männer diese zeigen können. Daher wurde in den vorangehenden Kapiteln auch vorwiegend von einer »Bindungs- oder Bezugsperson« gesprochen. Es ist wohl unbestreitbar, dass ein Kind eine zentrale Bindungsperson benötigt, und meistens ist das seine Mutter. Aber es kann gleichzeitig an ganz unterschiedliche Bezugspersonen gebunden sein, insbesondere an den Vater, die Geschwister, die Großeltern, die Tagesmutter oder Erzieher in der Kita. Kinder sind traurig, ob sie nun von ihrer Mutter oder ihrem Vater getrennt werden. Und sie freuen sich, sowohl Mutter als auch Vater wiederzusehen. Das bindungsbezogene Verhalten des Kindes gilt demnach für beide Elternteile.

Unterschiedliche Bindungspersonen führen auch zu unterschiedlichen Bindungsmustern. So kann ein Kind eine unsicher vermeidende Bindung zu seiner Mutter haben, aber eine sichere Bindung zu seinem Vater entwickeln. Laut Bowlby (1988) sind diese weiteren Bindungsbeziehungen meistens einer Hierarchie untergeordnet. In Abwesenheit der primären Bezugsperson kann eine sekundäre Bindungsperson dem Kind ein Gefühl der Sicherheit und der Geborgenheit vermitteln, um es zu beruhigen. Studien belegen, dass Kinder, deren Väter sich regelmäßig und aktiv um sie kümmern, sichere Bindungen entwickeln. Diese Väter beschreiben auch ihre eigene Beziehung zu ihrem Kind weitaus positiver und sicherer. Weiterhin sind diese Kinder viel kontaktfreudiger, besitzen eine stärkere Selbstkontrolle, haben weniger Verhaltensprobleme, sind fähiger, Verantwortungen zu übernehmen, und gehorchen ihren Eltern besser.[36]

Tipp

Wie Väter die Bindung zu ihrem Kind verbessern können

- Nach der Geburt sollten Väter ihr Neugeborenes so früh wie möglich in den Armen halten. Dadurch wird die Entstehung der Bindung begünstigt.
- Väter sollten genauso wie die Mutter prompt auf die Signale ihres Babys reagieren und antworten. Das Wechseln der Windeln, Wiegen oder Massieren fördern die Vater-Kind-Bindung.
- Je mehr Zeit Väter mit ihrem Baby verbringen, umso besser werden sie seine Signale verstehen und umso sicherer wird sich das Baby fühlen.
- Spiel und Spaß, davon sollten Väter mit ihren Babys profitieren. Ist das Kind etwas älter, wird es Kissenschlachten und Herumturnen mit Papa lieben und durch diese Spielaktionen sein Vertrauen zu ihm vertiefen: Papa passt auf, dass mir nichts passiert.
- Schlafrituale am Abend können natürlich auch von Vätern durchgeführt werden. Das Baby in den Schlaf zu wiegen, ihm ein Wiegenlied vorzusingen oder eine Geschichte vorzulesen, wenn es etwas älter ist, vermitteln ihm Zuneigung, Ruhe und Sicherheit.

Das erste Lebensjahr des Kindes sollte daher nicht allein Verantwortung der Mutter sein. Babys differenzieren Vater und Mutter übrigens schon ab dem dritten Monat. Auch wenn es so scheint, dass der Vater meistens den Platz einer sekundären Bindungsperson einnimmt, darf man seine Bedeutung für die Entwicklung des Kindes nicht unterschätzen. Im Gegenteil, je früher der Vater sich um sein Kind kümmert, desto positiver wirkt sich dies auf die Bindung aus. Dabei geht es nicht unbedingt darum, *wie viel* Zeit er mit seinem Kind verbringt, sondern *wie* er diese Zeit qualitativ nutzt. Besonderer Faktor der Vater-Kind-Bindung, neben der Pflege des Babys, ist das gemeinsame Spiel.

Ab dem dritten Monat mit seinem Baby zu spielen, viel mit ihm zu sprechen und dabei Feinfühligkeit, positive Emotionen und Freude am Spiel zu zeigen sind Komponenten einer positiven Vater-Kind-Beziehung. Der Vater begünstigt durch seine Zuwendung zum Kind auch dessen Explorationsverhalten. Das Zitat von Nietzsche »Das Mütterliche verehrt mir. Der *Vater* ist immer nur ein *Zufall*« sollte auf jeden Fall nicht auf eine Vater-Kind-Beziehung angewandt werden. Vater zu werden darf nicht dem Zufall überlassen werden, sondern sollte eine Entscheidung sein. Vater zu sein bedeutet, dies zu akzeptieren und sich zu entschließen, die Verantwortung anzuerkennen und schließlich zu übernehmen.

Raufspiele gehören auch zur Kindheit von uns Menschen. »Rangeleien unter Kindern bedeuten, Grenzen auszutesten und Freundschaften einzuschätzen«, erklärt der kanadische Neurowissenschaftler Sergio Pellis. »Häufig ist zu beobachten, dass die Rollen beim Raufen schnell wechseln können. Ist der andere zu schwach, verschafft der Stärkere sich selbst ein Handicap. Wenn

Wenn Tiere spielen[37]

Jungtiere verbringen viel Zeit mit Spielen. Besonders bei Säugetieren, aber auch bei Vögeln haben Forscher Spielverhalten beobachten können. Und oft dauert dieses Spielverhalten bis ins Erwachsenenleben hinein an. Jeder Tierliebhaber kennt es: Hunde, die hinter einem Ball herrennen. Katzen, die sich mit einem Wollknäuel vergnügen. Delphine, die mit Booten um die Wette schwimmen. Ein Kanarienvogel, der sich mit seinem Spiegelbild amüsiert ... Forscher sind sich einig, dass Spielen zum Lernen und Üben dient. Aber nicht nur. Wenn Jungtiere zum Beispiel miteinander raufen, hat dies auch Auswirkungen auf ihr Sozialverhalten, erklärt Marc Bekoff, Verhaltensforscher der University of Colorado. »Dieses Raufen und Toben dient vor allem dem Aufbau und der Festigung sozialer Bindungen und dem Erlernen der Regeln, der ›Moral‹ des sozialen Verbands, in dem das Tier lebt.« Weitere Forschungen haben ergeben, dass Spielen Auswirkungen auf die Nervenzellen des präfrontalen Cortex hat, ein Gehirnareal, das mitverantwortlich für das Sozialverhalten ist. Spielen schafft Verhaltensregeln und soziales Vertrauen. Gerade bei Tieren, die in Rudeln leben, wie zum Beispiel Wölfen, sind soziale Bindungen für das Überleben wichtig.

ein Fünfjähriger mit einem Zweijährigen spielt, den er problemlos besiegen könnte, schwächt er sich selbst und hüpft etwa auf einem Bein, damit das Spiel nicht sofort beendet ist.«[38] Vielleicht sollte uns dies als Wink dienen. Nicht das Siegen sollte immer an erster Stelle stehen, sondern der Spaß am Spielen und dass das Spiel so lange wie möglich andauert.

Die meisten Bindungsforscher sind sich einig, dass sich die unterschiedlichen Bindungsbeziehungen eines Kindes unabhängig voneinander entwickeln.[39] Ist eine wichtige Komponente der Mutter-Kind-Bindung die mütterliche Feinfühligkeit, scheint es bei der Vater-Kind-Bindung neben der väterlichen Feinfühligkeit auch das Spiel zu sein. Wärme und Zuneigung sind ebenfalls wichtige Komponenten für sichere Bindungen. Besonders, wenn sich das Kind ängstigt. Die Fähigkeit der Eltern, auf die Bedürfnisse ihres Kindes einzugehen, scheint dieses kontaktfreudiger zu machen. Eltern bereiten ihr Kind somit auf das gemeinsame Leben mit seinen Mitmenschen vor. Die Eltern-Kind-Beziehung ist oft ein Modell für die späteren Beziehungen des Kindes, wenn es erwachsen ist. Sie prägt sein Verhalten dem Partner oder Freunden gegenüber. Aber nicht nur die Eltern prägen das Kind. Um es herum existiert ein soziales Netzwerk, das aus Großeltern, Tagesmutter, Erziehern und Erzieherinnen im Kindergarten und Lehrern und Lehrerinnen besteht. Kinder bauen in verschiedenen Phasen ihres Lebens Beziehungen zu diesen Personen auf. Dies geschieht unter sehr unterschiedlichen Bedingungen im Vergleich zum Bindungsprozess zwischen der Mutter und ihrem Baby im ersten Lebensjahr.

Immer mehr Frauen entscheiden sich dafür, nach dem Mutterschutz wieder zu arbeiten, meist aus finanziellen Gründen, aber oft auch, weil ihnen ihr Beruf fehlt, der Teil ihres Lebens war. Ob zu Hause tätig oder im Berufsleben, eine Frau ist gerade dann eine gute Mutter, wenn sie selbst glücklich und zufrieden ist. Für die Eltern ist es daher beruhigend zu wissen, dass ein Kind fähig ist, sich an weitere Personen zu binden, die sich um es kümmern und bei denen es sich geborgen fühlt: Mitarbeiter der Kita, Tagesmütter, Großeltern oder Personen aus der Verwandtschaft. In Asien und Afrika, wo die typische Großfamilie üblich ist, sind diese sozialen Netzwerke übrigens weitaus größer als in westlichen Ländern. Mary Ainsworth hat in ihren Forschungsarbeiten in Uganda (1967) nachgewiesen, dass mehrere Bindungsbeziehungen kein Hindernis für eine sichere Bindung sind. Die Qualität und die Kontinuität der Mutter-Kind-Beziehung sind dafür ausschlaggebend. Eltern sollten auch nicht befürchten, von einer anderen Bindungsperson ersetzt zu werden. Die verschiedenen Bindungsbeziehungen stehen nicht in Konkurrenz zueinander. Die Forscher Kermoian und Leiderman[40] haben in Kenia beim Stamm der Gusii beobachtet, dass die Mutter und die anderen Bindungspersonen bestimmte Aktivitäten mit dem Kind jeweils für sich allein beanspruchen. So kümmert sich die Mutter vorwiegend um die Pflege und die Gesundheit, während die anderen für die sozialen und kognitiven Aktivitäten verantwortlich sind. Dabei haben die Forscher festgestellt, dass eine sichere Bindung mit der Mutter Indikator für die gute Gesundheit des Kindes ist, insbesondere was seine Ernährung betrifft. Die anderen Bindungspersonen begünstigen die kognitiven Fortschritte des Kindes.

Diese Aufteilung der Aktivitäten kann man auch bei europäischen Eltern beobachten. Die Mutter kümmert sich stark um die Pflege des Kindes, der Vater, wie bereits angesprochen, um das kindliche Explorationsverhalten. Wenn die Mutter zur Arbeit geht, kümmert sich eine weitere Bezugsperson um seine Betreuung. Ein Kind erlebt so von klein auf, dass es in seine Mutter, aber auch in andere Bindungspersonen vertrauen kann. Diese Bezugspersonen formen ein Team, dessen Mitglieder sich nicht als Konkurrenten ansehen sollten. So macht das Baby weitere Teamerfahrungen und hat die Gelegenheit, sich in seinem Sozialverhalten zu üben. Das Team entlastet außerdem die Mutter, die mehr Zeit für ihre eigenen Aktivitäten gewinnt. Die Existenz von weiteren sekundären Bindungspersonen hilft dem Kind aber auch, Trennungen von seinen Eltern besser zu verkraften.

Kleinkinder können zur Tagesmutter oder Erzieherin in der Krippe beziehungsweise im Kindergarten ebenso sichere Bindungen entwickeln wie zur eigenen Mutter. Eltern suchen sich oft eine Tagesmutter, deren Erziehungsstil ihrem eigenen ähnelt. Das erhöht natürlich die Chancen einer sicheren Tagesmutter-Kind-Bindung. Die Bindung zu Erzieherinnen und Tagesmüttern muss aber nicht unbedingt von der Bindung zu den Eltern abhängen. Das hat auch sein Gutes. Gerade wenn das Kind eine unsichere Bindung zu seinen Eltern hat, ist es äußerst positiv für sein ganzes Bindungsverhalten, wenn es dennoch eine sichere Bindung zu seiner Tagesmutter entwickeln kann. Forschungsergebnisse belegen, dass zum Beispiel verhaltensauffällige Kinder und auch Kinder aus Risikofamilien von einer guten Tagesbetreuung enorm profitieren. Dabei ist von Bedeutung, zu welchem Zeitpunkt diese Betreuung beginnt. Je früher diese Kinder zur Tages-

Voraussetzungen für eine sichere Bindung zur Tagesmutter beziehungsweise Erzieherin

- In der Anfangsphase sollte die primäre Bindungsperson das Kind in den Kindergarten/zur Tagesmutter begleiten, um das Kind sanft an die neue Situation zu gewöhnen.
- Die Tagesmutter/Erzieherin sollte sich regelmäßig, kohärent und verlässlich um die Pflege des Kindes kümmern und eine hohe Feinfühligkeit besitzen.
- Eine Tagesmutter/Erzieherin sollte sich höchstens um drei Kinder kümmern. Das erhöht die Wahrscheinlichkeit einer sicheren Bindung.
- Je mehr Zeit dieselbe Tagesmutter/Erzieherin mit dem Kind verbringt, umso sicherer wird das Kind mit ihr werden. Das zeigt, wie wichtig eine regelmäßige Betreuung durch ein und dieselbe Person ist.
- Soll das Kind nach dem Mutterschaftsurlaub von einer Tagesmutter/Erzieherin betreut werden, wirkt es sich positiv auf das Bindungsverhalten des Kindes zur Betreuerin aus, wenn die Eltern und besonders die Mutter mit dieser Lösung zufrieden sind.
- Kinder mit unsicherer Bindung sollten nicht in die neue Beziehung zum Erwachsenen gedrängt werden. Es braucht etwas Zeit, bis sie sich wieder öffnen können und Vertrauen in sich und den Erwachsenen zurückgewinnen.

mutter beziehungsweise Kindertagesstätte gehen können, desto positiver wirkt sich dies auf ihr Bindungsmuster aus. In Deutschland experimentiert man mit früher Gewaltprävention für Risikokinder. In Frankfurter Stadtteilen mit sozialen Problemlagen wurden 14 Kindertagesstätten für die Gewaltpräventionsprogramme »Faustlos« und »Frühe Schritte« ausgewählt. Die Ergebnisse sind sehr ermutigend. »Nachdem ›Frühe Schritte‹, das aus verschiedenen Bausteinen zur Beratung und Betreuung von Kindern, Eltern, Erzieherinnen und Erziehern besteht, über mehrere Monate in den Tagesstätten umgesetzt worden ist, zeigt sich, dass aggressives und ängstliches Verhalten, aber auch Hyperaktivität statistisch signifikant zurückgegangen sind.«[41]

Sicher gebunden wird ein Kind bei den Erzieherinnen oder bei der Tagesmutter Trost suchen und finden, wenn es ängstlich ist oder sich in einer misslichen Lage befindet. Die sichere Bindung wird gefördert, wenn man den Kindern immer wieder signalisiert, dass sie über ihre Gefühle sprechen können und es erlaubt ist, sie auszudrücken und auszuleben. Bei ganz kleinen Kindern formuliert man zum Beispiel: »Ich weiß, du bist so traurig, weil man einfach dein Bild zerrissen hat.« Das Kind fühlt sich auf diese Weise verstanden und bekommt ein Feedback auf seine eigenen Emotionen. Es macht die Erfahrung, dass seine Gefühle ernst genommen werden. Einmal getröstet, wird es seinen Kummer schnell überwinden und wieder fröhlich mit den anderen Kindern spielen.

Die Angst vor Nähe – Bindungsängste

Beziehungen haben Konsequenzen: Man ist gebunden. Bestimmte Menschen interpretieren dies als einen Mangel an Freiheit. Sie haben das Gefühl, eingeengt zu werden und in der Beziehung gefangen zu sein. Misstrauen dem Partner gegenüber, Verpflichtungen, die automatisch mit einer Beziehung einhergehen, oder Konflikte sind weitere Faktoren, die häufig den Rückzug aus einer Beziehung provozieren.

Seit Ende der 1980er-Jahre wird die Bindungstheorie auf die Liebesbeziehungen zwischen Erwachsenen angewendet. Für Hazan und Shaver[42] hängen die Liebesbeziehungen von dem jeweiligen individuellen Bindungsmuster der Partner ab. Genauer gesagt, für beide Forscher kommen die von Bowlby beschriebenen Bindungstypen beim Kind später, wenn es erwachsen ist, auch in seinen Liebesbeziehungen zum Ausdruck.

- Die Erwachsenen ihrer Studie, die eine *sichere* Bindung haben, fühlen sich in ihrer Liebesbeziehung wohl und sind fähig, anderen zu vertrauen und von ihnen abhängig zu sein. Sie geben an, dass sie als Kind eine innige Beziehung zu ihren Eltern hatten und dass dies auch zwischen ihren Eltern gegeben war. Ihre Liebesbeziehungen beschreiben sie als glücklich, freundschaftlich und vertrauensvoll.
- Die Teilnehmer mit einem *unsicher-vermeidenden* Bindungsstil fühlen sich in einer engen Beziehung nicht wohl und haben Schwierigkeiten, von anderen abhängig zu sein. Sie empfinden ihre Mutter als kalt und abweisend. Dies ist ein allgemeines

Merkmal dieses Bindungstyps, denn das Kind wurde von seiner primären Bindungsperson systematisch abgewiesen. Ihre Liebesbeziehungen zeichnen sich durch Angst vor Intimitäten und der Schwierigkeit, den Partner zu akzeptieren, aus.

- Die *unsicher-ambivalenten* Erwachsenen suchen die enge Nähe zum Partner und haben Angst, verlassen zu werden oder nicht geliebt zu werden. Sie sehen sich selbst als von anderen unverstanden. Sie denken weiterhin, dass die Mehrheit der Menschen wie sie empfindet und sich nicht auf eine langfristige Beziehung einlassen kann. In ihren Liebesbeziehungen überwiegt Eifersucht und Besessenheit.

So sind Bindungsmuster in der Kindheit und im Erwachsenenalter sehr ähnlich, wenn auch später im Leben etwas komplexer. Die Angst vor einer Liebesbeziehung kann daher in der Eltern-Kind-Bindung wurzeln. Wie schwer es Kinder mit einer unsicheren Bindung später im Erwachsenenalter haben, weiß auch Dr. Karl-Heinz Brisch vom Dr. von Hauner'schen Kinderspital in München: »Zwei Erwachsene begegnen sich, ein Mann und eine Frau, die sich nett und attraktiv finden, aber einer von den beiden ist nicht in der Lage, sich in die Absichten und Gefühle des anderen hineinzuversetzen, und er denkt zum Beispiel, das Gegenüber fühlt und denkt genauso wie er selbst. Er hat gar keine Idee davon, dass er anders fühlen, denken oder handeln könnte, weil die Fähigkeit, respektvoll, einfühlsam nachzuvollziehen, dass der andere ein eigenständiger Mensch mit eigenen Handlungs- und Gefühlsabsichten ist, gar nicht entwickelt ist, weil dieser Mensch eben keine sichere Bindung verinnerlicht hat, sondern eine unsichere oder gar eine Bindungsstörung. Dann ist das Zusammenleben mit einem solchen Partner extrem schwierig. Und man kann sich gleich schnell ausmalen, wie aggressive Auseinandersetzungen bis hin zur Gewalt entstehen können.«[43] Erwachsene mit einer unsicheren Bindung lassen sich oft auf eine feste Beziehung erst gar nicht ein oder versuchen beginnende Beziehungen bereits im Keim zu ersticken. Auch in der Beziehung zeigen sie sich als weniger unterstützend, wenn Probleme auftauchen, und tendieren zu einer destruktiven Konfliktlösung.

Die Angst, eine Beziehung einzugehen, basiert häufig auf sogenannten Bindungsängsten, einer nachhaltigen Angst, sich eng und langfristig an einen anderen Menschen zu binden. Ihre Ursachen liegen oft in der frühen Kindheit, wie zum Beispiel der Verlust der primären Bindungsperson, die Verweigerung von Nähe und Geborgenheit in der Eltern-Kind-Beziehung oder schwere Traumata wie im Fall von Kindesmisshandlung. Bindungsängste treten manchmal auch aufgrund negativer Erfahrungen in einer Beziehung auf. Ging die Beziehung in die Brüche und hat man darunter gelitten, kann es sein, dass man einer erneuten Beziehung aus dem Weg geht, um sich vor einer erneuten Enttäuschung zu schützen. Bindungsängste sind in vielen Fällen die Konsequenzen von anderen Ängsten, wie der Angst verlassen zu werden. Das ist besonders gegeben, wenn man als Kind das Gefühl hatte, dass die Eltern nur dann stolz sind und ihre Liebe zeigen, wenn man ihre Erwartungen erfüllt hat. Bei Enttäuschung der Eltern folgte dem Kind gegenüber ein Liebesentzug. Später als Erwachsener wird diese Person immer unter dem Druck leben, dem anderen gefallen zu müssen. Die eigenen Bedürfnisse werden als sekundär eingestuft oder verleugnet. Dies führt zu einer Beziehung ohne sichere Basis und der ständigen Angst, verlassen zu werden.

Dieses Szenario könnte sich in der Kindheit vieler Ichlinge abgespielt haben. Unter dem ständigen Leistungsdruck, der bereits im Kindergarten beginnt, erkennt das Kind schnell, dass Erfolge die Eltern stolz machen und dass es bei Misserfolgen vor allem Kritik regnet statt liebevoller und Trost spendender Worte. Immer die Erwartungen der Eltern erfüllen zu müssen beinhaltet auch die Angst, von ihnen abgelehnt zu werden, sobald sie enttäuscht werden. Darunter leiden das Selbstwertgefühl und das Selbstvertrauen des Kindes, denn ihm wird vermittelt, dass seine Wünsche und Rechte nicht zählen.

Bindungsängste führen zur sozialen Isolation und zu einem nicht ausreichend ausgeprägten Verantwortungsgefühl, sei es der Familie oder Freunden gegenüber. Kurzzeitige Kontakte werden bevorzugt. Oft wird die Selbstverwirklichung als Entschuldigung für die soziale Verarmung vorgeschoben. Auch dies ist ein Merkmal der Ichling-Generation. Zu viel Arbeit, zu viele Projekte, zu viel um die Ohren und eben nicht genug Zeit, um in eine Beziehung zu investieren – scheinbar rationalen Erklärungen. Stürzen sich Ichlinge vielleicht in die Arbeit, um einer Beziehung aus dem Weg zu gehen?

Geht eine Beziehung auseinander, suchen Ichlinge kaum die Schuld bei sich. Selten geben sie zu, dass sie vielleicht zu hohe Ansprüche an ihre Partner hatten. Oder sie suchen sich einen Partner aus, bei dem von Anfang an eine Distanz gegeben ist, wie zum Beispiel Verheiratete oder jemanden, der in einer anderen Stadt oder einem anderen Land lebt. Beim kleinsten Problem wird die

Beziehung abgebrochen. Gerne per SMS oder als Statement im sozialen Netzwerk: »Bin jetzt wieder Single.«

Wird eine enge Beziehung von der Ichling-Generation als ein Hindernis oder eine Bedrohung empfunden? Haben sie nicht in ihrer Kindheit gelernt, dass man auf den Partner vertrauen und somit bauen kann? Das Beziehungsverhalten der Ichlinge scheint auf einen unsicheren Bindungstyp hinzudeuten. Ichlingen fehlt möglicherweise die sichere Basis, Ausgangspunkt für eine langfristige Beziehung.

Kapitel 4
Die Distanz zum Kind

Allein, allein – die Geschichte der Kindheit

Wir kennen zwar die historischen Umstände großer Schlachten oder bedeutender Revolutionen, aber was wissen wir darüber, was in den Familien in diesen Zeiten passierte? Laut Platon ist die Kindheit der Schlüssel zum Verständnis unserer Geschichte, denn die Eltern-Kind-Beziehung ist von großer Bedeutung für den sozialen Wandel in einer Gesellschaft. Die Evolution der Kindheit erlaubt aber auch, die heutige Einstellung der Eltern zu ihrem Kind zu verstehen, denn die Praktiken der Kindererziehung wurden von Generation zu Generation weitergegeben, unter dem Einfluss historischer und kultureller Faktoren. Was es heute bedeutet, Kind und Eltern zu sein, definiert sich auch durch diese Vergangenheit. Doch interessanterweise fehlen viele historische Zeugnisse über das Leben der Kinder, als ob die Geschichte und ihre Vertreter nie ein großes Interesse daran gehabt hätten. Oder ist es vielleicht ein Resultat einer Verdrängung des Geschehenen? Denn je weiter man zurückblickt, umso grauenhaftere Züge nimmt die Geschichte der Kindheit an.

Geschlagen, gefoltert, misshandelt und ermordet … In diesem realen Albtraum war das Kind von Anfang an auf sich allein gestellt. Im antiken Sparta, Athen oder Rom hing das Leben eines Kindes vom Willen des Vaters ab. Er entschied, ob das Neugeborene überleben sollte oder ausgesetzt wurde, um von wilden Tieren gefressen zu werden. Doch in einigen Kulturen, wie bei den Ägyptern und den Hebräern, wurde das Aussetzen eines Kindes bestraft. In den nachfolgenden zwei Jahrhunderten nach dem Tod des römischen Kaisers Augustus († 14 n. Chr.) versuchte man die Eltern zu bezahlen, damit sie ihre Kinder nicht umbrachten. Vergeblich. Es wurden sogar so viele Kinder getötet, dass die römische Bevölkerung abnahm. Doch der römische Philosoph Lucius Annaeus Seneca († 65 n. Chr.) behauptete, dass man vorwiegend kranke Kinder umgebracht hätte: »Tolle Hunde bringen wir um; einen wilden und unbändigen Ochsen hauen wir nieder, und an krankhaftes Vieh, damit es die Herde nicht anstecke, legen wir das Messer, ungestalte Geburten schaffen wir aus der Welt, auch Kinder, wenn sie gebrechlich und missgestaltet zur Welt kommen, ersäufen wir. Es ist nicht Zorn, sondern Vernunft, das Unbrauchbare von dem Gesunden abzusondern.«[44]

Kindermord wurde seit vorgeschichtlicher Zeit toleriert und amüsierte das Volk sogar in Komödien wie in Menanders († 291/290 v. Chr.) »Mädchen von Samos«, in der ein Mann versucht, ein Baby klein zu hacken, um es dann zu rösten. In vielen Völkern war der Brauch, Kinder den Göttern zu opfern, tief in ihrer Kultur verwurzelt. Bei Plutarch heißt es: »… in völliger Kenntnis der Umstände opferten sie ihre eigenen Kinder, und diejenigen, die keine Kinder hatten, pflegten solche von armen Leuten zu kaufen und schnitten ihnen die Kehlen durch, als ob es Lämmer oder junge Vögel wären, während die Mutter – ohne eine Träne oder einen Seufzer – dabeistand. Falls sie aber auch nur einen einzigen Seufzer hören oder eine einzige Träne fallen ließ, musste sie das Geld zurückzahlen, und ihr Kind wurde trotzdem geopfert. Der ganze Bezirk vor der Statue war von dem lauten Geräusch von Flöten und Trommel erfüllt, sodass die Klagerufe die Ohren der Leute nicht erreichen konnten.«[45] Erst 374 n. Chr. wurde die Tötung eines Kindes gesetzlich als Mord betrachtet. Durch die Christianisierung und den Respekt vor dem menschlichen Leben wurde der Kindsmord allmählich auch moralisch geächtet. Dennoch blieben besonders Neonatizide (Tötung Neugeborener) noch bis ins Mittelalter weitverbreitet und wurden vor dem 16. Jahrhundert nur selten bestraft.

Auch das Aussetzen von Säuglingen und ihr Tod am Straßenrand gehörten zum normalen Alltag. Ab dem Jahre 315 begann man zwar, sich um diese Kinder zu kümmern, indem man Asyle für sie eröffnete, aber dennoch blieb das Leben von Neugeborenen in Gefahr, zum Beispiel wenn man annahm, dass Dämonen im Kind hausten, wenn es etwa viel weinte. Kinder wurden außerdem als politische Geiseln oder als Sicherheit für Schulden benutzt. Auch das Verkaufen von Kindern wurde bis ins 19. Jahrhundert praktiziert. Immer wieder fanden Eltern jahrhundertelang Entschuldigungen, um sich ihrer Kinder zu entledigen, sei es um ihrer Gesundheit willen, um Sprechen zu lernen oder einfach weil sie unerwünscht waren. Noch Ende des 19. Jahrhunderts gab es Ammen in Osteuropa, die im Auftrag der Eltern Säuglinge töteten und dafür über eine ganze Reihe von ausgetüftelten Methoden verfügten, wie zum Beispiel der Milch Gips beizurühren. Die Sitte, sein Kind zu einer Amme aufs Land zu schicken, war ab dem 18. Jahrhundert weitverbreitet, vorwiegend in adeligen und wohlhabenden bürgerlichen Familien. Das Kind wurde nach der Taufe von seiner Familie getrennt und blieb in manchen Fällen bis zum siebten Lebensjahr bei seiner Amme. Manch eine arme Mutter schickte ihr Kind für wenig Geld zu einer Amme, um ein Baby einer reichen Familie für einen höheren Betrag bei sich aufzunehmen.

Die Kinder, die von ihren Eltern großgezogen wurden, schienen kein glücklicheres Los gezogen zu haben. Bräuche und Riten führten zu brutalen Verstümmelungen. Babys wurden etwa so heftig geschaukelt, dass sie, einmal in einem benommenen Zustand, niemanden mehr störten. Eine weitverbreitete Sitte war, Kinder in kalte Flüsse zu tauchen, weil dies als gesund galt. William Buchan, ein bedeutender Kinderarzt des 18. Jahrhunderts, pflegte zu sagen, dass die Hälfte der Menschen in ihrer Kindheit durch falsche Behandlung oder Nachlässigkeit umkomme. Nicht mal das Herumkrabbeln eines Kindes wurde toleriert. Kinder wurden im 16. Jahrhundert an Stühlen festgebunden oder stundenlang in sogenannte Steh-Stühle gesteckt.

Die Kindheit war schrecklich, auch weil Kinder selbst als schrecklich empfunden wurden. Züchtigungen durch Schläge und brutale Bestrafungen wie das Stechen und Schneiden in die Fußsohlen von Säuglingen ziehen sich durch die Jahrhunderte hindurch. Im 18. Jahrhundert berichtete eine Mutter über die Bestrafung ihres vier Monate alten Säuglings: »Ich peitschte ihn, bis er schwarz und blau war und bis ich ihn einfach nicht mehr schlagen konnte, und er gab niemals auch nur im Geringsten nach.«[46] In Deutschland wurde das Schlagen von Kindern bis ins 19. Jahrhundert und damit am längsten unter den europäischen Ländern praktiziert, oft mit dem Rohrstock. Doch selbst wenn Kinder nicht mehr geschlagen wurden, sperrte man sie stattdessen in dunkle Schränke ein.

Seit dem 19. Jahrhundert hat sich die Kinderfürsorge deutlich gebessert, zumindest in einem Großteil der Länder dieser Erde – ein Zeichen, dass die Gesellschaft allmählich die Rechte des Kindes anerkennt. Aber in bestimmten Ländern leben sie heute nicht besser als in Europa vor 200 Jahren. Blickt man jedoch auf die Geschichte der Kindheit in westlichen Ländern zurück, so stellt man fest, dass die Eltern-Kind-Beziehung zunehmend inniger wurde.

Die Perioden der Eltern-Kind-Beziehung

Der Autor Lloyd deMause[47] schlug vor, die Eltern-Kind-Beziehung in Perioden einzuteilen:

Kindesmord: Antike bis viertes Jahrhundert n. Chr. (Die Eltern bringen ihr Kind um und befreien sich dadurch von ihren Ängsten bezüglich der Fürsorge.)

Weggabe: viertes bis 13. Jahrhundert n. Chr. (Die Eltern erkennen, dass das Kind eine Seele hat. Daher bringen sie es nicht mehr um, sondern geben es weg, um sich dennoch von ihren Ängsten zu befreien. Die Eltern projizieren ihre eigenen Aggressionen auf das Kind, das als böse angesehen wird und geschlagen werden muss.)

Ambivalenz: 14. bis 17. Jahrhundert (Das Kind ist Teil des emotionalen Lebens von Mutter und Vater, ist aber Objekt gefährlicher Projektionen der Eltern und muss daher von ihnen in die rechte

Form getrimmt werden, sowohl moralisch, geistig, emotional als auch körperlich.)

Intrusion: 18. Jahrhundert (Die Projektionen der Eltern gehen in dieser Zeit stark zurück. Das Kind wird nicht als bedrohlich empfunden, dies ermöglicht die Empathie dem Kind gegenüber. Dennoch versuchen die Eltern, seinen Geist und Willen mit Strafen und Schlägen zu beherrschen.)

Sozialisation: 19. Jahrhundert bis Mitte des 20. Jahrhunderts (Der Wille des Kindes muss nicht mehr dem der Eltern unterworfen werden. Ziel ist es, das Kind zu erziehen, auszubilden und zu sozialisieren. Erstmals beteiligt sich der Vater an der Pflege des Kindes.)

Unterstützung: ab Mitte des 20. Jahrhunderts (Beide Elternteile versuchen, auf die Bedürfnisse ihres Kindes einzugehen. Gewalt wird aus der Erziehung verbannt. Die Eltern entschuldigen sich bei ihren Kindern, wenn sie falsch gehandelt haben. Die Eltern unterstützen ihr Kind, das am besten weiß, was es in jeder Phase seines Lebens benötigt.)

Es scheint nun eine neue Periode der Eltern-Kind-Beziehung im letzten Jahrzehnt begonnen zu haben. Die meisten Eltern glauben wohl nicht mehr, dass ein Kind selbst am besten weiß, was es braucht. Etliche Kinder können zwar auf die Unterstützung ihrer Eltern hoffen, doch sie dient nicht dazu, den individuellen Entwicklungsrhythmus zu respektieren, sondern um es so früh wie möglich zu fördern. Dadurch werden Kinder stark überfordert, und ihren Entwicklungsschritten wird vorgegriffen. Motiviert wird dies durch elterliche Ängste, die die berufliche Zukunft ihres

Kindes betreffen, und durch eine Prise elterlichen Narzissmus – den Wunsch, sich in seinem Kind selbst zu verwirklichen. Das eigene Kind soll die Erfolge erreichen, die den Eltern verwehrt worden sind. Dazu wird es schon während des ersten Lebensjahres in die Hände von Kursleitern gegeben. Das Kind wird geformt, geistig und körperlich. Sein Wille wird nicht mehr von den Eltern gebrochen, aber sein Leben folgt ihren Richtlinien. Das Kind wird von den Eltern nicht mehr als Bedrohung empfunden, aber noch immer ist es Gegenstand ihrer Projektionen.

Es ist, als ob diese neue Periode Resultat einer Vermischung der vorangegangenen sei. Viele dieser Perioden wurden durch körperliche Gewalt geprägt. Die aktuelle scheint diese Gewalt durch Leistungsdruck zu ersetzen, der bei Kindern ebenfalls Spuren hinterlässt, psychische und körperliche. Das Ziel ihrer Erziehung: der berufliche Erfolg des Kindes! Soziale Kompetenzen werden oft auf diesem Weg vernachlässigt. Teamarbeit zählt nicht immer zu den elterlichen Prioritäten. Die Devise lautet: Ellenbogen ausfahren!

Von kulturellen Erziehungsstilen

Der Erziehungsstil der Eltern wird von ihren Kindheitserlebnissen und vom Erziehungsstil der eigenen Eltern geprägt. Dieses Erbe beruht auf sehr persönlichen Erfahrungen und ist daher von Familie zu Familie verschieden, dennoch gibt es einen einheitlichen Nenner: die Kultur.

Kultur wirkt auf unser Handeln ein. So sind Umgangsformen, Verhaltensweisen oder Körpersprache von einem Land zum andern sehr unterschiedlich. Kulturelle Überzeugungen fließen in Rituale, Werte und Gewohnheiten innerhalb der Familie ein und beeinflussen damit auch die Art und Weise, wie Eltern ihr Kind umsorgen und erziehen. Verschiedene Kulturen, unterschiedliche Erziehungsstile. Die renommierte französische Forscherin Dr. Hélène Stork[48] hat drei kulturelle Erziehungsstile definiert:

Der »nahe« Erziehungsstil

Der erste Erziehungsstil charakterisiert sich durch einen intensiven Körperkontakt und ist vorwiegend in Asien und Afrika zu beobachten. Ein Baby wird in diesen Ländern niemals allein gelassen, da es nah am Körper getragen wird. Auch beim Waschen legt sich die Mutter, wie zum Beispiel in Indien, ihr Kind auf ihre ausgestreckten Beine und reinigt es. Am Abend bleibt die Mutter bei ihrem Baby, bis es eingeschlafen ist, und bevorzugt das Co-Sleeping (das Kind schläft bei den Eltern).

Der »entfernte« Erziehungsstil

Dominiert im ersten Erziehungsstil die Nähe, so zeichnet sich der zweite durch eine Distanz in der Mutter-Kind-Beziehung aus. Anstatt das Baby am Körper zu tragen, wird es zum Beispiel im Kinderwagen geschoben. Zum Wickeln wird es auf die Wickelkommode gelegt. In der Nacht schläft es meistens in seiner Wiege. Und selbst wenn es nicht schläft, lässt die Mutter es oft in der Wiege, bis es schreit. Dafür redet die Mutter sehr viel mit ihrem Baby oder singt, um die Distanz zu überbrücken. Ihre Stimme begleitet ihre Bewegungen und die Reaktionen des Babys. Gleichzeitig signalisiert sie: Mama ist da. Die Distanz ermöglicht auch einen intensiven Blickkontakt und begünstigt das Face-to-Face-Verhalten (von Angesicht zu Angesicht), das in Afrika zum Beispiel eher selten ist. Dieser Erziehungsstil ist hauptsächlich in westlichen Ländern verbreitet.

Der »gemischte« Erziehungsstil

Der dritte Erziehungsstil ist eine Kombination der beiden bereits genannten. Es ist sozusagen ein Mix aus afrikanischen, indianischen und indischen Einflüssen, wahrscheinlich aus der Zeit der Kolonisation. Man beobachtet eine gewisse Distanz zwischen der Mutter und ihrem Baby, doch immer wieder gibt es Momente, wo die Mutter nahe beim Kind ist. Sie lässt ihr Baby zum Beispiel an der Brust einschlafen oder trägt es beim Spazierengehen in einem Tragetuch nah am Körper. Seit einigen Jahren bemerkt man einen immer größer werdenden Einfluss anderer Kulturen in der deutschen Säuglingspflege: Babymassagen, Tragetücher, Co-Sleeping ... Auf Reisen, aber besonders durch die Medien haben deutsche Eltern von diesen kulturellen Praktiken erfahren und sie übernommen.

Die Distanz in der westlichen Kultur

In Deutschland möchte die Mehrheit der Eltern ihr Kind nach den Werten der westlichen Kultur erziehen. Es soll konkurrenzfähig, autonom und unabhängig werden, denn man geht davon aus, dass nur die Stärksten weiterkommen. Deshalb werden in der westlichen Kultur besonders die Fähigkeit, sich zu trennen, und die Autonomie des Kindes gefördert, denn diese Qualitäten benötigt das Kind für seinen späteren beruflichen Erfolg.

Keine Gesellschaft überlebt ohne Gemeinschaftssinn. Je nach Kultur ist dieser aber unterschiedlich ausgeprägt. In Afrika und Indien bleibt zum Beispiel stets ein Familienmitglied bei einem Kranken im Krankenhaus. Das Familienmitglied sorgt vor allem für die Ernährung und das Waschen des Patienten. Damit werden die Krankenschwestern in ihrer Arbeit unterstützt und die Genesung schreitet schneller voran, denn die Präsenz eines Familienmitglieds am Krankenbett wirkt sich positiv auf die Psyche aus. Kulturelle Unterschiede sind auch in Europa zu beobachten. Italien, Spanien oder Portugal gelten als sehr kinderfreundliche Länder. So basiert zum Beispiel die Säuglingspflege im Süden von Europa auf einer großen Nähe zwischen Mutter und Baby. In Nordeuropa hingegen ist man oft etwas »kühler«. Man will sich vor allem nicht gegenseitig zur Last fallen. Immer wieder kann man von Eltern hören, dass sie nicht die »Sklaven« ihres Kindes sind. Altenheime sind überfüllt mit älteren Menschen, die oft selbst diese Lösung vorziehen, um dem Rest der Familie nicht zum »Problem« zu werden.

Gemeinschaftssinn wird von Generation zu Generation überliefert und ist Teil ihrer Kultur. Alle Babys auf dieser Erde ziehen die Gemeinschaft dem Alleinsein vor. Es ist aber das kulturelle Umfeld, das bestimmt, wie sie erzogen werden. Alle Eltern dieser Welt sind überzeugt, das Beste für ihr Kind zu tun. Es geht daher nicht darum, welcher Erziehungsstil im Vergleich zu anderen Ländern und Kulturen besser ist. In jedem Erziehungsstil gibt es Vor- und Nachteile. Aber man kann den aktuellen Erziehungsstil in westlichen Ländern infrage stellen, wenn die Ichling-Mentalität dermaßen an Oberhand gewinnt. Natürlich ist es positiv, wenn ein Kind autonom und leistungsstark wird, doch sollte ein Kind nicht ausschließlich aus dieser Perspektive sozialisiert werden. Deutsche Eltern versuchen ihrem Kind die innere Stärke zu geben, die es benötigt, den sozialen und psychischen Druck in der Schule und später im Beruf zu ertragen. Sie richten sich nach den aktuellen kulturellen Werten ihrer Gesellschaft, die auf den späteren beruflichen Erfolg ausgerichtet sind. Dazu müssen Kinder lernen, sich gegen andere durchzusetzen. Sie müssen sich rüsten. In diesen aktuellen kulturellen Werten findet die Intuition der Eltern keinen Platz mehr, weil sie sich nicht mehr selbst vertrauen. Intuition ist nicht greifbar, sie ist zu vage. Dabei tendiert gerade die Intuition zur Nähe zum Mitmenschen. Im Westen überwiegt die Rationalität im Handeln und Denken, auch was die Erziehung des Kindes betrifft. Heutzutage scheint es, als ob viele Eltern nur noch Erziehungsratgeber bevorzugen, die ihnen Bedienungsanleitungen präsentieren, die ihnen genau vorschreiben, Schritt für Schritt, wie beim Aufbauen von Möbeln, wie sie sich zu verhalten haben.

Diese Distanz zum Kind schließt emotionale Nähe nicht aus. Kuscheln, Zärtlichkeiten oder sein Kind in den Arm zu nehmen sind Teil der deutschen Kindererziehung. Doch die Distanz überwiegt. Viele Mütter singen zum Beispiel liebevoll ihrem Baby ein Wiegenlied vor. Doch anstatt es dabei in ihren Armen zu wiegen, liegt das Kind in seiner Wiege. Eltern setzen auch voraus, dass ihr Baby sich ihrer Liebe bewusst ist: »Unsere Tochter weiß, dass wir sie lieben.«, oder: »Unser Sohn weiß, dass wir für ihn da sind.« Die emotionale Nähe findet häufig im Bereich der Gedanken statt. Für ein Baby ist das doch sehr abstrakt. Selbst wenn die Eltern sich bewusst sind, dass ihr Baby zum Beispiel Angst allein im Dunklen hat, sind sie überzeugt, dass es begreifen kann, dass seine Eltern im Nebenzimmer sind und es eigentlich nicht allein ist.

Etliche deutsche Familien haben sich in den letzten Jahren für eine Rückkehr zu traditionellen Werten entschieden, in Anlehnung an die afrikanische oder asiatische Kultur. Es sind Mütter, die ihr Baby nah am Körper tragen, stillen, wenn es Hunger hat, und es bei sich im Zimmer schlafen lassen. Diese Minderheit wird täglich mit den skeptischen und kritischen Blicken und Bemerkungen ihrer Umgebung konfrontiert. »Das wird ein Mamakind.«, »Du verziehst den Kleinen.«, »Die wird nie alleine einschlafen lernen.« … Vorwürfe, in denen die Befürchtung, das Kind nicht zu einem eigenständigen Menschen zu erziehen, durchklingt. Die Nähe zum Kind wird kulturell als negativ gewertet und als Hindernis für seinen Erfolg angesehen. Ein Großteil der Eltern ist daher in ihrem Erziehungsstil eingeengt, aus Angst, etwas falsch zu machen. Eltern möchten ihrem Kind nahe sein und werden in ihrem Erziehungsstil immer unsicherer, denn unbewusst spüren sie den Konflikt zwischen ihrer inneren Stimme und den Werten der Gesellschaft. Es gibt jedoch eine Situation, in der fast alle Eltern die Distanz zum Kind vergessen: wenn alle Tipps dieses westlich geprägten Erziehungsstils erfolglos sind. Sobald die Eltern spüren, dass sie so nicht weiterkommen, bevorzugen sie den intensiven Körperkontakt zu ihrem Baby, um es zum Beispiel zu beruhigen oder in den Schlaf zu wiegen. Das gleiche Verhalten ist in der Nacht zu beobachten, wenn die Eltern vom Weinen ihres Säuglings aufgeweckt werden und noch halb im Schlaf in sein Zimmer taumeln. In diesen Momenten bestimmt nicht Rationalität die Reaktionen der Eltern auf die Signale ihres Babys, sondern sie agieren rein emotional: Sie erlauben sich und ihrem Kind die Nähe, die eigentlich beide lieben …

Erziehung unter Einfluss

In Afrika oder Indien kümmern sich bereits kleine Kinder um ihre jüngeren Geschwister. So ist es nicht selten, dass ein vierjähriges Kind aktiv an der Säuglingspflege teilnimmt und den traditionellen Erziehungsstil erlernt. Die Überlieferung der Pflege und Erziehung eines Kindes geschieht in diesen Gesellschaften in der frühen Kindheit, ohne die Hilfe von Spezialisten, abgesehen von der Mutter. In westlichen Ländern werden viele junge Menschen mit der Aufgabe, sich um ein Kind zu kümmern, jedoch erst mit dem ersten eigenen Kind konfrontiert. Wenn sie sich überfordert fühlen, suchen diese jungen Eltern nicht den Rat ihrer eigenen Eltern, sondern vorwiegend den von Elternratgebern beziehungsweise Zeitschriften. Nicht die Kultur und ihre Tradition haben Einfluss auf den Erziehungsstil der Eltern, sondern vor allem aktuelle Forschungsergebnisse und Ratschläge von Experten.

Das Wiegen eines Kindes in den Armen seiner Mutter, eigentlich der innigste Moment zusammen mit dem Stillen in der Mutter-Kind-Beziehung, kam am Anfang des 20. Jahrhunderts in Verruf und wurde von Kinderärzten als ein »vererbter Tick von Frauen« bezeichnet. Außerdem würde sich das Wiegen negativ auf den Charakter des Kindes auswirken. Noch 1957 musste sich der Arzt Wilhelm zur Linden rechtfertigen, dass das Wiegen eines Babys es auf keinen Fall zu einem verwöhnten Kind machen würde. Aber auch heute raten manche Hebammen jungen Müttern, ihr Baby nicht zu oft zu wiegen, sonst würde man ihm schlechte Angewohnheiten anerziehen.

Nicht nur des Charakters wegen wurde die Distanz zum Kind bevorzugt. Seit Louis Pasteur und Robert Koch entdeckt hatten, dass bestimmte Krankheiten von Mikroorganismen verursacht werden, wurden eine Wiege und ein eigenes Zimmer zum Wohl des Kindes empfohlen. Die damaligen Hygiene-Theorien schrieben eine schützende Distanz zum Kind vor. Dies galt besonders vor der Entwicklung von Impfstoffen und Antibiotika. Schwere Krankheiten wie Tuberkulose waren besonders für Kinder gefährlich.

Psychoanalytiker des 20. Jahrhunderts stimmten ebenfalls für die Distanz zum Kind, um es vor einer frühen Erotisierung zu schützen in Bezug auf die Urszene, die Beobachtung des Geschlechtsakts der Eltern durch das kleine Kind.

Säuglingspflege im Nationalsozialismus

Es ist sehr wahrscheinlich, dass auch die nationalsozialistische Säuglingspflege Spuren in Deutschland hinterlassen hat. Damals verbat man jegliche Nähe der Mutter zu ihrem Kind. Gleich nach der Geburt durfte die Mutter ihr Baby kurz anschauen, danach wurde es in einen anderen Raum gebracht, wo es während des gesamten Krankenhausaufenthalts blieb und nur zum Stillen zu seiner Mutter gebracht wurde. Der Mutter wurde erklärt, dass man durch diese Trennung vermeiden wolle, dass sie sich unnötige Sorgen mache. Ein Übermaß an Liebe war verboten. Man stillte das Baby, wickelte es, aber ansonsten sollte die Mutter das Kind in Ruhe lassen. Sie durfte weder mit ihm spielen noch es sonst irgendwie stimulieren. Die Signale des Babys wurden ignoriert. »Versagt der Schnuller, liebe Mutter, werde hart! Fange nur ja nicht an, das Kind aus dem Bett herauszunehmen, es zu tragen, zu wiegen, zu fahren oder es auf dem Schoß zu halten, es gar zu stillen. Das Kind wird nach Möglichkeit an einen stillen Ort abgeschoben, wo es allein bleibt, und erst zur nächsten Mahlzeit wieder hervorgenommen«, heißt es in dem Buch *Die deutsche Mutter und ihr erstes Kind* von Johanna Haarer (1934), das sich bis Kriegsende 690 000-mal verkaufte und sogar 1987 in einer etwas »milderen« Version neu aufgelegt wurde. Die provozierte Entfremdung des Säuglings, ergänzt durch körperliche und seelische Isolation, war Ziel der nationalsozialistischen Pädagogik. »Wir brauchen Kämpfer, keine Muttersöhnchen«, hieß das Leitmotiv. Die »räumliche« Distanz zur Mutter sollte eine »emotionale« Distanz herbeiführen. Eine harmonische Mutter-Kind-Beziehung wurde als konträr für die Ziele der Partei angesehen. Unter den Nationalsozialisten hatte Mutterliebe keinen Platz. Diese sollte durch die Vaterlandsliebe ersetzt werden. Emotionalen Halt fanden die Kinder nicht in der Familie, bei ihren Eltern, sondern in der Hitlerjugend. Ein Kind gehörte dem deutschen Volk und sollte für den kommenden Krieg in Form gebracht werden.

Auch in anderen europäischen Ländern, die nicht unter dem Einfluss der Nationalsozialisten standen, ist man heutzutage überzeugt, dass die Distanz zum Kind sich positiv auf seine Entwicklung ausübt. Es handelt sich hier also nicht um ein rein deutsches

Phänomen, das zudem nicht mit der nationalsozialistische Säuglingspflege zusammenhängen muss. Dennoch werden manche deutsche Großeltern noch heute ganz nervös, wenn Mütter ihr Kind sofort beruhigen oder viel mit ihm spielen. »Das Kind braucht Ruhe.«, »Lass den Kleinen nur schreien.«, oder: »Nimm sie bloß nicht auf den Arm, wenn sie weint.«, sind häufige Bemerkungen … Die Ideologie hinter der Distanz in der Eltern-Kind-Beziehung zu Zeiten der nationalsozialistischen Säuglingspflege und Kindererziehung ist natürlich eine ganz andere als die heutige. Aber noch immer scheint das Kind auf einen Kampf vorbereitet zu werden. Vorher war es der Krieg, heute ist es der Konkurrenzkampf. Damals wie heute scheint eine Distanz der Eltern zum Kind zum Erfolg zu führen.

In den Nachkriegsjahren wurde die Distanz zum Kind durch die Ratschläge des amerikanischen Kinderarztes Benjamin Spock verstärkt. Das Kind sollte auch hier allein schlafen, und der Mutter wurde geraten, nicht in sein Zimmer zu gehen und es vor allem nicht auf den Arm zu nehmen, wenn es nachts weinte oder schrie. Das Kind sollte so lange schreien, bis es von alleine einschlief. Diese Ratschläge kamen aus Amerika, einem Land, dessen Psychologen und Kinderspezialisten international anerkannt und Vorreiter in Erziehungsfragen waren. In Deutschland wurde Spocks Schlafbuch zum Bestseller. Auch, weil sich viele deutsche Eltern wohl in ihrer Distanz zum Kind bestätigt fühlten. Diese Einschlafmethode wurde erneut ab 1987 populär, als sie von Dr. Richard Ferber, Direktor des Zentrums für Kinderschlafstörungen in Boston, empfohlen wurde, da sie die Entwicklung der Autonomie des Kindes und die Fähigkeit sich zu trennen begünstigen würde.

Es gab in der deutschen Geschichte immer wieder Momente, in denen die Nähe zum Kind sich hätte durchsetzen können. Durch neue Theorien zu der jeweiligen Zeit wurde diese Nähe jedoch immer wieder infrage gestellt. Individualismus, Unabhängigkeit und Autonomie sind vor allem Schlüsselwörter der westlichen Kultur. Durch die Distanz in der Säuglingspflege und in der Erziehung wird dem Kind vermittelt, dass es ohne die Hilfe seiner Mitmenschen sein Leben meistern kann. So wird es zu einem Individuum, das sich am wohlsten fühlt, wenn es eine Aufgabe allein bewältigen kann. Es hat gelernt, in sich und seine Kompetenzen zu vertrauen. Wie könnte da ein Team eine Bereicherung darstellen?

Kapitel 5

Der Kult der

Autonomie

Wie wird mein Kind autonom?

Selbstständig für sich zu sorgen und zu handeln, aber auch selbst entscheiden zu können, Verantwortung zu übernehmen und unabhängig zu werden – alle Eltern haben wohl den Wunsch, ihr Kind zu einem autonomen Menschen zu erziehen. Diese Autonomie, und es hört sich fast paradox an, erlangt man nicht allein, sondern mithilfe der Eltern. Wer autonom ist, muss aber nicht gleichzeitig auf soziale Integration oder Arbeit im Team verzichten. Selbstständiges Handeln ist auch im Team gefragt, indem jeder Teamplayer eine bestimmte ihm zugeteilte Funktion hat. Ichlinge scheinen sich jedoch selbst zu genügen. Sie gehen ihren Weg allein und vertrauen in ihre eigenen Fähigkeiten. Sind Ichlinge etwa extrem autonom? Wie wird ein Kind überhaupt autonom?

Nach der Geburt ist jeder Säugling abhängig von seinen Eltern. Ohne deren Fürsorge, Pflege, Schutz, Liebe und Geborgenheit kann das Neugeborene nicht überleben. Obwohl es keinen Zweifel an dieser Abhängigkeit gibt, zeigt der Säugling sehr schnell seinen Wunsch nach Autonomie, zum Beispiel indem er am Daumen lutscht. Der Säugling entscheidet auch, wann er gestillt werden möchte, und signalisiert es durch sein Schreien. Und hat das Kleine seinen Hunger gestillt, legt es den Kopf zur Seite. Säuglinge sind daher sehr früh zu einer gewissen Autonomie fähig.

Ab dem zweiten Lebensmonat beginnt die von der Psychiaterin und Psychoanalytikerin Margaret Mahler (1897–1985) beschriebene normale symbiotische Phase, in der das Baby in der Illusion lebt, eins mit seiner Mutter zu sein. Sein »Ich« ist noch nicht vom »Nicht-Ich« unterschieden.

Dann allmählich beginnt sich der Säugling für seine Umwelt zu interessieren und den eigenen Körper von dem seiner Mutter zu differenzieren. Diese sogenannte Loslösungs- und Individuationsphase beginnt nach dem fünften Lebensmonat, wenn es zu den ersten Trennungsversuchen von der Mutter kommt. Das Baby schmiegt sich zum Beispiel an seine Mutter und streckt sich plötzlich, als wolle es sich von ihr entfernen. Es interessiert sich für ihren Mund, ihre Nase oder ihre Haare, was ab und zu recht schmerzhaft werden kann. Brillenträger schätzt das Baby besonders. Immer wieder greift es nach der Sehhilfe und zieht sie von der Nase. Dieses Entdeckungsverhalten hat um den siebten und achten Monat seinen Höhepunkt. Das Baby scheint nun zu erkennen, dass seine Mutter eine eigenständige Person ist und es selbst damit auch, mit einer eigenen Existenz.

Wie bei der Bindungstheorie, in der sich das Kind bindet, um sich langsam zu lösen, existiert auch bezüglich der Autonomieentwicklung zuerst eine Art Verschmelzung, aus der das Baby langsam auftaucht, um autonom zu werden. Ohne die extreme Abhängigkeit am Anfang seines Lebens, wo das Baby die Erfahrung macht, dass Mama und Papa für es da sind, wenn es sie braucht, ohne die Gewissheit, dass sie es lieben, mag kommen, was wolle.

Der kompetente Säugling

Eins mit der Mutter zu sein, und sei es auch nur psychisch, macht das Baby aber nicht zu einem passiven Wesen. Im Gegenteil, es ist äußerst aktiv und kompetent. Im Alter von 30 Tagen kann es bereits Objekte wiedererkennen, ohne sie vorher gesehen zu haben. Lässt man es entweder an einem Schnuller mit einer glatten Oberfläche oder an einem mit einigen Unregelmäßigkeiten an der Oberfläche saugen und zeigt ihm dann beide Schnuller, kann es erkennen, welchen es im Mund gehabt hat. Die Information der oralen Wahrnehmung kann also durch das Gehirn verarbeitet und vom visuellen System genutzt werden. Babys sind auch Akteure ihrer Entwicklung, so klein sie auch scheinen mögen, und setzen sich aktiv mit ihrer Umwelt auseinander.

Ohne diese feste Eltern-Kind-Bindung wird ein Kind Schwierigkeiten haben, autonom zu werden. Es benötigt dafür eine sichere Basis – die fürsorglichen Eltern, die daher diese Abhängigkeit akzeptieren und als Phase in der kindlichen Entwicklung ansehen sollten. Übrigens sind die Eltern, insbesondere die Mutter, auch in gewisser Weise »abhängig« vom Baby. Und dieser Zustand ist durchaus normal. Die Mutter empfindet mit erhöhter Sensibilität für das Kind, welche es ihr ermöglicht, völlig auf die Bedürfnisse ihres Babys einzugehen. Ihre ganze Energie wird dafür eingesetzt, das Kind zu umsorgen. Dieser Zustand beginnt schon kurz vor der Geburt und hält bis einige Wochen nach der Geburt an.

Im achten Lebensmonat ist ein Baby generell so weit, seine Mutter als eine eigenständige Person zu erfahren. Das bedeutet aber auch, dass es seine Mutter verlieren kann. In dieser Phase, die ungefähr drei Wochen bis einige Monate andauern kann, wirkt das Gesicht einer unbekannten Person beängstigend auf das Kind. Man spricht von der sogenannte Fremdenangst oder dem »Fremdeln«. Im Grunde hat das Baby aber keine Angst vor einem Fremden. Er personifiziert nur die Abwesenheit der Mutter und damit die Angst, von ihr getrennt zu werden. Die Fremdenangst ist daher eigentlich mehr eine Trennungsangst.

Gerade in dieser Phase spielt das Übergangsobjekt eine wichtige Rolle. Dabei handelt es sich um ein vom Baby selbst ausgewähltes Objekt (Kuscheltuch, Kuscheltier, Kleidungsstück …), das ihm hilft, sich über die Abwesenheit der Mutter oder der Bezugsperson hinwegzutrösten. Ein Säugling »adoptiert« ein Übergangsobjekt ungefähr ab dem sechsten Monat, manchmal schon ab dem vierten Monat. Donald Winnicott nannte das Übergangsobjekt den ersten »Nicht-Ich-Besitz« des Babys, denn es handelt sich um ein äußeres Objekt. Mithilfe dieses Objekts baut es sich nach und nach eine innere, symbolische Repräsentanz seiner Mutter auf und kann so besser die Angst vor dem Alleinsein bewältigen. Das bedeutet gleichzeitig, dass das Kind autonomer wird. Mit seinem Übergangsobjekt in der Hand, ständiger Begleiter des Kindes, fühlt es sich sicher und kann, wenn es erst einmal etwas älter ist, seine Umwelt allein erforschen. Je autonomer das Kind wird, desto mehr verliert das Übergangsobjekt an Bedeutung.

Tipp

Wie umgehen mit dem Kuscheltuch?

- Eltern sollten die Wahl des Übergangsobjekts unbedingt ihrem Baby überlassen und dies respektieren, auch wenn es nun mal eine Windel ist, die es plötzlich heiß und innig liebt und nicht mehr loslassen will.
- Damit das Übergangsobjekt seine Funktion erlangt, muss das Baby ihm von ganz allein seine Bedeutung zuweisen.
- Eltern sollten ihr Baby nicht drängen, einen Gegenstand als Übergangsobjekt zu akzeptieren, aus welchem Grund auch immer.
- Der Geruch des Übergangsobjekts ist sehr wichtig für seine symbolische Funktion. Wenn es geht, sollte es daher nicht gewaschen werden.
- Das Besprühen eines gekauften Kuscheltuchs mit mütterlichem Parfum, damit das Baby es schnell annimmt, ist zwar gut gemeint, aber was es viel wahrscheinlicher an das Kuscheltuch binden würde, wäre Mamas mütterlicher Geruch, den es von der ersten Sekunde an kennt.
- Zerreißt das Kind aus Wut sein Übergangsobjekt, weil es seine aggressiven Impulse darauf richtet, sollten Eltern zum Beispiel im Falle eine Schmusetieres dieses nicht durch ein Neues ersetzen, sondern es reparieren. Dieser Akt gleicht einer Wiedergutmachung und ist wichtig für die soziale Entwicklung des Kindes.

Das Fremdeln im achten Monat fällt zusammen mit dem beginnenden Krabbeln. Dank seiner motorischen Fortschritte ist das Baby fähig, sich von seiner Mutter zu entfernen, auch wenn es oft noch ihre Hilfe beim Vorwärtskommen benötigt. Ihre Gegenwart gibt ihm Sicherheit und das Gefühl, dass sie es beschützen wird, wenn es in Not ist. Es ist übrigens interessant zu beobachten, wie Babys mutig fortkrabbeln, dann aber immer wieder zurück zur Mutter schauen, um sich zu vergewissern, dass sie noch am selben Platz ist. Einige Monate später, wenn das Kind laufen kann, wird es sich noch bewusster, dass es sich entfernen kann und dabei seine Mutter hinter sich lässt. Freudig laufen kleine Kinder auf ihre Eltern zu und fallen in ihre Arme. Glücklich, autonom zu sein, aber auch froh, Mama und Papa wiederzusehen. In dieser Phase können Schlafstörungen oder Trennungsängste am Abend vor dem Einschlafen auftreten, denn Laufenlernen kann sehr aufregend sein und das Kind emotional überfordern. Soll ich mich entfernen? Was ist dann mit Mama oder Papa? Das Laufenlernen ist ein wichtiger Schritt in der motorischen und psychischen Entwicklung eines Kindes. Um diesen zu meistern, benötigt es das Team »Eltern«.

Der englische Kinderarzt und Psychoanalytiker Donald Winnicott (1896–1971) betont übrigens, dass man erst dadurch lernt, allein zu sein, indem man in Anwesenheit eines anderen allein ist, sprich, sich mit sich selbst beschäftigt, zum Beispiel im Spiel. [49] Voraussetzung dafür ist, dass die anwesende Person ein Gefühl von Sicherheit vermittelt. Das bedeutet, dass ein Kind definitiv die positive Erfahrung gemacht haben muss, dass seine Eltern ihm immer wieder signalisieren: »Wir sind da für dich!«, bevor es autonom werden kann. Selbst später und sein ganzes Leben lang trägt das Kind seine Eltern mit sich, als innere Repräsentanz. Die Gewissheit, dass sie da sind, wenn man Sorgen hat, in einer Prüfung versagt oder krank ist, wirkt wie eine emotionelle Stütze und gibt Kraft. Gerade in der Phase der Autonomieentwicklung heißt es für sein Kind da zu sein und diesen Entwicklungsschritt nicht zu überspringen oder zu beschleunigen. Gleichzeitig ist es genauso wichtig, den Wunsch des Kindes nach Selbstständigkeit zu unterstützen, zu leiten und zu respektieren. So wird ein Kind autonom, ohne sich dafür schuldig fühlen zu müssen, dass es sich langsam von seinen Eltern entfernt.

Loslassen und festhalten

Besonders im Alter von drei bis vier Jahren, wenn sich das Kind dank seiner sprachlichen Fortschritte besser verständigen kann, wird der Satz »Lass es mich allein machen!« zum Ohrwurm für viele Eltern. Sei es das Öffnen der Haustür, das Drücken auf den Knopf im Lift, das Aufschrauben einer Flasche – wehe den Eltern, die es »wagen«, etwas an Stelle ihres Kindes zu tun. Schmollen, Schreien, Weinen, Wutanfälle sind vorprogrammierte Reaktionen auf das elterliche Tun, das sicher gut gemeint ist, aber dem Kind ständig signalisiert: »Das kannst du nicht. Du bist noch zu klein dafür!«

Sicher wird es immer im alltäglichen Leben Situationen geben, in denen die Eltern mit Recht einschreiten, weil das Kind noch nicht alt genug ist oder sich durch sein Verhalten in Gefahr begeben kann. Autonomie hin, Autonomie her, die Aufgabe der Eltern bleibt, ihr Kind zu beschützen. Doch ist es auch ihre Aufgabe, es in seinen Fortschritten zu begleiten. Seinem Kind zu zeigen, wie es seine Schuhe selbst schnüren oder wie es allein den Reißverschluss seiner Jacke zumachen kann, bringt es zum Lächeln, weil es stolz auf sich ist, wenn es dann klappt. Und wenn es eben nicht gleich gelingt, dann helfen ein paar aufmunternde Worte, und man zeigt es ihm noch einmal. Nicht immer hat man aber als Elternteil die Geduld oder die Zeit zu warten, bis das Kind endlich die Hose zugeknöpft hat. Schnell macht man sie zu. Dann muss man aber auch die wütende Reaktion des Kindes in Kauf nehmen …

Manche Eltern haben Schwierigkeiten, ihr Kind autonom werden zu lassen. Werden sie auf ihr Verhalten angesprochen, warum sie denn zum Beispiel ihr fünfjähriges Kind sich nicht selbst ein Glas Milch einschenken lassen, dann kommt häufig als Antwort: »Ich meine es doch nur gut!« Zu viel des »Guten« hindert das Kind jedoch, autonom zu werden. Selbstständig zu werden bedeutet, seine Lebenskompetenzen zu entwickeln. Sich allein anzuziehen, sich zu waschen, mit Besteck zu essen und ohne Hilfe auf die Toilette zu gehen sollte ein Kind mit drei Jahren im Allgemeinen bewältigen. »Im Allgemeinen« heißt nicht, dass jedes Kind im Alter von drei Jahren diese Autonomie erreicht haben muss. Jedes Kind entwickelt sich nach seinem eigenen Rhythmus. Deshalb sollten sich Eltern nicht gleich Sorgen machen, wenn das Kind zum Beispiel noch nicht mit drei Jahren sauber ist. Doch es ist fraglich, wenn Eltern in der Konsultation beim Psychologen berichten, dass ihr dreieinhalbjähriger Sohn noch von ihnen gefüttert wird, mit der Behauptung, er habe noch nie allein essen wollen. Auf den Vorschlag, dem Sohn die Gelegenheit zu geben, doch mal allein mit einem Löffel oder einer Gabel zu essen, wird mit einem »Ja, das können wir mal versuchen« reagiert. Ein Extremfall? Vielleicht, aber perfekt, um zu veranschaulichen, welche Rolle Eltern in der Entwicklung der Autonomie ihres Kindes spielen. Es ist wichtig, ihm zu helfen, etwas selbst zu tun, sobald man sieht, dass es dazu fähig ist. Mit neun Monaten sein Fläschchen zu halten gehört zum Beispiel dazu. Ein Kind muss sich seiner Fähigkeiten bewusst werden. Für die französische Psychoanalytikerin Claude Halmos[50] sind Kinder, die sich schlecht auf etwas konzentrieren können, die Anstrengungen vermeiden und die etwas nicht bis zum Ende bringen, Kinder, die man nicht hat autonom werden lassen. Viele intelligente Kinder haben aus diesem Grund Lernschwierigkeiten.

Aber wie kommt es, dass bestimmte Eltern oft unbewusst Schwierigkeiten haben, ihr Kind selbstständiger werden zu lassen? Häufig ist Überängstlichkeit die Ursache. Sie wollen ihr Kind vor allem bewahren und schützen und reagieren mit Sorge und Befürchtungen auf seine Aktionen. Klettert ein kleines Kind die Leiter zur Rutsche hoch, werden überängstliche Eltern keine Sekunde von seiner Seite weichen und fortwährend wiederholen: »Vorsicht!«, »Komm lieber runter!«, »Du kannst das nicht!«, oder: »Du wirst dir wehtun!« Das Kind wird durch dieses Verhalten extrem verunsichert. Die Eltern übertragen ihre Ängste auf das Kind, das sich dann sein Vorhaben nicht mehr zutraut und es abbricht. Auf Dauer bewirkt diese Haltung, dass ein Kind extrem abhängig von seinen Eltern wird und ein schwaches Selbstbewusstsein entwickelt. Im Gespräch mit einem Psychologen werden sie sich

> ## Tipp
>
> ### Ohne Ängste die Umwelt entdecken
>
> Alle Eltern beobachten etwas besorgt, wenn ihr Kind die Umwelt entdeckt, denn es kennt seine Grenzen noch nicht und kann Gefahren schlecht einschätzen. Dazu fehlt ihm die nötige Erfahrung. Anstatt sein Explorationsverhalten durch die eigenen Ängste zu hemmen, ist es ratsamer für Eltern, entweder ihrem Kind durch Blickkontakt zu signalisieren, dass sie aufpassen und ihm zu Hilfe eilen werden, falls es sie braucht. Oder sich in der Nähe aufzuhalten und es aufmunternd in seinem Vorhaben zu begleiten und ihm Hilfestellungen zu geben, wenn es diese sucht. Auf diese Weise macht ein Kind Fortschritte und zeigt seinen Eltern stolz, zu was es schon fähig ist.

meist schnell bewusst, dass ihre Ängste sich negativ auf die Entwicklung ihres Kindes auswirken können. Einfühlsame Gespräche mit Familienmitgliedern und Freunden können ebenfalls zu dieser Einsicht führen und eine Änderung ihres Verhaltens bewirken.

Claude Halmos denkt auch, dass Autonomie mit »sich verwehren« einhergeht. Ein Kind, das sich nach dem Bad selbst abtrocknet oder allein seinen Schlafanzug anzieht, entzieht sich dem körperlichen Kontakt mit dem Elternteil.

Heutzutage fördern Eltern sehr früh die Autonomie ihres Kindes, besonders weil äußere Faktoren wie Kultur, gesellschaftliche

Werte und beruflicher Erfolg diese Haltung beeinflussen. Trotz allem ist es nicht einfach zu sehen, wie es sich langsam von ihnen entfernt, bis zu dem Zeitpunkt, wenn es für immer das Haus verlässt. Ein selbstständiges Kind macht seine Eltern stolz. Gebraucht zu werden freut sie ebenso. »Loslassen« bedeutet deshalb nicht, das Kind »sich selbst zu überlassen«. Ihm zu signalisieren, dass man da ist, falls es Hilfe braucht – daran sollte sich nichts ändern. Das Team »Familie« sollte ein Leben lang aktiv sein und als sichere Basis für alle Mitglieder dienen.

Nein und noch mal Nein

Die Trotzphase, die ungefähr ab dem 18. Lebensmonat beginnt und bis Ende des dritten Lebensjahres dauern kann, wird die Geduld so mancher Eltern auf die Probe stellen. Sagte das Kind zuvor noch »Nein, nein, nein«, wenn es sich einer elektrischen Steckdose näherte oder Papas Lieblings-CD berührte – Zeichen, dass es langsam das elterliche »Nein« integrierte –, so ist das Nein der Trotzphase wie ein Schlag ins Gesicht der Eltern. Das jetzige Nein ist nicht mehr das »Ich weiß, ich darf das nicht«, sondern das »Nein, ich will aber!«. Das Kind will absolut nicht mehr auf Mama und Papa hören und versucht mit allen Mitteln, seinen Willen durchzusetzen. Diese Phase bringt viele Eltern an den Rand der Verzweiflung. Sie ist aber eine wichtige Etappe für die Individualisierung des Kindes. Seinen Eltern Nein zu sagen bedeutet: »Ich bin.« Dadurch wird ein neues Gefühl von Selbstständigkeit ausgedrückt.

Wenn Eltern zu streng sind

Die Eltern von 107 Kindern im Alter von 33 Monaten wurden in einer Studie von Jennifer Engle von der University of Illinois befragt, wie oft sich ihr Kind im vergangenen Monat aggressiv oder ängstlich verhalten hatte und wie sie darauf reagiert hatten. Sechs Monate später wurden die Eltern erneut befragt, was zu folgenden Einsichten führte:[51]

• Kinder lernen durch das häufige Bestrafen ihrer Frustrationen und Aggressionen, diese negativen Gefühle zu verstecken, aus Angst vor weiteren Strafen.
• Kinder werden durch das Verstecken ihrer negativen Emotionen ängstlich. Dies wurde besonders bei den Jungen beobachtet.
• Eltern sollten ihren Kindern helfen, Frustration zu verarbeiten, anstatt sie dafür zu bestrafen.

Die Wünsche des Kindes sind jetzt vorrangig. Sehr schnell merkt es, dass diese nicht immer unbedingt mit denen seiner Eltern übereinstimmen. Wie zum Beispiel, wenn es um den heiß ersehnten Schokoriegel im Supermarkt geht, der nicht auf der Einkaufsliste steht und zur Ursache einer Krise wird, die wohl jedem Leser bekannt ist und Eltern sich sagen lässt: »Warum bin ich nicht allein einkaufen gegangen?« Heulend wälzt sich das Kind auf dem

Boden herum. Strampelt mit Armen und Beinen. Das Gesicht ist puterrot. Wütend schreit es seine Eltern an und pocht auf sein Recht. »Ich will!« Nicht nur die Tatsache, dass es die Schokolade nicht bekommt, frustriert es, sondern auch, dass Mama oder Papa nicht nachgibt. »Ich bin auch jemand. Ich will es so und nicht anders!«, versucht es mit seinem Verhalten auszudrücken. Ein Kind weiß genau, dass lautes Schreien und Weinen seine stärksten Waffen im Kampf um das Durchsetzen seines Willens sind. Sie provozieren kritische Blicke anderer Kunden, was alles andere als angenehm für Eltern ist. Nicht selten hagelt es Kommentare an der Kasse: »Früher gab's so was nicht!«, und: »Das kommt davon, wenn man Kinder verzieht!« Das können sehr einsame Momente für Eltern sein … Diese Konflikte haben auch eine positive Seite. Langsam beginnt das Kind zu verstehen, dass seine Wünsche und die der anderen unterschiedlich sein können, und dies fördert seine Individualisierung: »Ich und der andere – das ist nicht eins, sondern zwei.« Daher ist es wichtig, diese Wutausbrüche zu ertragen, denn sie lassen das Kind größer werden. Eltern müssen ihm aber sichere Grenzen setzen, damit seine Wutanfälle und sein Verhalten nicht unkontrollierbar werden. Diese Grenzen sucht jedes Kind. Es sucht das Nein seiner Eltern. Darum testet es sie immer wieder, um zu sehen, wie weit es gehen kann und wann bei ihnen der Geduldsfaden reißt. Ein Kind sucht übrigens immer ein Nein in Worten und nicht in Schlägen. Handeln die Eltern oft inkonsequent oder sind sie unfähig, ihrem Kind Grenzen zu setzen, wird das Kind seine Wutausbrüche gezielt einsetzen, um seinen Willen durchzusetzen.

Strikte Gebote und harte Strafen haben selten eine beruhigende Wirkung auf das trotzige Verhalten des Kindes. Im Gegenteil, so fordern Eltern seinen Widerstand erst recht heraus. Zu strenge Eltern, die ihrem Kind keine Freiheiten geben, sich auszudrücken oder sich selbst zu beweisen, tragen außerdem dazu bei, dass es ein schwaches Selbstgefühl entwickelt. Auf sein Nein zu verzichten, weil es jederzeit gehorchen muss, ist vielleicht vorteilhaft für die Eltern, so verliert das Kind aber seine Identität. Es heißt also, geduldig und gelassen zu bleiben und das trotzige Verhalten als Etappe in seiner Entwicklung zu verstehen. Großeltern oder Bekannte haben meist nicht unter dieser Phase zu leiden. Sie sind nicht die Autoritätspersonen in der Familie, und genau gegen die richtet sich das kindliche Nein in der Trotzphase.

Trennung und Autonomie

Autonom zu werden und sich zu trennen – beides hängt zusammen und setzt voraus, dass man sich vorher an eine Person gebunden hat. Unser Leben verlangt von uns immer wieder Trennungen: der Eintritt in eine Kindertagesstätte und in die Schule, Freundschaften und Liebesbeziehungen, die in die Brüche gehen, das Elternhaus zu verlassen und dann eines Tages der Tod. Oft machen uns Trennungen traurig. Sich zu sagen, dass man einen geliebten Menschen niemals oder zumindest für eine gewisse Zeit nicht mehr sehen wird, kann zu Verlustängsten führen. Plötzlich entsteht eine Leere, und man fühlt sich einsam. Trennungen können auch Schuldgefühle produzieren, besonders wenn man selbst den anderen verlassen hat. Die Geburt ist die erste Trennung, die

Mutter und Kind erleben. Man durchtrennt die Nabelschnur. Je älter das Kind wird, desto häufiger wird es mit Trennungen konfrontiert.

Im Kindergarten und in der Schule werden Erzieher und Lehrer tagtäglich Zeugen tränenreicher Trennungen. »Das Kind ist zum Beispiel schon in der Klasse, und die Mutter ruft es wieder zurück, weil sie ihm noch unbedingt einen Kuss geben will. Oder die Eltern drücken ihr Kind vorm Eingang an sich, und man hat den Eindruck, dass sie es gar nicht mehr loslassen wollen. Dabei sucht das Kind diese Demonstration von Liebe eher nach der Schule, weil man sich dann wiederfindet«, erklärt Chiara Z., Lehrerin in einer Montessori-Schule. Zu Beginn des Schuleintritts ist es besonders schwer für viele Eltern, ihr Kind der Institution Schule zu überlassen. Auch, weil sie an diesen Moment in ihrer eigenen Kindheit denken und sich mit ihm identifizieren. Häufig müssen Erzieher von Kindertagesstätten Eltern immer wieder versichern, dass ihr Kind gut bei ihnen aufgehoben ist.

Berufstätige Mütter sind von ihrem Kind ab dem frühen Morgen getrennt und verbringen unter der Woche nur wenig Zeit mit ihm. Der Moment des Abschieds in der Kita wird daher oft schwer ertragen, und Zweifel kommen auf: »Wird man sich in der Kindertagesstätte gut genug um mein Kind kümmern?«, »Werden sie merken, wenn es meinem Kind nicht gut geht?«, »Werden sie mein Kind trösten können?«, »Wird es schlafen können, wenn die anderen Kinder Lärm machen?«, »Zusammen mit so vielen anderen Kindern Mittag zu essen mag mein Kind vielleicht nicht.« Reportagen im Fernsehen über Kindesmisshandlungen durch Tagesmütter haben weitere Ängste geschürt. Aber auch Geschichten von Bekannten verunsichern Eltern, ob es die richtige Entscheidung ist, das eigene Kind von einer Fremdperson betreuen zu lassen.

Franka W., Mutter zweier Töchter, berichtet:

Ich bin berufstätig, und meine Töchter, drei und fünf Jahre alt, werden von einer Tagesmutter betreut. Nachmittags geht sie mit ihnen, wenn es schön ist, auf den Spielplatz. Wir leben in einer Großstadt, und es ist doch alles etwas anonym. Auch wenn man auf dem Spielplatz immer wieder dieselben Mütter oder Tagesmütter treffen kann. Mir wurde Folgendes von einer anderen Tagesmutter erzählt: Unsere Dreijährige hatte sich beim Spielen im Sandkasten wehgetan und rief weinend nach ihrer Tagesmutter. Die kam aber nicht, sondern eine andere Tagesmutter, die die Szene beobachtet hatte. Zusammen mit meinen Töchtern hat sie nach deren Tagesmutter gesucht. Sie war nicht aufzufinden. Und dann, nach 20 Minuten, kam sie vom Einkaufen im Supermarkt zurück. Sie hat einfach die Kinder allein auf dem Spielplatz gelassen. Ich war so geschockt von dem, was ich da hörte, weil ich volles Vertrauen in die Tagesmutter hatte. Und die Kinder mögen sie auch sehr. Das ist auch wirklich unvorstellbar. Zwei kleine Kinder einfach allein auf dem Spielplatz zu lassen. Was mich ebenso geschockt hat, war, dass sie noch nicht einmal eingesehen hat, was für einen großen Fehler sie gemacht hat. Ich habe die Frau natürlich entlassen. Jetzt habe ich ein ungutes Gefühl, wenn ich meine Kinder zu der neuen Tagesmutter bringe.

Trennungen auf Zeit – ganz ohne Tränen

- Selbst bei einem kleinen Baby fasst man eine Trennung in Worte: »Mama geht jetzt zur Arbeit, und in dieser Zeit kümmert sich jemand sehr Liebes um dich!«
- Einige Tage zuvor kann man bereits diese Trennung ansprechen: »Mama geht bald wieder arbeiten, und dann wirst du den Tag mit anderen netten Kindern verbringen.«
- Kommen Sie auf einem Spaziergang mit Ihrem Kind an der Krippe oder der Kindertagesstätte vorbei, zeigen Sie ihm das Gebäude.
- Am Anfang es ist ratsam, beim Kind zu bleiben, damit es sich besser eingewöhnt.

Auch wenn die meisten Tagesmütter vertrauenswürdig und solche Ereignisse eher selten sind, ist es für Eltern nicht immer einfach, ihr Kind einer fremden Person anzuvertrauen. Auf dem Weg zur Arbeit stellt sich so manche Mutter ihr Kind im Kindergarten vor, wie es allein, sich selbst überlassen im Raum steht – sein Weinen und Schreien hallt noch in ihren Ohren. »Ich hätte es nicht dort lassen sollen!« Sie haben Angst, ihrem Kind zu fehlen, so wie es ihnen fehlt. Eine Trennung ist der Moment, in dem die Eltern das Gefühl haben, ihr Kind allein zu lassen, aber gleichzeitig von ihm verlassen zu werden. Aber es ist auch der Moment, wenn Eltern ihre Freiheit zurückgewinnen. Und die benötigen sie, um zum Beispiel zur Arbeit zu gehen.

Tipp

Wie verabschiede ich mich von meinem Kind?

- Falls Sie einen neuen Babysitter engagiert haben, bitten Sie ihn ein- oder zweimal vorher zum Spielen zu kommen, bevor Sie ihn mit Ihrem Kind allein lassen. Stellen Sie ihm den Babysitter als die Person vor, die sich um es kümmern wird, wenn Sie nicht da sind.

- Wenn Sie zum ersten Mal weggehen, sollte der Babysitter einige Minuten vorher da sein. So können sich beide in Ihrer Gegenwart aneinander gewöhnen. Sprechen Sie auch etwas mit dem Babysitter. So signalisieren Sie, dass Sie ihm vertrauen.

- Sagen Sie Ihrem Kind immer auf Wiedersehen, wenn Sie weggehen, und sagen Sie ihm auch, wann Sie wiederkommen. Sogar ein Neugeborenes möchte wissen, warum Mama weggeht.

- Ziehen Sie den Abschied nicht in die Länge.

- Verschwinden Sie nicht einfach, nur weil Sie dem Schreien und Weinen aus dem Weg gehen wollen. Haben Sie in sich und Ihr Kind Vertrauen. Sie beide packen das!

- Kommen Sie nicht wieder zurück, weil Sie sich schuldig fühlen oder noch draußen auf der Straße das Schreien hören. Ihr Kind wird sich beruhigen. Ihr Zurückkommen wird ihm die Trennung nur erschweren.

- Wenn sich Ihr Kind am Abend beim Schlafengehen nicht

von Ihnen trennen möchte, erfinden Sie ein Schlafritual. Lesen Sie ihm eine Geschichte vor, kuscheln Sie mit ihm. Ein Schlafritual bereitet ein Kind auf die Trennung von seinen Eltern vor.

Doch auch nach dieser Eingewöhnungszeit kommt es häufig zu Tränen. Das ist jedoch normal. Das Kind war ständig mit der Mutter oder dem Vater zusammen, und jetzt soll es seine Eltern einfach für mehrere Stunden verlassen. Auch wenn es heftig weint, können Eltern darauf vertrauen, dass es sich schnell nach ein paar Minuten wieder beruhigen wird. Die Erzieherinnen wissen genau, wie sie Kinder in diesen Situationen auf andere Gedanken bringen können. Das Vertrauen in die pädagogischen Fähigkeiten der Erzieher ist überaus wichtig, damit die Eltern sich am Arbeitsplatz auf ihre Arbeit konzentrieren können. Es ist auch ein Zeichen für die Kinder, dass Eltern und Erzieher ein Team sind und zusammenarbeiten. Ist dies gegeben, wird sich das Kind sicher fühlen, wenn es die Eltern zur Kindertagesstätte bringen. Sie teilen ihm unbewusst ihre Ruhe mit, und das wirkt sich positiv auf die Trennungssituation aus. Denn Trennungsängste können von den Eltern auf ihr Kind übertragen werden. Es beobachtet ihre Reaktion und fühlt im Moment der Trennung ihre Angst. Anstatt sich sicher zu fühlen, wenn es seine Eltern hinter sich lässt, überkommen es Schuldgefühle, sie im Stich zu lassen.

Wenn Sie Ihr Kind für einige Zeit bei anderen Personen lassen müssen, kann es sein, dass es Ihnen das nur schwer verzeiht und

Sie nicht sehen will, wenn Sie wieder zurückkommen. Möglicherweise ignoriert es Sie, schreit Sie an oder tritt sogar nach Ihnen. Geben Sie Ihrem Kind die Zeit, seine Wut und seine Traurigkeit auszudrücken. Es hat Sie sehr vermisst. Es muss zuerst seine Gefühle ausdrücken, bevor es wieder zu Ihnen findet.

Haben Sie kein schlechtes Gewissen, weil Sie Spaß an Ihrem Beruf haben, obwohl Ihr Kind nicht bei Ihnen ist. Eine Mutter, die glücklich an ihrem Arbeitsplatz ist, ist auch zu Hause eine glückliche Mutter. Und das spürt ein Kind. Allerdings sollten Sie es nicht mit Geschenken überhäufen, um ihre Abwesenheit wiedergutzumachen.

Trennungen werden von jedem Kind unterschiedlich erlebt. Falls Ihr Kind große Trennungsängste hat, sollten Sie einen Spezialisten, zum Beispiel einen Kinderpsychologen, zu Rate ziehen.

Trennungen tragen dazu bei, dass ein Kind autonom wird. Viele Eltern sind sich dessen bewusst, doch manchmal können sie ihre Trennungsängste nicht überwinden. Besonders wenn das Baby etwa schwer krank gewesen ist, kann es für seine Eltern zu einer wahren Gefühlsprobe werden, sich von ihrem Kind zu trennen. Und sei es auch nur, um in den Supermarkt zu gehen. Hat man selbst überängstliche Eltern gehabt, kann diese Angst reaktualisiert werden, wenn man selbst Vater oder Mutter wird. Sich vom eigenen Kind zu trennen schickt die Eltern unbewusst in ihre eigene Kindheit zurück, in der sie selbst Trennungen erlebt haben. Sich diese Kindheitserinnerungen bewusst zu machen und zu verstehen, wie die Eltern damals reagiert haben, kann Auskunft über das eigene Trennungsverhalten geben. Versteht man seine Ängste, kann man lernen, mit ihnen umzugehen.

Trennungen von den Eltern ermöglichen dem Kind aber auch das Aufbauen von sozialen Kontakten, denn es öffnet sich seiner Umwelt und wird Freundschaften eingehen. In außerfamiliären Gemeinschaften kann es seine sozialen Kompetenzen weiterentwickeln und lernen, sich anzupassen. Ein Kind wird sich jedoch erst dann optimal in einem Team entwickeln und wohlfühlen, wenn es das Gefühl hat, dass seine Eltern dies befürworten und ihm die Trennung von ihnen nicht nachtragen.

Lost in Autonomie?

Mehrmals wurde in diesem Kapitel angesprochen, wie wichtig es ist, dass ein Kind die Erfahrung macht, dass seine Wünsche von dem anderen gehört werden, es aber auch einsehen muss, dass der andere nicht unbedingt mit ihnen einverstanden ist und seine eigenen Vorstellungen hat. In einem Team ist zum Beispiel die Basis einer guten Zusammenarbeit, dass man die Ideen der anderen Teammitglieder respektiert, um die beste für ein gemeinsames Projekt auszusuchen. Auch wurde in Kapitel 4 kurz der aktuelle Trend der Überförderung des Kindes und der damit verbundenen Einengung angesprochen. Davon wird in Kapitel 8 ausführlicher die Rede sein. Doch gibt es in einer heterogenen Gesellschaft wie der unseren natürlich nicht nur eine stringente Entwicklung. Es ist ein paralleler Erziehungstrend zu beobachten, der in die entgegengesetzte Richtung weist. Hier wachsen Kindervon klein auf immer weniger mit Grenzen auf. Eltern diskutieren »stundenlang« mit ihnen und haben Hemmungen, Nein zu sagen. So wächst das

Kind in einer Umgebung auf, in der Verbote nicht existieren, und das »Ich« kann grenzenlos regieren.

Eine der neuesten Entwicklungen ist, dass Eltern jetzt schon den Säugling in Entscheidungen mit einzubeziehen scheinen und ihm alle möglichen Fragen stellen wie zum Beispiel: »Ist dir langweilig? Möchtest du lieber alleine sein?« Das hat die deutsche Psychologin und Kulturwissenschaftlerin Prof. Dr. Heidi Keller in einer Längsstudie festgestellt, die sich für die Entwicklung der Kommunikation mit Kindern interessiert: »Für heutige Frauen und Männer, die in Kleinfamilien aufgewachsen sind, ist das eigene zugleich das erste Baby, mit dem sie zu tun haben. Sie haben Angst, etwas falsch zu machen. Zudem ist die persönliche Autonomie zum zentralen Wert geworden. Man sieht bereits das Neugeborene als eigenständige Persönlichkeit und signalisiert das mit Fragen.«[52] Dabei gaukelt man dem Baby nur Autonomie vor, erklärt Heidi Keller. »Erstens kann es noch gar nicht entscheiden, und zweitens, selbst wenn es dies täte und sagen würde: ›Ja, ich habe Hunger, gib mir Pommes frites‹, würde sein Entscheid nicht respektiert. Es bekäme Milch.« Hinter diesem Wunsch des frühen autonomen Säuglings steckt aber auch möglicherweise, dass Eltern sich nicht mehr sicher sind, was ihr Baby braucht. Heidi Keller zeigte kamerunischen Bauernfrauen Videoaufzeichnungen von westeuropäischen Müttern mit ihren Babys. »Die Afrikanerinnen haben Mitleid, denn sie glauben, die Frauen wüssten nicht, wie man mit einem Baby umgeht. Sie selbst würden nie in Frageform mit Kindern reden. Unsere Längsstudie zeigt, dass auch hiesige Mütter noch vor etwa 30 Jahren viel weniger Fragen stellten. Sie glaubten zu wissen, was ihr Säugling braucht.«

Lost in Autonomie? Eine Erziehung ohne feste Regeln und Grenzen führt unweigerlich zu einer Generation kleiner Ich-Persönlichkeiten, für die das »Wir« zum Fremdwort wird. »Die Autonomie der Kinder wird bei uns in den Bereichen Wünschen und Entscheiden übertrieben, im Verhalten jedoch beschnitten«, sagt Heidi Keller. »Entnervte Eltern bringen ihr Kind im Pyjama in die Kita, weil es verhaltensmäßig nicht so weit ist, sich anzuziehen, willensmäßig aber so stark, dass es seinen Kopf durchsetzt. In Kamerun ziehen sich Dreijährige selber an und aus, sind windelfrei und hüten kleine Geschwister. Bei uns sind Dreijährige oft handlungsunfähig. Wir reden mit ihnen über alles, achten aber nicht darauf, dass sie entsprechend handeln.«

Ein starkes Selbstbewusstsein und Selbstbestimmung sind sicher gesund, aber man sieht, was dabei herauskommt, wenn all diese extrem Ich-bezogenen Ichlinge aufeinanderprallen. In Kindergärten und Schulklassen gehen Planungen für ein Projekt meist in einer »Kakophonie« von Schreien unter. Jedes Kind redet lauter als sein Nachbar, damit es Gehör bekommt und seinen Vorschlag durchsetzen kann. Wird der eigene Vorschlag nicht berücksichtigt, ist häufig Schmollen die Reaktion: »Dann mache ich eben nicht mit!« Dabei hätte das Kind dank der elterlichen Erziehung schon längst verstehen müssen, dass auch andere gute Ideen haben können und man sich nicht überschätzen sollte. Ein Kind wird sehr schnell zum Außenseiter, wenn es nicht kooperieren kann und alles allein bestimmen will.

Die neu gewonnene Autonomie sollte dem Kind nicht dazu dienen, sein Ego mit allen Mitteln durchzusetzen, sondern ihm Zugang zu Regeln und Gesetzen schaffen, die das Leben in der Gemeinschaft möglich machen. Ein Kind wird immer wieder Regeln und Gesetze infrage stellen und mit seinen Eltern diskutieren. Diese Autonomie der Gedanken ist zu respektieren und zu fördern. Es liegt dann an den Eltern, die Bedeutung dieser Regeln und Gesetze zu erklären und mit einem Nein umzusetzen, wenn dies notwendig ist. Den anderen respektieren zu lernen hilft dem Kind zu begreifen, dass man andere so behandelt, wie man selbst gerne behandelt werden möchte. Kinder sind fähig, Regeln zu integrieren, aber die Eltern müssen diese auch im alltäglichen Leben mit ihrem Kind anwenden. Seinem Kind alles zu erlauben macht es nicht zu einem glücklichen, sondern zu einem Ich-bezogenen Menschen.

Autonom um jeden Preis

Stolz wird das Neugeborene der Familie und Bekannten präsentiert. Auch wildfremde Menschen auf der Straße sind von dem Wonneproppen entzückt. Ja, Babys haben das so an sich. Sie ziehen alle Aufmerksamkeit auf sich. Und nicht nur das. Babys halten ihre Eltern auf Trab, Tag und Nacht. Das kostet Kraft und Zeit. Viele Eltern sehnen sich danach, dass ihr Leben bald wieder so wird, wie es vor der Geburt war. Zumindest was ihr soziales Leben betrifft: Freunde sehen, ins Kino oder Theater gehen, Einladungen zu Partys annehmen können. Auch die Momente allein mit dem Partner beginnen zu fehlen.

Die Befürchtung, dass das Baby aus der anfänglichen Abhängigkeit nicht schnell genug herauswächst oder dass sie gar nicht mehr aufhört, ist groß. Sehr früh begleitet ein bestimmter Gedanke die

Tipp

Familienplanung in Deutschland

In Deutschland steigt das Alter der Mütter beim ersten Kind weiter an. Frauen im Westen Deutschlands sind bei ihrer ersten Geburt durchschnittlich fast 29 Jahre alt, teilte das Statistische Bundesamt in Wiesbaden für das Jahr 2009 mit. In den neuen Bundesländern entscheiden sie sich zwei Jahre früher zum Mutterwerden. Konzentriert man sich auf das Durchschnittsalter von verheirateten Frauen, liegt das Alter beim ersten Kind im Durchschnitt bei 30,1 Jahren. 1961 brachten verheiratete Frauen im früheren Bundesgebiet das erste Kind mit knapp 25 Jahren zur Welt.

Säuglingspflege und beeinflusst den Erziehungsstil: Das Baby muss autonom werden, um die eigene Autonomie zurückzugewinnen. Für die Generation junger Eltern trifft dies besonders zu. Sie haben sehr viel Freiheit genossen und den Moment erwachsen zu werden immer weiter hinausgeschoben. Mittlerweile dehnt sich das Jugendalter bis zum 25. Lebensjahr aus, und selbst dann zweifelt man manchmal an der Reife dieser jungen Menschen. Viele haben noch immer keinen Schimmer, was sie werden möchten, und Casting-Shows bekräftigen diese Alt-Teenager in ihren Gedanken, dass irgendwann jemand kommen wird und mit dem Zauberstab ihr Leben von einer Sekunde auf die andere verändert. Verantwortung wird nur übernommen, wenn es unbedingt sein muss. Man will vor allem Spaß haben, als hätte diese Generation etwas in ihrer Kindheit versäumt. Und nach dem Spaß kommt dann die Selbstverwirklichung im Sinne von beruflichem Erfolg. Mann und Frau suchen nach Erfolgserlebnissen. Diese Lebenseinstellung hat natürlich die Familienplanung beeinflusst.

Sein Lebensziel im Beruf zu sehen kann mitunter Probleme im zwischenmenschlichen Bereich mit sich bringen. Man hat einfach nicht die Zeit, die Energie und die Lust, sich an das Ego des anderen anzupassen und zurückstecken zu müssen. »Ich bin, wie ich bin« hört sich vielleicht toll als Refrain eines Liedes an, im realen Leben zeigt es jedoch, wie tief sich die Ichlings-Mentalität bereits in der Gesellschaft eingenistet hat. Frauen brauchen aber heutzutage keinen festen Partner, um ein Kind zu bekommen. Sie gehen auf die Suche nach einem geeigneten Samenspender. Wesley, 29, wurde in den letzten zwei Jahren von vier Frauen, mit denen er ein vorwiegend sexuelles Verhältnis hatte, gebeten, mit ihnen ein Kind zu zeugen. »Mit einer Frau war ich vorher etwas länger zusammen, und als wir uns trennten, das habe ich jetzt nach einem Jahr erfahren, glaubte sie, schwanger zu sein. Es war aber dann nicht der Fall. Sie hat mir vor Kurzem gesagt, dass sie mir nie gesagt hätte, wenn sie ein Kind bekommen hätte. Und jetzt rief sie wieder an, weil sie es noch mal versuchen möchte. Und das habe ich einer anderen Freundin erzählt, und die meinte, ›aber zuerst bin ich dran‹. Ich bräuchte mich auch nicht um das Kind zu kümmern. Ich sollte eben nur der Samenspender sein.« Alleinstehende Frauen haben das Recht, ein Kind zu bekommen. Ein Kind hat aber auch das Recht, zwei Elternteile zu haben. Eine »Familie« zu planen ist gerade dann nicht ratsam, wenn das Kind zum Objekt wird. Aber auch das ist ein Zeichen der heutigen Generation. Man will auf nichts verzichten. Aber was dieses »Wunschkind« benötigt, daran wird leider nicht immer gedacht.

Nun ist das Baby da, und mit ihm die Gewissheit, dass nichts ist, wie man sich das so vorgestellt hat. Immer mehr Eltern beklagen sich, dass ihr Kind nicht früh genug autonom würde. Sie wollen, wie bereits am Anfang des Kapitels angesprochen, ihr altes Leben zurück. Wieder blitzt die Ichlings-Mentalität auf. Etliche Eltern erwarten von ihrem Baby, dass es sich an ihren Lebensstil anpasst, ohne seinen eigenen Rhythmus zu respektieren. Sonia und Jan, beide Mitte 30, lieben es zum Beispiel, abends ins Restaurant zu gehen. Fünfmal in der Woche ist keine Seltenheit. Für Jan war von Anfang an klar, dass er nicht darauf verzichten will, wenn das Baby auf der Welt ist. Im Alter von nur zwei Wochen wurde der Säugling mit in Restaurants geschleppt, verbrachte seine Abende im Autositz und konnte erst wieder nach 22 Uhr in sein Bettchen. Dass sie den Schlafrhythmus des Kindes total durcheinanderbringen könnten, wurde dabei nicht bedacht.

Ein weiteres Ziel vieler Eltern, um unter anderem entlastet zu werden: Das Baby soll schnell lernen, sich selbst zu beruhigen. Natürlich ist es wichtig, dass ein Kind dies lernt. Aber alles zu seiner Zeit! Schreien und Weinen sind lebenswichtige Signale für den Säugling. Dennoch existieren noch immer Bauernweisheiten wie ein kleines Baby schreien zu lassen, damit es »kräftige Lungen bekommt« oder weil es »gut für seine Stimme« sei. In anderen Ländern, wie etwa in Frankreich, heißt es: »Lass das Baby schreien, dann pinkelt es weniger!« Redewendungen, die Eltern in ihrem Glauben bekräftigen, dass sie ihm Gutes tun, wenn es sich weinend in seinem Bettchen wälzt und sie es nicht beruhigen. Dabei weint oder schreit ein Baby niemals ohne Grund. Schreien und Weinen sind die einzigen Signale des Säuglings, um sich bemerkbar zu machen. Nicht auf das Schreien seines Babys zu antworten vermittelt ihm das Gefühl, dass seine Bedürfnisse nicht wichtig sind. Zudem sind Babys mit einem Jahr viel autonomer, wie bereits angesprochen, wenn die Eltern sie besonders in den ersten Monaten sofort beruhigen. Natürlich wird so manches Baby nach 30 Minuten aufhören zu weinen. Die Frage stellt sich jedoch: Hat das Kind gelernt, sich selbst zu beruhigen? Ist es also in diesem Bereich autonom geworden? Oder hat es einfach aufgegeben darauf zu hoffen, dass Mama oder Papa zu ihm kommen wird? Gerade dies sollte Eltern zu denken geben. Wie wird ein Baby sein Urvertrauen entwickeln, wenn die Eltern seine Signale bewusst ignorieren? Wie sollen aus diesen Säuglingen Kinder und später Erwachsene werden, die ihren Teampartnern vertrauen?

Eine große Baustelle ist das Schlafverhalten des Babys. Welche Eltern sehen sich nicht danach, endlich mal wieder eine Nacht durchzuschlafen? Das erste Lebensjahr ähnelt aber für viele einem Praktikum auf einer Intensivstation. Ein Baby braucht gerade in den ersten Wochen Pflege rund um die Uhr. Manche Eltern haben aber eine solche Angst vor dem unregelmäßigen, aber normalen Schlafverhalten ihres Babys, dass sie Methoden ausprobieren, die nur bei schwersten Schlafstörungen angewendet werden sollten. Und auch dann nur nach dem zwölften Lebensmonat. So gibt es Extremfälle, bei denen Eltern ihren sechs Wochen alten Säugling in der Nacht schreien lassen, in der Hoffnung, dass er schnell lernt, selbst einzuschlafen. Es versteht sich eigentlich von selbst, dass das

Warum weint ein Baby?

- Weil es Hunger hat.
- Weil die Windeln feucht sind.
- Das Baby ist müde.
- Es hat Durst.
- Der Säugling leidet unter Koliken.
- Das Baby schwitzt, oder es ist ihm kalt.
- Es fühlt sich allein.
- Das Baby zahnt.

Schreien eines Säuglings gerade in den ersten Wochen niemals ignoriert werden sollte, denn er muss in bestimmten Zeitabständen gestillt werden beziehungsweise ihm das Fläschchen gegeben werden. Die meisten Eltern starten diese Einschlafmethode, entwickelt von dem amerikanischen Kinderarzt Richard Ferber, bei der man das Kind abends schreien lässt, bis es ohne elterliche Hilfe erschöpft vom vielen Weinen einschläft, ab dem sechsten Monat. Die Entscheidung der Eltern, dass das Baby von heute auf morgen allein einschlafen soll, wird aber nicht getroffen, weil sie im Autonomieverhalten ihres Babys Anzeichen sehen, die diese Bereitschaft andeuten. Im Gegenteil, es ist oft einfach nur ein guter Zeitpunkt für die Eltern. Dass etliche von ihnen Tränen bei dieser Methode vergießen, ist kein Wunder. Das laute Weinen und Schreien des Babys, das sich plötzlich allein im Dunkeln befindet und nicht begreift, was ihm da widerfährt, hinterlässt Spuren bei den Eltern, die sich fragen, ob es eigentlich wirklich richtig ist, was sie da tun. Diese Methode kann bei Babys zu massiven Trennungs- und Verlustängsten führen. Dabei signalisieren die meisten Kinder von ganz allein, wann sie allein einschlafen können, und sogar, wann sie bereit sind, in einem eigenen Zimmer zu schlafen. Etliche Eltern haben aber Schwierigkeiten, sich in ihr Kind hineinzuversetzen und seine aktuellen Bedürfnisse zu akzeptieren, weil die eigenen vorrangig sind.

Allein einzuschlafen ist eine sehr schwierige Aufgabe für ein Baby, und auch später im Leben haben viele Erwachsene immer noch Probleme, endlich in den Schlaf zu sinken. Hörspielen lauschen, ein beruhigender Film, eine Radiosendung als Hintergrundgeräusch, Lesen, Meditation – die meisten Erwachsenen haben Strategien beziehungsweise Schlafrituale entwickelt, um ihre Gedanken, die sie nicht loslassen wollen, abzuschalten. Doch seltsamerweise wird dem Baby zum einen die Aufgabe einzuschlafen selbst überlassen, zum anderen wird die Wichtigkeit eines Schlafrituals unterschätzt. Wird zum Beispiel in Portugal das Baby in den Schlaf gewiegt und in Japan in den Schlaf geleitet, indem sich die Eltern neben ihr Baby legen, so müssen deutsche Eltern immer wieder erst darauf hingewiesen werden, dass ein Schlafritual ihrem Baby helfen wird, sich von ihnen zu trennen, um ruhig einschlafen zu können. In Deutschland wird das Schlafritual nicht immer als emotioneller und harmonischer Moment am Abend angesehen, den Eltern und Baby miteinander teilen. Der Wunsch, dass das Baby endlich einschlafen soll, damit die Eltern sich ebenfalls mal ausruhen können, überwiegt. Daran ist auch nichts auszusetzen. Ein Säugling kann sehr anstrengend sein. Doch wenn es schon für Erwachsene relativ schwer ist einzuschlafen, wie schwierig muss es dann für ein Baby sein, das bei dieser Aufgabe im Grunde voll auf seine Eltern angewiesen ist? Deutsche Eltern geben ihrem Baby meist ein Bussi, dann wird es ins Bettchen gelegt, und sie machen das Licht aus. Das Schlafritual dauert in diesen Familien weniger als eine Minute. 78 Prozent der Mütter und 82 Prozent der Väter sind der Meinung, dass ein Säugling allein einschlafen sollte.[53] Dabei denken immerhin 54 Prozent der Eltern, dass gerade dies schwierig für ein Baby ist. Diese Zahlen bestätigen die Befürchtung der Eltern, dass ihr Kind niemals allein einschlafen wird, wenn sie ihm dabei helfen.

Die Autonomie des Babys wird im ersten Jahr immer wieder an seinem Schlafverhalten gemessen. Wie oft denkt eine Mutter, wenn sie ihr Baby in der Nacht schreien hört: »Soll ich jetzt hingehen und es in den Arm nehmen und beruhigen?«, und hat gleichzeitig Zweifel, denn dann wird es vielleicht niemals lernen, wieder allein einzuschlafen. Anstatt auf ihre innere Stimme zu hören und auf die aktuellen Bedürfnisse des Kindes einzugehen, bestimmt oft die Angst, dass es nicht früh genug autonom wird, die Reaktionen der Eltern auf die Signale ihres Babys.

Nicht nur ein Kind sollte sich in seinem Leben als Teamplayer verhalten, auch die Eltern sollten diese Fähigkeiten besitzen und dem Kind als gutes Beispiel dienen. Ein Baby ist nun einmal von seinen Eltern beziehungsweise seiner Bezugsperson abhängig. Es kann nicht an den Kühlschrank gehen und sich seine Milch herausholen. Teamplayer zu sein, das heißt auch dem anderen zu helfen, wenn er Hilfe braucht. Doch sobald der eigene Freiraum in Gefahr ist, scheint dieses Teamplayer-Verhalten auszusetzen.

Sind Ichlinge vielleicht ein Produkt einer Erziehung, die Kindern von klein auf vermittelt, dass sie nicht auf den anderen zählen sollen, wenn sie in Not sind? Es ist auf jeden Fall eine Tatsache, dass viele Eltern verfrüht mit dem Autonomie-Training beginnen und ihrem Kind damit signalisieren, dass im Team Familie sich jeder selbst der Nächste zu sein scheint.

Sicher ist es wichtig, seinem Kind zu helfen, autonom zu werden. Aber wie bereits angesprochen dient es nicht der Autonomie des Kindes, seine aktuellen Bedürfnisse zu ignorieren. Seine Entwicklung durchläuft verschiedene Phasen, und diese sollten respektiert werden. Niemand wird ein Baby im Alter von drei Monaten aufs Töpfchen setzen oder erwarten, dass es mit sechs Monaten läuft. Eltern wissen, dass dies erst ab einem gewissen Alter möglich ist. Aber in anderen Bereichen, wie etwa dem Einschlafen, sind viele Eltern ungeduldiger, auch weil es vielleicht mehr Kraft und Energie kostet. Es ist jedoch ratsam, die Erwartungshaltungen seinem Kind gegenüber zu relativieren. Damit setzen die Eltern es und sich selbst nicht unter unnötigen Druck.

Feminismus und Babys

Ein Kind zu erziehen bedarf viel Zeit und Energie, aber auch Opfer, besonders für die Mutter. Die Feministinnen haben im 20. Jahrhundert für die Rechte der Frauen gekämpft. Dazu gehörte das Recht zum Wählen, aber auch die Pille, »ein Meilenstein in der Geschichte der Emanzipation der Frauen«, sagt Alice Schwarzer, »um sich vor ungewollten Schwangerschaften zu schützen«.[54] Heutzutage möchte eine Frau Mutter werden und dabei ihre Unabhängigkeit beibehalten. Am Herd zu sitzen und »Sklave« des Kindes zu sein bedeutet für viele einen enormen zivilisatorischen Rückschritt. Das Kind mit seinen Bedürfnissen scheint all das infrage zu stellen, was die Frauen damals erreicht haben. Für viele heißt es daher, ihre Karriere und ihre Rolle als Mutter unter einen Hut zu bekommen. Ein Kind, das sehr schnell autonom wird, unterstützt sie in diesem Vorhaben.

Kapitel 6
Egoismus
und Erziehung

Egoismus pur

Gerade in Krisenzeiten scheint Egoismus verpönt. Werte wie Solidarität, Nächstenliebe oder Empathie für seine Mitmenschen werden großgeschrieben, auch wenn sie nicht immer umgesetzt werden. Zahlreiche Buchveröffentlichungen versuchen der Ichsucht der Ichlinge einen Gegentrend zu setzen. Man schreibt über das neu aufkommende »Wir-Gefühl«, über die Rückkehr zur Empathie und wie sozial der Mensch im Grunde sei. Es ist fraglich, ob diese Bücher in der heutigen westlichen Gesellschaft wirklich Anklang finden, denn bis sich ein Gegentrend entwickelt, muss man generell ein oder zwei Generationen abwarten. Vielleicht werden sie etwas bewirken, wenn die aktuelle Generation der Ichlinge selbst Eltern wird.

Auf duden.de hat »Egoismus« folgende Bedeutung: »[Haltung, die gekennzeichnet ist durch das] Streben nach Erlangung von Vorteilen für die eigene Person, nach Erfüllung der die eigene Person betreffenden Wünsche ohne Rücksicht auf die Ansprüche anderer; Selbstsucht, Ichsucht, Eigenliebe.«

Man kann wohl nicht besser die Grundhaltung der Ichlinge definieren. Egoismus ist jedoch nicht nur bei ihnen zu beobachten, sondern in der westlichen Gesellschaft insgesamt weitverbreitet und auch eine Frage der Kultur. In Ländern wie Marokko oder Indien beispielsweise ist Gastfreundschaft von großer Bedeutung. Selbst die ärmsten Bauern sind bereit, Tee oder etwas zu Essen anzubieten, ohne dafür eine Gegenleistung zu erwarten. Im Gegenteil, ihre Einladung abzuweisen oder dafür zu bezahlen würde sie beleidigen.

In Kulturen, in denen das »Wir« beziehungsweise der Gemeinschaftssinn verankert ist, ist Egoismus weitaus seltener. In westlichen Ländern scheinen die Menschen immer noch in einem kontinuierlichen Krieg zu leben. Jeder kämpft gegen jeden an. Skandale in Spendenorganisationen, in der Politik oder in Unternehmen bestätigen, dass bestimmte Menschen gerne in ihre eigene Tasche wirtschaften. »Jetzt bin ich dran.« Dieser Egoismus dient nicht mehr der Selbsterhaltung. »Gier ist in, Empathie ist out.« Egoismus führt den Menschen zum Erfolg und belohnt ihn, bis dieses eigensüchtige Verhalten auf Grenzen stößt und durch Sanktionen verurteilt wird. Generell stellen sich Egoisten kaum infrage. Die Bedürfnisse des anderen sind zweitrangig. Daher haben Egoisten selten enge und lange Freundschaften, denn irgendwann wird auch der beste Freund oder die beste Freundin des eigensüchtigen Verhaltens müde.

Für die Psychologin und Psychotherapeutin Doris Wolf[55] gibt es zahlreiche Motive für egoistisches Verhalten, wie zum Beispiel:

- Minderwertigkeitsgefühle: Ich brauche unbedingt dieses und jenes, sonst bin ich nichts wert.
- Geringe Frustrationstoleranz: Es wäre schrecklich, wenn ich das

nicht bekommen würde. Andere sollten sich nach meinen Vorstellungen richten.

- Fehlende Empathie: Egoisten haben nie gelernt, sich in andere einzufühlen. Sie haben die Einstellung, dass ihnen alles zusteht. Nach dem Motto: Ich habe das doch immer gehabt, also muss ich es jetzt auch bekommen.

Motive, die an die Selbstsucht der Ichlinge denken lassen. Motive, die aber auch veranschaulichen, welchen Einfluss die Erziehung auf das Handeln und Verhalten der Kinder hat. Allen drei genannten Motiven kann bereits in der frühen Kindheit vorgebeugt werden.

Für den deutschen Philosophen Arthur Schopenhauer (1788–1860) ist Haupt- und Grundtriebfeder im Menschen wie im Tier der Egoismus, das heißt der Drang zum Dasein und Wohlsein. Bei Ichlingen zielt Egoismus ebenfalls darauf ab, nur wird Dasein und Wohlsein anders definiert. Selbstbestätigung und beruflicher Erfolg sind die Grundtriebfedern bei Ichlingen. Erst wenn Kinder von klein auf erfahren und lernen, dass sie genau dieselben Ziele auch durch das Respektieren der Bedürfnisse ihrer Mitmenschen und im Team erreichen können – erst dann werden sie in Teamplayern keine Konkurrenten, sondern ihre Partner sehen.

Gesunder Egoismus

Wenn Kleinkinder ihren Willen durchsetzen möchten und keine Kompromisse akzeptieren, ist das Egoismus? Ja, aber man spricht in diesem Fall von einem gesunden Egoismus. Das Kind lernt, dass es eigene Bedürfnisse und Wünsche hat. Diese Erfahrung ist wichtig für jeden Menschen, denn er hat ein Recht, Bedürfnisse zu haben, sie zu verteidigen und sie sich zu erfüllen. Selbstbewusstsein und Selbstwertgefühl hängen auch von einer gesunden Portion Egoismus ab, denn seine Bedürfnisse immer zurückzustecken führt unweigerlich dazu, dass man sich irgendwann nicht mehr für so wertvoll hält wie andere. »Warum habe ich das denn nicht einfach für mich gemacht?« Bedauern und Bitterkeit beginnen das Selbstbewusstsein anzunagen und können zu einem Gefühl der Leere und in bestimmten Fällen zu Burn-out und Depressionen führen. Das ständige Unterdrücken der eigenen Bedürfnisse schadet der seelischen und der körperlichen Gesundheit. Sich selbst zu verwirklichen und seine eigenen Bedürfnisse durchzusetzen hingegen bedeutet, sein Leben in die Hand zu nehmen und endlich für sich selbst verantwortlich zu sein. Es ist ein Schritt zu einem zufriedeneren Leben. Davon profitiert auch das soziale Umfeld, denn wer sich selbst lieben lernt, kann sich besser in andere hineinversetzen und nachempfinden, was ihnen fehlt. Gesunder Egoismus geht nicht auf Kosten anderer. Im Gegenteil, wenn wir uns selbst geholfen haben, können wir uns anschließend um unsere Mitmenschen kümmern.

Ein Kind sollte sehr früh die Erfahrung machen, dass seine Bedürfnisse genauso wichtig sind wie die seiner Mitmenschen und dass es ein grundlegendes Recht ist, diese auszudrücken und durchzusetzen. Doch wer Bedürfnisse hat, wird schnell merken, dass diese zu Konflikten mit anderen führen können. Bereits in der Kindheit haben diese Konflikte einen positiven Effekt auf das Sozialverhalten. Das Kind begreift allmählich, dass seine Bedürfnisse einer Regel unterliegen: Sie sollen nicht anderen oder ihm selbst schaden oder gar einen Schaden beim anderen anstreben. Genau hier liegt die Grenze zwischen gesundem und ungesundem Egoismus. Es sind die Folgen unseres Handelns, die zu dieser Unterscheidung führen. Es ist die Aufgabe der Eltern, und später die des Kindergartens und der Schule, dem Verhalten des Kindes klare und altersgerechte Grenzen und Regeln zu setzen, die einen Kompromiss zwischen Individualität und Rücksichtnahme auf die Mitmenschen ermöglichen. Grenzen schaffen auch einen privaten Raum, in den sich das Kind, aber auch die Eltern und die Mitmenschen generell zurückziehen können, ohne dabei als egoistisch zu gelten. Ohne die sicheren Regeln und Grenzen der Eltern entstehen Größenphantasien beim Kind. Seine Wünsche und Bedürfnisse und ihre Erfüllung stehen in keinem Bezug zur Realität. Das Kind ist sich dann auch nicht der Konsequenzen seines Handelns bewusst, weil es nur in der Ich-Perspektive lebt.

Das ausgeglichene Zusammenspiel von gesundem Egoismus und dem Respektieren von Grenzen erlaubt dem Menschen in der Gemeinschaft zu leben, ohne sich selbst dabei aufgeben zu müssen. Gesunder Egoismus ist eine Art Selbstschutz. Dies ist besonders wichtig, um auch im Team zu existieren, denn nur wer sich von seinen Teampartnern respektiert fühlt, kann mit ihnen konstruktiv zusammenarbeiten.

Ichlinge und Egoismus

Das Wir-Gefühl scheint bei Ichlingen nicht besonders ausgeprägt zu sein. Auch wenn sie sich gerne mit Tausenden von Freunden in sozialen Netzwerken rühmen, dient diese virtuelle Gemeinde nicht zur Förderung eines Gemeinschaftssinns, sondern wird in den meisten Fällen als Plattform für die eigene Selbstdarstellung benutzt. Ichlinge denken zuerst an sich. Nicht umsonst sind Synonyme für die Ichlings-Mentalität Selbstsucht oder Egoismus. Auch wenn Egoismus sicher notwendig für die eigene Existenz ist, können Ichlinge nur sich selbst und ihre eigenen Vorteile sehen. Bei ihnen überwiegt der negative Egoismus, der sich auf das Nehmen konzentriert. Beim »Geben« muss etwas für die Ichlinge herausspringen. Altruismus und Solidarität sind nur dann möglich, wenn dadurch eigene Vorteile entstehen. Ichlinge sind daher nicht unbedingt unfähig zur Teamarbeit, solange sie erkennen, dass eine erfolgreiche Kooperation zugunsten des Kollektivs auch in ihrem eigenen Interesse ist.

In jeder Kooperation muss man aber auch Regeln respektieren. Ichlinge scheinen jedoch gerade auf dieser Ebene große Schwierigkeiten zu haben. Von ihren Eltern stets als Wunderkinder behandelt und herumgereicht, haben sich die Eltern eher ihnen angepasst als umgekehrt. Wie lange können Ichlinge ihre eigenen Bedürfnisse im Team zurückstellen, wenn sie dies nie gelernt haben oder tun mussten? Bereits in der Schule stöhnen Kinder und Jugendliche, wenn der Lehrer sagt: »Arbeit in Gruppen!« Auch hier dient die Zusammenarbeit einem persönlichen Interesse – einer guten Note. Doch die anfängliche Motivation – wir sind besser als die anderen – macht oft schnell dem Chaos Platz, weil jeder seine Idee durchsetzen will und unfähig ist, die Vorschläge der anderen Gruppenmitglieder sich auch nur anzuhören, geschweige denn sie zu akzeptieren. Letztlich bleibt die Gruppenarbeit an einer Person hängen, weil sich die anderen aus Wut und Frustration weigern mitzumachen.

Rationaler Egoismus, wie ihn der schottische Philosoph David Hume (1711–1776) nannte, ist wohl bei jedem Menschen präsent. Man wird zu einer Zusammenarbeit mit anderen auch vom Wissen um die Vorteile motiviert. Davon ist ebenfalls der Evolutionsbiologe Josef Reichholf überzeugt: »Auch scheinbar kooperatives, selbstloses Verhalten ist im Grunde egoistisch. Lebewesen verhalten sich dann kooperativ, wenn sie etwas davon haben.« Dies treffe auch für die Eltern-Kind-Beziehung zu, sagt Reichholf. »Indem Eltern ihrem Kind helfen, optimieren sie die Überlebenschancen ihrer Gene, die auch die Kinder tragen.« Grundsätzlich gelte, »je enger die Verwandtschaft, umso weniger egoistisch das Verhalten«. Es gebe aber noch eine weitere Form des Grundegoismus. Der Evolutionsbiologe spricht von einer Symbiose. Beide Parteien hätten von der Kooperation einen Nutzen: »Auf Menschen übertragen heißt das: Gibst du mir, gebe ich dir.«[56] Für eine Zusammenarbeit müssen die Teilnehmer aber die Einhaltung der Regeln des Kollektivs akzeptieren. Genau das ist gerade für Ichlinge problematisch. Unter anderem, weil ihr Handeln einer ganz speziellen sozialen Norm gehorcht, die sie in der frühen Kindheit vermittelt bekommen haben: Grenzen und Gebote gelten für andere, nicht für mich. Auch Sozialstrukturen und Freundschaften sind für Ichlinge nicht so bedeutend. Doch asoziales Verhalten wirkt sich auf Dauer nachteilig aus.

Ein Kind hält sich für den Nabel der Welt, weil es eben die noch nicht erkundet hat. Vielleicht klingt der Egoismus der Ichlinge mit dem Alter ab, wenn sie genug Erfahrungen gemacht haben, um ihr eigenes Verhalten und Handeln zu relativieren und zu verstehen. Es ist möglich, dass der Egoismus sowie die Egozentrik der Ichlinge, die sich stets im Mittelpunkt sehen wollen, nicht nur durch die Erziehung der Eltern verstärkt wurden, sondern auch eine Schutzfunktion haben, Teil einer Strategie sind, um nach oben zu kommen. Je weniger man sich mit anderen beschäftigt, umso mehr Energie und Zeit kann man in seine eigenen Tätigkeiten investieren.

Einzelkinder – verwöhnte Ichlinge?

Jedes vierte Kind in Deutschland wächst ohne Geschwister auf. In den neuen Bundesländern hat die Zahl in den letzten Jahren zugenommen: 1996 wuchsen 29 Prozent der Minderjährigen ohne Geschwister auf, 13 Jahre später sind es bereits 35 Prozent. Im Westen blieb der Prozentsatz mit 23 Prozent in diesem Zeitraum unverändert. Es ist oft eine rationale Entscheidung der Eltern, nur ein Kind zu bekommen. Dabei spielt die Schwierigkeit, Beruf und Familie unter einen Hut zu bekommen genauso eine wichtige Rolle wie finanzielle Gründe.

Diese Entscheidung schürt nicht selten Bedenken bei den Eltern, denn Einzelkinder haben in der Gesellschaft oft einen schlechten Ruf. Verwöhnt, egoistisch, überbehütet, altklug, arrogant und unfähig zu teilen sind nur einige der Eigenschaften, die dem Einzelkind zugeschrieben werden. Kein Wunder, wenn Eltern sich Gedanken machen, ob sie vielleicht doch noch ein Kind bekommen sollten. Diese alten Vorurteile gegenüber Einzelkindern sind wohlbekannt und werden vom Volksmund gepflegt, sind aber nicht wirklich zu belegen. Das bedeutet zwar nicht, dass diese Entwicklung unmöglich ist, sie ist aber auch nicht zwangsläufig. Es hängt vom Erziehungsstil der Eltern ab, ob die Nachteile des Daseins als Einzelkind, wie zum Beispiel der fehlende soziale Kontakt zu Geschwistern, ausgeglichen werden können.

Jedes erstgeborene Kind ist, für eine bestimmte Zeit zumindest, ein Einzelkind. In dieser Zeit profitiert es von der ganzen Aufmerksamkeit seiner Eltern. Diese sind sehr motiviert und setzen sich oft selbst unter großen Druck: Sie wollen alles in der Erziehung unbedingt richtig machen. Hohe Ansprüche und hochgesteckte Ziele für ihr Kind führen zu einer frühen Förderung seiner Intelligenz und Kompetenzen. Jeder Fortschritt wird gelobt und umjubelt, und das Kind spürt automatisch, wie stolz es Mama und Papa macht. Diese Fortschritte motivieren die Eltern natürlich dazu, noch mehr Zeit in seine Entwicklung zu stecken. Das Spannende für Eltern ist, dass sie gemeinsam mit ihrem Kind alles zum ersten Mal erleben. Gleichzeitig sind sie häufig viel angespannter und machen sich sehr schnell Sorgen, weil sie eben noch nicht über eine gewisse Erfahrung verfügen.

Bei der Geburt eines zweiten Kindes sind die Eltern generell viel gelassener. Sie haben alles schon mal erlebt und sind vor allem nicht mehr so streng mit sich selbst, weil sie inzwischen ihre hohen Anforderungen an sich und ihr Kind relativieren konnten.

Sind Erstgeborene intelligenter?

Die Erstgeborenen sind in der Regel etwas intelligenter als ihre Geschwister, lautet das Ergebnis einer norwegischen Studie[57], an der 250000 Norweger im Alter von 18 bis 19 Jahren teilgenommen haben:

Erstgeborene hatten einen IQ von 103,2, Zweitgeborene einen IQ von 101,2 und Letztgeborene einen IQ von 100. Die Forscher begründen diesen Unterschied damit, dass Erstgeborene den Vorteil haben, die ganze Aufmerksamkeit der Eltern für sich allein beanspruchen zu können. Nach der Geburt eines Geschwisterchens wird diese Aufmerksamkeit geteilt. Erstgeborene profitieren auch davon, ihren jüngeren Geschwistern zu helfen. Diese »Nachhilfestunden« würden sich ebenfalls auf ihre Intelligenz auswirken.

Sie haben die Erfahrung gemacht, dass ihre Ziele unrealistisch sein können. Davon profitiert wiederum das Zweitgeborene, denn die Eltern fühlen sich sicherer, und dies fließt in ihre Reaktionen auf die Signale des Kindes ein und bestimmt die Eltern-Kind-Beziehung. Eltern erzählen zum Beispiel oft, dass das erste Kind als Baby so schlecht geschlafen habe und das zweite nun wie ein »Engel« schlafe. Eine Erklärung dafür ist unter anderem, dass die Eltern viel ruhiger sind, und diese Ausgeglichenheit spürt das Baby und fühlt sich sicher.

Wissenschaftler streiten sich noch immer, ob es eher vorteilhaft ist, Geschwister zu haben, oder nicht. Die britische Umfrage »Understanding Society«[58], geführt von der University of Essex, hat ergeben, dass das Gefühl des Glücklichseins bei britischen Kindern von der Anzahl der Geschwister abhängt. Je mehr Geschwister, umso mehr läuft man Gefahr, von ihnen getreten oder gestoßen zu werden. Professor Dieter Wolke von der University of Warwick, der die Studie über Beziehungen zwischen Geschwistern geleitet hat, sagt: »Mehr als die Hälfte aller Geschwister (54 Prozent) waren in eine Form von Schikanieren involviert.«[59] Obwohl Geschwister sich auch gegenseitig unterstützen, warnt Wolke, dass Kinder, die zu Hause und dazu noch auf dem Spielplatz oder in der Schule schikaniert werden, zu Verhaltensstörungen und Unglücklichsein tendieren. Geschwister seien auch ständig im Konkurrenzkampf um die Aufmerksamkeit der Eltern. Andererseits belegen Studien, dass gerade die Präsenz von Geschwistern prägend für die Sozialisation in der Kindheit ist. Kinder, die zumindest einen Bruder oder eine Schwester hätten, seien viel fähiger, mit anderen Kindern in Kontakt zu treten und Konflikte ohne die Hilfe von Erwachsenen zu lösen.

Ist allein der Faktor »Einzelkind« verantwortlich für Kinder, die sich wie kleine »Könige« in der Familie verhalten? Wohl kaum. In China zum Beispiel, wo Ehepaare ermutigt werden, nur ein Kind zu bekommen, müssten dann ja Horden von verwöhnten Kindern herumlaufen. Studien[60] haben jedoch nachgewiesen, dass bei chinesischen Einzelkindern keine Verhaltensunterschiede im Vergleich zu Kindern mit Geschwistern auftreten.

Einzelkinder und Erstgeborene können leicht zu Ichlingen werden, weil sie von der großen Aufmerksamkeit seitens der Eltern und von deren Unerfahrenheit in Sachen Erziehung profitieren. Das Kind wird schnell zum Mittelpunkt der Familie. Zudem fokussieren Eltern ihre ganzen Erwartungen und Hoffnungen auf ein einziges Kind.

Damit Einzelkinder nicht zu Ichlingen werden, sollten Eltern darauf achten, dass

- ihr Kind früh genug mit anderen Kindern in Kontakt kommt,
- sie in Beziehungen zu gleichaltrigen Cousins, Nachbarkindern, Kindern von Bekannten oder Kindern auf dem Spielplatz das soziale Miteinander vermittelt bekommen,
- Einzelkinder in ihrer Kinder-Welt bleiben dürfen und den Bezug zu ihr nicht dadurch verlieren, dass sie ständig von Erwachsenen umgeben sind.

Oft wird Eltern mit Einzelkindern vorgeworfen, dass sie ihr Kind überbehüten. Studien belegen jedoch, dass Einzelkinder häufig außerhalb der Familie betreut werden. Der Kindergarten ist gerade für sie empfehlenswert. Der Kontakt zu anderen Kindern und das Lernen von Regeln, die für das Leben in der Gemeinschaft nötig sind, werden sich positiv auf ihr Verhalten auswirken. Auch sollten Eltern unbedingt den Aufbau von Freundschaften zu anderen Kindern fördern. Diese sozialen Kontakte verhindern, dass sich das Kind einsam fühlt.

Eltern können durch ihr Verhalten und ihre Erziehung ihr einziges Kind zu einem Teamplayer erziehen, der von anderen Teamplayern akzeptiert und respektiert wird. Das Klischee, dass Einzelkinder Egoisten wären, entspricht nur der Realität, wenn äußere Faktoren sie dazu machen.

Tipp

Tipps für die Erziehung von Einzelkindern[61]

- Hüten Sie sich davor, Ihr Kind zu sehr in den Mittelpunkt zu stellen. Machen Sie ihm klar, dass es sich in die Familie einfügen muss, dass jeder Rechte und Pflichten hat.
- Verhindern Sie eine zu starke Fixierung Ihres Kindes auf Sie, indem Sie es seiner Entwicklung entsprechend auch mal von anderen Erwachsenen betreuen lassen.
- Fördern Sie den Austausch mit gleichaltrigen Kindern. Besuchen Sie Krabbelgruppen, lassen Sie Ihr Kind einen Kindergarten besuchen.
- Unterstützen Sie alle Bestrebungen Ihres Kindes, sich nicht ausschließlich auf Sie zu konzentrieren – auch wenn es Ihnen schwerfällt. Wenn Ihr Kind lieber mit Freunden spielt als mit Ihnen, lassen Sie es unbedingt gewähren.
- Lassen Sie Ihr Kind seine Freunde frei auswählen.
- Unterstützen Sie auch in der Freizeit gemeinsame Aktivitäten mit anderen Kindern, zum Beispiel bei Ausflügen. Suchen Sie auch nach Alltagssituationen, die Ihr Kind mit anderen erleben kann.
- Behandeln Sie Freunde Ihres Kindes absolut gleichberechtigt, auch wenn Ihr Kind mit Wut und Ablehnung reagiert. Für seine Entwicklung ist es wichtig und gesund, auch mit Neidgefühlen konfrontiert zu werden, die ansonsten durch die fehlende Geschwisterrivalität gänzlich wegfallen würden.

Kapitel 7

Wenn Kinder
allein regieren

Individuum Kind

Großeltern schütteln oft den Kopf, wenn sie Besuch von ihren Enkelkindern bekommen, die sich wie kleine Monster benehmen. »Und ständig fragt man die Kleinen, was sie wollen und was sie nicht wollen. Zu meiner Zeit wäre das nicht möglich gewesen«, bemerkt A. Köhler, 92 Jahre und Urgroßmutter zweier Urenkel. Frau Köhler ist nicht die Einzige, die das angebliche Erbe der 1960er-Jahre, nämlich eine »antiautoritäre« Erziehung, infrage stellt. Immer wieder erscheinen Bücher, die diese Erziehungsmethode für die heutigen kleinen Egoisten verantwortlich machen. Doch sind extremer Gehorsam und eiserne Disziplin, wie in den 1920er- oder 1930er-Jahren, ein wirksamerer Erziehungsstil? Welche Auswirkungen haben Unterdrückung, Befehle und ein strikt geregelter Alltag auf Kinder? Je strenger ein Kind erzogen wird, desto weniger Freiraum wird ihm gewährt, in dem es sich selbst entfalten kann. Aggressionen gegenüber anderen und ein schwaches Selbstbewusstsein gehören unter anderem zu den Folgen dieses Erziehungsstils. Doch wenn man heutzutage bei einer Einladung in einer Familie erlebt, wie das durch die Kinder verursachte Chaos es kaum möglich macht, ein Gespräch zu verfolgen, geschweige denn, etwas zu sagen, weil man ständig von ihnen unterbrochen wird, dann wünscht man sich wohl, dass manche Kinder etwas »weniger« Selbstbewusstsein hätten …

Das Kind des 21. Jahrhunderts ist schon lange kein Kind mehr. Seit etwa 15 Jahren wird es in eine Rolle gedrängt, in der es den Eltern ebenbürtig ist. »Das Kind ist eine Person«, dieser Satz stammt von der französischen Psychoanalytikerin Françoise Dolto (1908–1988). Aber ein Kind ist kein Erwachsener, also keine »große Person«. Sicher ist es wichtig, seine Bedürfnisse zu berücksichtigen, aber alles in bestimmten Maßen. Ein Kind sollte nicht seine Wünsche und seinen Willen der Familie aufzwängen und dadurch erreichen, dass sich alles nur um es selbst dreht. Die Hierarchie in der Familie und die Autorität müssen daher wiederhergestellt werden. Und Kinder müssen akzeptieren, dass sie eben noch Kinder sind. Dazu braucht es aber keine Erziehungsmethoden wie vor 100 Jahren.

In der ersten Hälfte des 20. Jahrhunderts setzten sich Pädagogen wie Janusz Korczak oder Alexander Neill für die Rechte von Kindern ein. 1923 wurde im Magazin *The World's Children* die erste Erklärung der Rechte der Kinder veröffentlicht, verfasst von der britischen Lehrerin Eglantyne, auf welcher die Erklärung der Kinderrechte (Genfer Erklärung) beruht. Die Stellung des Kindes in unserer Gesellschaft hatte sich dadurch radikal geändert. Allmählich wurden seine Rechte erweitert und denen angepasst, die jedem Individuum zustehen. Es wurde also nicht mehr nur auf seine Identität »Ich bin klein« reduziert.

Kind und gleichzeitig Individuum – als Individuum hat das Kind das Recht, genauso respektiert zu werden wie jeder andere auch.

Aber es bleibt ein Kind und sollte nicht vorzeitig zum Erwachsenen gemacht werden. Doch sehr oft werden die Begriffe »Erwachsener« und »Individuum« gleichgesetzt. Das hat wahrscheinlich zu einer Verwirrung bei vielen Eltern, aber auch in der Gesellschaft geführt. Welchen Platz und welche Stellung hat das Kind in der Familie und in der Gesellschaft? Was sind seine Rechte und wo liegen seine Grenzen? Beantwortet man zuerst diese Fragen, dann findet man auch die Antworten zu folgenden Fragen:

- Welche Aufgaben haben Eltern?
- Wie definiert sich ihre Haltung ihrem Kind gegenüber?
- Was heißt es, sein Kind zu respektieren und ihm den nötigen Freiraum zu geben, in dem es seine Persönlichkeit entfalten kann?

Inzwischen hat das Kind eine Stellung in der Gesellschaft eingenommen, die ihm nicht zusteht. Die Unsicherheit vieler Eltern in ihrem Erziehungsstil und in ihrer Beziehung zum Individuum »Kind« führt dazu, dass es ihnen viel weniger gehorchen muss. Regeln werden nicht eingehalten, gebrochen oder erst gar nicht ausgesprochen. Kinder fordern Erklärungen und pochen auf ihr Recht oder zumindest auf das, was zu besitzen sie sich einbilden. Das Kind ist der König in der Familie geworden, aber es hat sich nicht selbst die Krone aufgesetzt. Die Schwierigkeit der Eltern, ihre Autoritätsrolle zu definieren, hat es in diese Position hineinkatapultiert. Eine Position, die das Kind im Grunde überfordert, denn es weiß noch nicht, was wirklich gut für es ist. Dazu hat es noch nicht die nötige Erfahrung. Die Eltern sollten nicht zu seinen Untertanen werden. Und das Kind sollte auch nicht ihre Welt kontrollieren.

Müssen Eltern also wieder strenger werden und ihre Autorität dazu benutzen, endlose Diskussionen mit dem Kind zu unterbinden? Hat es kein Recht, sein Leben mitzugestalten, weil die Eltern die Alleinwissenden sind? Aber wie kann es auf diese Weise progressiv autonom werden? Wie lernt es, gemeinsam Lösungen zu finden und im Team zu arbeiten, wenn es von klein auf ausgeschlossen wird? Kinder sollten das Recht haben, Kinder zu bleiben. Um das zu gewährleisten, müssen Eltern und Kinder lernen, ihre Bereiche und Welten zu definieren. Ein Kind muss von seinen Eltern beschützt werden. Ihm Sicherheit zu geben und auf seine Wünsche und Bedürfnisse einzugehen heißt nicht automatisch, dass man sich seinem Kind unterwirft. Es gehört zur Eltern-Kind-Bindung, sich gegenseitig zu respektieren. Das bedeutet zum Beispiel, Kinder in Entscheidungen mit einzubeziehen, die sie betreffen. Natürlich unter Berücksichtigung ihres Alters und ihrer Reife. Anstatt Kinder zu Alleinherrschern zu erziehen, die von klein auf die große Verantwortung haben, allein zu entscheiden, lernen sie dies auf eine progressive Weise. Marco, 11 Jahre, bestätigt dies: »Mich nervt das schon, wenn meine Mutter immer sagt, dass ich die Hausaufgaben machen soll und wann ich Gitarre üben soll. Aber ich weiß auch, dass ich es ohne sie sonst nicht machen würde. Andere Sachen darf ich selbst entscheiden. Wie ich mich anziehe. Und ich darf auch mitreden, wenn wir unsere Ferien planen.« Für Sabine Andresen, Professorin für Erziehungswissenschaften in Bielefeld, ist Kindererziehung heutzutage alles andere als trivial: »Unser modernes Leben ist ja auch ungeheuer komplex und kompliziert, für viele Fragen gibt es keine eindeutigen Antworten. Erziehungshandeln verlangt aber sehr häufig nach Entscheidungen und Selbstreflexion. Es geht darum, das Kind wertzuschätzen, seine Meinung anzuhören, aber auch bereit zu Konflikten mit dem Kind zu sein, also nicht zwangsläufig seiner Meinung zu folgen. All das erfordert Geduld, hilfreich sind auch Humor und Gelassenheit und die Bereitschaft, sich selbst infrage zu stellen, vor allem aber benötigt die Erziehung von Kindern: Zeit – ein knappes Gut.«[62]

Der Alltag im Kindergarten

Simone H. berichtet von ihrem Alltag als Erzieherin in einem Kindergarten bei Stuttgart:

Meine Kolleginnen und ich haben seit einigen Jahren Veränderungen im Verhalten der Kinder festgestellt. Genau genommen, seit die Bildschirmmedien in Mode gekommen sind. Die Kinder wissen »alles« und »sofort« und haben sogar Zugang zu Dingen, die nur Erwachsene etwas angehen. Sie bekommen alle Gesellschaftsereignisse mit, aber man erklärt sie ihnen zu Hause selten. So werden sie schon im Alter von drei Jahren zu kleinen Erwachsenen. Und wie sieht es aus mit ihren Kommunikationsfähigkeiten anderen Kindern und uns Erwachsenen gegenüber?

Viele Eltern gehen zu sehr auf die Wünsche ihres Kindes ein, können nicht Nein sagen, setzen dem Verhalten ihres Kindes keine Grenzen oder schaffen dies einfach nicht und wollen es nicht frustrieren. Das führt zu Kindern, die verwöhnt und individualistisch sind und die Regeln im Kindergarten wenig oder gar nicht respektieren.

Ein großes Problem ist, dass wir selten von den Eltern unterstützt werden. Deshalb ist es manchmal schwer, den Kindern etwas beizubringen, auch was soziale, moralische und menschliche Werte anbetrifft.

Es wird von uns verlangt, dass wir nachsichtig mit den Kindern und den Eltern umgehen. »Immer freundlich bleiben« heißt die Devise. Unter diesen Bedingungen ist es nicht einfach, an Autorität zu gewinnen. Natürlich versuchen wir die Kinder zu erziehen und Fehlverhalten zu korrigieren. »Guten Morgen« zu sagen fällt bereits vielen schwer. Wenn wir den Geburtstag eines der Kinder feiern oder Getränke verteilen – nur wenige wissen, was »teilen« oder »höfliches Benehmen« bedeutet. Alles wird sofort an sich gerissen, und das scheint ganz normal für sie zu sein.

Für diese »Ich-zuerst-Kinder« ist es sehr schwierig zuzuhören. Es geht also darum, wer am lautesten schreit. Wenn ich um etwas Ruhe bitte, geht das bei ihnen zum einen Ohr rein und zum anderen raus. Ich muss mindestens zehnmal »Ruhe« sagen und auch noch lauter dabei werden.

Wenn wir ein Foto von den Kindern machen, müssen sie es sofort sehen. Auf etwas warten zu müssen, das ist ihnen total fremd. Täglich werden sie von Bildern bombardiert, ständig werden sie gefilmt, alles wird auf den Computer geladen – alles geht ruck, zuck, und nichts erstaunt sie mehr, nichts überrascht sie mehr. Sie stellen sich keine Fragen. Das »Warum entwickelt sich das so?« hat dem »Das kenn ich schon, das habe ich schon gesehen« Platz gemacht.

Manchmal können Kinderbücher, Lieder oder Gedichte die Kinder begeistern. Aber dieses – fast muss man schon sagen – »Altmodische«, das »Es war einmal« und auch die Poesie, die

Teil der Kindheit sein sollten, trifft zu Hause auf die Gewalt der Zeichentrickfilme und Musikclips, die sie sich allein ansehen, sei es im Fernsehen oder auf dem Computer. Das Kind bestimmt oft, was es ansehen will, und sitzt ohne die Eltern vor dem Computer. Das »Ich kann das allein«, darauf sind viele Eltern ja so stolz. Besonders wenn es um Bildschirmmedien geht, in der Hoffnung, dass ihr Kind sehr schnell zum »Profi« wird.

Die Eltern sehen in uns Erzieherinnen nicht mehr die Person, die eine gewisse Autorität haben sollte und die weiß, was gut für das Kind ist. Wir sind nur noch »gesellige« Erwachsene. Wir sind eben da, um dem Kind Gesellschaft zu leisten, und sollen das Fehlverhalten der verwöhnten Kinder als »normal« akzeptieren oder besser gesagt als »Krankheit unseres Zeitalters«. Wir sollen entschuldigen, dass die Kinder, die ein überdimensionales Ich haben, ständig weinen, sobald man Nein sagt oder ihre Bedürfnisse nicht sofort befriedigen kann.

Die Kinder und nicht mehr die Eltern sagen »ich befehle« und »du folgst«. Im Kindergarten geht das so aber nicht, und natürlich begreifen das die Kinder nicht, und das destabilisiert sie. Das ist ja so komplett anders als die Realität, die sie alltäglich zu Hause erleben. Dabei versuchen wir täglich, sie zu besseren Erwachsenen zu erziehen und ihnen den Respekt vor anderen beizubringen.

Wir versuchen, ihnen zum Nachdenken, zum Zuhören und zum Sich-öffnen zu verhelfen, damit sie besser in der Gemeinschaft leben können. Am Ende des Jahres sehen wir manchmal unglaubliche Veränderungen im Verhalten der Kinder, und das ist doch sehr ermutigend und motiviert mich und meine Kolleginnen. Erzieherin oder Erzieher ist und bleibt doch ein wundervoller Beruf!

Es ist wohl offensichtlich, dass in unserer Gesellschaft der Trend zur Autonomie immer stärker wird. Vielleicht vergisst man dabei das Bedürfnis, in Harmonie mit seinen Mitmenschen zu leben, und dass eine gewisse Abhängigkeit durchaus positiv sein kann. Gerade gebraucht zu werden baut das Selbstwertgefühl eines Menschen auf. In der Gemeinschaft fühlt er sich stärker.

Seit einigen Jahren scheint sich aber ein Wandel im Erziehungsstil bemerkbar zu machen. Das Kind ist zwar immer noch König in der Familie, aber die Eltern bestimmen immer mehr, wo es langgeht, was das Fördern seiner Fähigkeiten und seine berufliche Zukunft betrifft. Das Individuum Kind wird zum Investitionsobjekt der Eltern.

Das Erbe der 1960er-Jahre

Immer wieder wird der »antiautoritären« Erziehung der 60er-Jahre die Schuld an den heutigen kleinen »Tyrannen« und Egoisten gegeben. Nach dem Mai 1968 hieß die allgemeingültige Devise: »Es ist verboten, etwas zu verbieten.« Das Glück des Individuums war vorrangig. Zusätzlich wurde durch die Verbreitung der Antibabypille das Kind zu einem Wunschkind, das nicht mehr ungeplant auf die Welt kam und von seinen Eltern glücklich gemacht werden sollte. Ab sofort wurde es beschützt, die Eltern übten sich im Psychologisieren.

Der »antiautoritäre« oder wie man heute sagt »demokratische« Erziehungsstil der 1960er-Jahre wurde von vielen Eltern als Erziehungsmethode ohne »Grenzen« interpretiert und als solcher falsch verstanden. Möglicherweise als eine Gegenreaktion auf die autoritäre Kindererziehung, unter der sie selbst gelitten hatten. Wird man selbst Vater oder Mutter, so hat man oft die Tendenz, seine eigene Kindheit »reparieren« zu wollen und dem Kind all das zu schenken und zu geben, was man selbst vermisst hat. Liebe, Zuneigung, Sicherheit gehören dazu genauso wie materielle Geschenke, aber auch mehr Freiheiten. Man neigt dazu, ins gegenteilige Extrem zu verfallen. Das bedeutet jedoch, dass dieser Erziehungsstil den Eltern neu und fremd ist, sie haben ihn nicht erlebt. Dadurch können sie sich unsicher und orientierungslos fühlen. Kinder spüren das meist sofort und nutzen diese Schwäche zu ihren Gunsten aus. So lässt sich heutzutage zum Beispiel oft beobachten, dass Kinder die Entscheidungen in den Familien treffen, manche Eltern werden sogar von ihren kleinen Kindern getreten und geschlagen.

Es ist häufig zu beobachten, dass Eltern die Erziehungsmethoden ihrer eigenen Eltern ablehnen. Doch dann müsste die heutige Elterngeneration eigentlich wieder in einen »autoritären« Erziehungsstil zurückfallen, als Gegenreaktion auf den »antiautoritären« der 1968er. Offensichtlich entspricht das nicht der Realität. Die Gesellschaft und ihre Werte haben sich längst weiterentwickelt und damit auch die Familienstruktur. Die sogenannte Kernfamilie, also die Vater-Mutter-Kind-Familie, gehört immer noch zu unserer modernen Gesellschaft. Es sind jedoch weitere Familien-Formen hinzugekommen, wie zum Beispiel Alleinerziehende und Patchworkfamilien, als Resultat des Rückgangs von Eheschließun-

gen und der Zunahme von Scheidungen. Lebenslange Ehen scheinen der Vergangenheit anzugehören und sind kein soziales und
religiöses Muss mehr. Auch die traditionellen Geschlechterrollen
haben sich neu definiert. Der Mann ist nicht mehr der Haupt-
ernährer. Frauen arbeiten und machen Karriere. Der Mensch will
unabhängig werden und über sich selbst bestimmen können. Leben wir in einem Zeitalter der Individualisierung, in der man sich
selbst genug ist?

Es ist sehr wahrscheinlich, dass nicht das Erbe der 1968er den
aktuellen Erziehungsstil diktiert, sondern der Wandel in der Familienstruktur, der dem Kind eine neue Funktion zugeteilt hat. War
das Kind in den 1960er-Jahren schon ein »Wunschkind«, so wird
es im 21. Jahrhundert zum bindenden Element der Beziehung seiner Eltern, deren Ausgang doch mehr als ungewiss ist. Dies hat
Folgen für die Psyche der Eltern. Es entstehen massive Schuldgefühle dem Kind gegenüber. Gleichzeitig wird ihm die Rolle des
Opfers zugeschrieben. Es hat unter einer Situation zu leiden, die
seine Eltern sozusagen verschuldet haben. Dadurch wird es für sie
immer schwieriger, ihrem Kind Nein zu sagen, denn dies bedeutet
es zu frustrieren, was erneut Schuldgefühle bei den Eltern hervor-
ruft. Kinder spüren die Unsicherheit und wissen genau, auf welche
Knöpfe sie bei Mama und Papa drücken müssen, um an ihr Ziel
zu gelangen. Häufig setzen sie ihre Eltern unter Druck oder provozieren sie. Werden die Eltern von Außenstehenden auf das Verhalten ihres kleinen »Tyrannen« angesprochen, versuchen sie dies
mit Entschuldigungen zu überspielen: »Unser Kind ist hochintelli-
gent.«, »Es hat einen starken Charakter.«, »Unser Kind ist sehr reif
für sein Alter.« Damit werden sie aber zu Komplizen der »Dikta-

tur« ihres Kindes. Sie entwickeln außerdem Strategien, um Konflikte mit ihrem Kind zu vermeiden, etwa indem sie es nur fragen, wenn sie sich bereits seiner Antwort sicher sind. Je mehr die Eltern an Autorität verlieren, desto sicherer wird das Kind.

Dass Kinder das Sagen in der Familie haben, muss also nicht unbedingt die Folge eines demokratischen Erziehungsstils sein. Die Kinder selbst sind an dem Problem nicht schuld, da sie noch nicht in der Lage sind, sich selbst Grenzen zu setzen. Ein wichtiger Faktor scheinen aber Schuldgefühle und Frustrationen bei den Eltern zu sein.

Und es gibt noch einen weiteren wichtigen Grund. Die Kinder spiegeln die aktuelle Gesellschaft wider. Man wirft ihnen vor, ständig Regeln und Grenzen zu überschreiten. Aber leben wir nicht in einer Gesellschaft, die genau das selbst tagtäglich tut? Ist es nicht etwas scheinheilig, Kindern vorzuwerfen, dass sie alles sofort wollen, dass sie nichts mehr bis zum Ende durchziehen können, dass sie computerspielsüchtig sind und nicht mehr genug lesen – wenn sie sich darin kaum von vielen Erwachsenen unterscheiden? Auch ein Großteil der Erwachsenen liest immer weniger, ist ungeduldig, zappt von einer Sendung zur anderen – und die Lieblingsbeschäftigung ist Surfen im Internet. Viele Charakterzüge, die man dem kindlichen Tyrannen zuschreibt, sind im Grunde die des modernen Menschen. Wenn Kinder sich also wie Alleinherrscher oder Tyrannen verhalten, dann bereiten sie sich möglicherweise darauf vor, sich in unserer Gesellschaft durchzusetzen. Und im Mittelpunkt dieser Gesellschaft steht zurzeit das Individuum und nicht das Team.

Die gute Autorität

Die Vielzahl der Buchveröffentlichungen und die mediale Aufmerksamkeit zum Thema »Kinder als Tyrannen« zeigen, dass die Gesellschaft festgestellt hat, dass der aktuelle Erziehungsstil geradewegs aufs Glatteis führt. Talkshows, Zeitschriften und Bücher versuchen den Eltern mit gutem Rat zur Seite zu stehen. Doch sehr oft widersprechen sich diese Ratschläge. Resultat: Die Eltern sind genauso verwirrt wie vorher, wenn nicht mehr. Anstatt Grenzen zu setzen – dafür genügt meistens ein klares Ja oder Nein – psychologisieren etliche Eltern viel zu viel und versuchen ständig, dem Kind alles zu erklären. Auch wenn es nur darum geht, dass es jetzt endlich seine Jacke anziehen soll.

Sicher, es ist wichtig, das Kind und seinen Willen zu respektieren. Umgekehrt ist es aber noch wichtiger, dass es seine Eltern respektieren lernt und versteht, dass seine Wünsche nicht immer erfüllt werden können. Doch dazu gehört eine gesunde Portion elterlicher Autorität. Gemeint ist aber nicht die Autorität aus den 1950er-Jahren. Unsere Gesellschaft kann nicht mit der aus jener Zeit verglichen werden. Unter einer Person mit Autorität versteht man heute jemanden, der durch seinen Charakter und sein Handeln als Vorbild anerkannt wird.

Autorität hat also nichts mehr mit Gewalt und erzwungenem Gehorsam zu tun. Man sollte seinen Eltern nicht gehorchen, weil man Angst vor ihnen hat, sondern weil man ihre Kompetenzen anerkennt. Die Psychoanalytikerin Françoise Dolto schlug vor, den Begriff »elterliche Autorität« durch »elterliche Verantwortung« zu ersetzen. Eine Verantwortung, die sich nicht ohne Kompetenzen ausüben lässt. Eltern sollten sich daher nicht durchsetzen, weil sie die Stärkeren sind. Ihre Kompetenz ist zu wissen, was gut für ihr Kind ist. Wenn Eltern ihre Kompetenzen zeigen, werden sie von ihm auch respektiert und akzeptiert. Dies wirkt sich wiederum positiv auf das Verhalten des Kindes aus, das seine Eltern als Vorbild sieht. Es lernt, was es machen darf und was zu vermeiden ist. Eine wichtige Voraussetzung, um harmonisch in der Familie und in der Gesellschaft zusammenzuleben und im Team zusammenzuarbeiten.

Frustration und Liebe

Babys begreifen sehr schnell, dass ihr Überleben vom Schreien abhängt. Mit diesem Signal können sie Mama und Papa herbeirufen. Hunger, Durst, Schmerzen, nasse Windeln oder die Sehnsucht nach einer Bezugsperson sind nur einige Gründe, warum Babys sich lautstark melden. Eltern versuchen, das Schreien und Weinen zu verstehen, und ihre Deutung hilft ihnen, mit der Zeit in ihren Antworten sicherer zu werden. Ab und zu täuschen sie sich auch. Das Baby hat Zahnschmerzen, und Mama gibt ihm die Brust. Oder der Säugling hat Angst, und Papa kitzelt ihn. Das ist nicht weiter tragisch, wenn es nicht allzu häufig geschieht. Im Gegenteil, das Baby lernt, mit der Frustration – »Mama und Papa verstehen mich heute gar nicht« – umzugehen, und wird versuchen, sich beim nächsten Mal besser verständlich zu machen. Das bedeutet gleichzeitig, dass es Fortschritte im Bereich der Kommunikation macht, seine Fähigkeiten weiterentwickelt und lernt, sich zu gedulden. Mini-Frustrationen haben daher durchaus etwas Positives und gehören zum frühkindlichen Reifeprozess. Von klein auf lernen Kinder, dass ihre Bedürfnisse und Wünsche nicht immer sofort oder gar nicht erfüllt werden können. Und auch, dass andere ebenfalls Bedürfnisse und Anforderungen haben und diese nicht immer mit den eigenen übereinstimmen. Anders ausgedrückt, das Wunschdenken des Kindes macht Bekanntschaft mit der Realität.

Genau hier trifft das sogenannte *Lustprinzip* auf das *Realitätsprinzip*. Sigmund Freud verstand unter dem *Lustprinzip* das sofortige und bedingungslose Vermeiden oder Abbauen von unlustvollen Spannungen und das Erzeugen von Lust, ohne Berücksichtigung der Realität. Im Zentrum steht die bedingungslose Triebbefriedigung. Das *Realitätsprinzip* ist der Antagonist des Lustprinzips. Es vertritt die Anforderungen des Lebens und führt zum vernunftorientierten Handeln. Nicht das »Angenehme« steht im Vordergrund, sondern das »Reale«, auch wenn es eben unangenehm ist.

Seine Wünsche zu erfüllen oder Befriedigung zu erlangen und dabei die Realität mit einzubeziehen gehört zum Erwachsenwerden. Schritt für Schritt lernt das Kind, diese Realität anzuerkennen und die Unlust-Gefühle zu ertragen. Das wird nicht ohne Konflikte geschehen. Das Lustprinzip – »Ich mach das nicht.«, oder: »Ich will das und nichts anderes.« – ist in der Kindheit sehr stark und muss von den Eltern und ihrer Erziehung erst geprägt werden. Das Realitätsprinzip der Eltern – »Du musst aber.«, oder: »Nein, so geht das nicht.« – wird häufig auf Widerstand beim Lustprinzip des Kindes stoßen. Doch müssen Eltern ihre Rolle des Vertreters der

Realität ernst nehmen. Sie sind es, die dem Kind die Werte und die Regeln unserer Gesellschaft und damit auch die des Realitätsprinzips vermitteln. Mit ihrer Hilfe lernt es, wie es sich in der Gemeinschaft zu verhalten hat.

Kinder werden sehr früh mit Frustrationen konfrontiert, und es ist wohl unmöglich, ihnen jede Enttäuschung zu ersparen. Es glauben zu machen, dass das Leben nur aus sofortigem Vergnügen und Spaß besteht, wird aus ihm einen unglücklichen Erwachsenen machen. Irgendwann wird jeder Mensch mit Misserfolg, unerfüllten Wünschen, Verzicht oder Kritik konfrontiert. Dies ertragen und damit umgehen zu können ist wichtig, um auch die negativen Momente des Lebens überstehen und letztlich meistern zu können. So wird der Mensch Vertrauen in sich gewinnen. Keine Frustrationen aushalten zu können und die Unfähigkeit, auf etwas zu verzichten, machen das Kind zu einem Ichling und erschweren ihm das Leben in der Gemeinschaft und das Arbeiten im Team. Integration baut eben auch darauf auf, auf die unmittelbare Erfüllung von Wünschen zu verzichten. Deshalb sollte ein Kind sogar mit einem gewissen Maß an Frustrationen aufwachsen, um es zu einem ausgeglichenen Menschen zu erziehen. Natürlich bedeutet das nicht, dass es sich nicht amüsieren oder spielen darf und dass man nicht mit ihm kuscheln soll. Im Gegenteil: Auf dem Programm der Kindererziehung stehen Frustration *und* sehr viel Liebe. Die Vorlieben des Kindes, seinen Charakter und das Tempo seiner Entwicklung zu respektieren ist ebenfalls wichtig. Anzuerkennen, wenn das Kind etwas geleistet hat, selbst wenn es sich in den Augen der Eltern um etwas ganz »Normales« handelt, wie zum Beispiel das Zimmer aufzuräumen oder den Tisch zu decken. Immerhin hat das Kind sich angestrengt, und das tut es in erster Linie, weil es möchte, dass seine Eltern stolz auf es sind. Diese ausgleichenden Liebeszuwendungen helfen ihm, stärker zu werden. »Ja, ich habe etwas gut gemacht!« Jeder Mensch muss das ab und zu hören. So erträgt ein Kind viel leichter Frustrationen. Je besser es mit ihnen umgehen kann, desto höher ist seine Frustrationstoleranz. So wird das Kind nicht sofort aufgeben und sich nicht leicht entmutigen lassen, wenn es auf Probleme stößt, sondern versuchen, sein Bestes zu geben. Ein Verhalten, das besonders in der Schule von Wichtigkeit ist.

Vincent, sieben Jahre, und seine Trotzphase

Seine Mutter berichtet:

Ich bin am Ende. Mein Sohn ist so was von bockig, und sobald etwas nicht nach seiner Nase geht, wird er wütend, schreit, wirft seine Sachen durchs Zimmer. Gestern hat er etwas bei seinen Hausaufgaben nicht verstanden, und ich bin wirklich sehr ruhig und versuche ihm zu helfen, aber er blockiert sofort, wirft seinen Füller auf den Boden und weigert sich weiterzumachen. Beim Tennis ist es genauso. Trifft er einen Ball nicht, haut er mit dem Schläger auf den Boden. Oder im Supermarkt gibt es sein Lieblingseis nicht mehr, und schon dreht er durch. Heute beim Mittagessen, da habe ich seinem Bruder zuerst das Essen auf den Teller getan. Das Theater hätten Sie mal sehen sollen. Er hat geschrien: »Ich zuerst! Ich, ich, ich!« Wenn er mit seinen Freunden spielt, haut er einfach ab, wenn die nicht alles machen wollen wie er. Muss ich einkaufen, anstatt gleich nach der Schule nach

Hause zu fahren, setzt er sich auf den Gehweg und schmollt. In der Schule benimmt er sich unmöglich und spielt ständig den Klassenkasper. Ich musste sogar schon zu einem Gespräch mit seinem Lehrer. Trotzphase hin und her, die muss doch auch mal aufhören. Und mit sieben Jahren ist mein Sohn auch schon viel zu alt dafür.

Die Frustrationstoleranz ist bei vielen Kindern heutzutage extrem gering. Sie werfen den Eltern täglich an den Kopf, dass sie »null Bock« darauf haben, den Tisch abzuräumen oder einfach nur ihre dreckige Kleidung in den Wäschekorb zu legen. »Mach doch selbst.«, und: »Ich habe eben keine Lust.« – Eltern werden alltäglich mit einem Verhalten ihres Kindes konfrontiert, das seine eigenen Prioritäten hat. Das führt zu Streit, Diskussionen, Konflikten und oft einfach nur zur Resignation seitens der Eltern: »Dann mache ich es eben selbst«, weil sie es leid sind, sich ewig mit ihrem Kind zu streiten. Doch spätestens in der Schule wird das »Null-Bock-Verhalten« keine Erfolge mehr erzielen. Dort gelten andere Regeln. Aber wie werden sich Kinder mit einer geringen Frustrationstoleranz in die Klasse einfügen, wenn sie es nicht gelernt haben, ihre eigenen Wünsche zurückzustellen? Wie können sie Freundschaften über Jahre hinweg aufrechterhalten, wenn sie nicht gelernt haben, die Wünsche des anderen zu respektieren? Die Gefahr, durch ihr unsoziales Verhalten in die Rolle des Außenseiters gedrängt zu werden, ist groß.

Wutanfälle und bockiges Verhalten maskieren oft die Angst vorm Versagen. Manche Eltern lassen ihr Kind bewusst beim Spielen gewinnen, um ihm das Gefühl einer Niederlage zu ersparen. Dabei muss es unbedingt lernen, mit Ärger, Wut, Kritik und Sorgen umzugehen. Darin sind sich alle Fachleute einig. Eine geringe Frustrationstoleranz beeinflusst nicht nur die sozialen Kompetenzen des Kindes, sondern auch seine intellektuelle Leistungsfähigkeit. Auch die Zunahme an psychosomatischen Störungen wie Magen-, Kopf- und Rückenschmerzen, Verdauungsprobleme sowie Depressionen und Suizidversuche bei Kindern und Jugendlichen scheint auf die Unfähigkeit, Frustrationen bewältigen zu können, zurückzuführen sein. Sein Kind zu frustrieren, indem man seinem Willen nicht nachgibt, ängstigt jedoch viele Eltern, denn sie möchten seine Liebe nicht verlieren. In der Tat reagieren Kinder häufig auf ein elterliches Nein mit lautem Schreien, sie werfen sich auf den Boden, schlagen um sich – oder halten mit Beschimpfungen und harten Worten dagegen, wie es Markus, Vater einer fünfjährigen Tochter, passiert ist. Betroffen erzählt er: »Wir haben am Abend gespielt, und Leni sollte dann ins Bett gehen. Sie hat sich gewehrt, und ich habe ihr gesagt, dass jetzt Schluss ist. Da hat sie mich böse angeschaut und gesagt, dass sie sich wünscht, dass ich sterbe.«

Kinder suchen Grenzen, auch in ihren Worten, und testen, wie weit sie gehen oder wie sie die Eltern treffen können, um dann doch an ihr Ziel zu gelangen. Es ist an den Eltern, diese Reaktionen nicht zu persönlich zu nehmen, sondern sie in ihren Kontext zu platzieren. Das elterliche Nein frustriert das Kind, und diese Frustrationen muss es ausdrücken. Ihm zu helfen, dies zu tun, ohne den anderen zu verletzen, ist auch eine Aufgabe der Eltern. Sie brauchen keine Angst zu haben, dass ihr Kind sie nicht mehr liebt, weil sie auch mal Nein sagen müssen. Im Gegenteil, wenn ihr Nein legitim ist und sie daran festhalten, auch wenn das Kind schreit und weint, dann können sie sich sicher sein, dass es sie umso mehr liebt, sobald es sich beruhigt hat. Warum? Weil es auf diese Weise lernt, wo seine Grenzen sind, und seine Eltern dafür respektiert. Kinder versuchen alles, um von ihren Eltern geliebt zu werden. Nach jedem Streit kommt es daher auch zur Versöhnung. Das Team ist sozusagen wieder komplett.

Kind, Kunst und Frustration

Zu malen oder zu musizieren sind geeignete Aktivitäten für Kinder, um zu lernen, mit Frustrationen umzugehen. Warum? Die schönen Künste und Musikinstrumente beherrscht man nicht von heute auf morgen. Dazu gehört jahrelanges Üben, Fleiß und Selbstdisziplin. Kindern geht es aber häufig nicht schnell genug. Sie wollen alles sofort können. Nicht selten landen dann Musikinstrumente oder Malstifte in der Ecke, und das frustrierte Kind resigniert. Mitunter kommt es vor, dass es sich weigert, zur Musik- oder Malstunde zu gehen, kurzfristig oder möglicherweise für immer. Sollten Eltern das ablehnende Verhalten ihres Kindes akzeptieren? Viele Eltern befürchten, dass ihr Kind dann das nächste Hobby auch sofort aufgibt, sobald Probleme auftreten. Wirkt sich dies nicht auf sein späteres Leben negativ aus? Wird das Kind jedes Mal alles hinwerfen, wenn es sich in einem Tief befindet? Ohne Hilfe der Eltern wird es diese Hürden selten überwinden. Aber wie soll man sich als Elternteil verhalten? Drohungen und Ermahnungen verstärken nur die ablehnende Haltung des Kindes seinem Hobby gegenüber.

Tipp

Tipps zum Umgang mit Frustrationen

• Bestrafen Sie Ihr Kind nicht, und drohen Sie ihm nicht. Kein Hobby sollte negativ besetzt werden.

• Reden Sie mit ihm, um herauszufinden, warum es keinen Spaß mehr an seinem Hobby hat. Sind die Ursachen erkannt, finden Sie bestimmt gemeinsam eine Lösung.

• Unterhalten Sie sich mit der Person, die das Hobby unterrichtet. Gibt es Probleme mit ihr oder mit anderen Kindern?

• Versuchen Sie Ihrem Kind sein Vertrauen in sich zurückzugeben. Zeigen Sie ihm, dass es ja schon Fortschritte gemacht hat.

• Loben Sie es für seinen Fleiß und seine Bemühungen.

• Fragen Sie sich, ob Ihr Kind vielleicht überfordert ist oder ob seine Begabung wirklich auf einem anderen Gebiet liegt. Dann liegt ein Wechsel zu einem anderen Hobby nahe.

Kapitel 8

Der **einsame** Weg
zum **Erfolg**

Die Förder-Hysterie

Von klein auf sind Eltern darauf bedacht, die Kompetenzen ihres Kindes zu fördern. Babymassage, Babyschwimmen, Baby-Yoga oder PEKiP-Kurse gehören bereits zu den beliebtesten Aktivitäten für Säuglinge und Kleinkinder und versprechen einen positiven Einfluss auf deren Entwicklung. Viele Eltern möchten aber vor allem, dass ihr Baby ein besonders intelligentes und äußerst begabtes Kind wird, das später in der Schule erfolgreich ist. »Ich beobachte mit Sorge bei immer mehr Eltern eine regelrechte Förderwut, weil sie Angst haben, ihrem Kind sonst die Zukunft zu verbauen«, erklärt der renommierte Hirnforscher Professor Gerald Hüther in einem Interview.[63]

Ja, viele Eltern haben Angst. Sie stehen unter Erfolgszwang. Auch weil ein Kind mittlerweile von Mama und Papa als ihr Investitionsobjekt angesehen wird. Ein sozialer Abstieg soll auf jeden Fall vermieden werden. Besonders wenn es um das Übertrittszeugnis geht, üben etliche Eltern Druck auf ihr Kind aus. Die Gymnasialempfehlung muss geschafft werden, denn für sie ist das Gymnasium die Bildungseinrichtung, die dem Kind optimale Chancen für seinen weiteren Werdegang bietet. Nach der Schul-

reform befürchten manche Eltern, deren Kind keine Gymnasialempfehlung erhalten hat, dass es in der Realschule plus nicht genug gefördert wird. »Mein Sohn hat die gymnasiale Empfehlung
nur knapp verfehlt. Jetzt muss er auf die Realschule plus gehen.
Da ist er dann auch mit Hauptschülern zusammen. Das wird sich
doch automatisch auf seine Leistung auswirken. Mir wäre es lieber gewesen, dass er nur Realschüler in seiner Klasse hätte«, erzählt Antje C. besorgt.

Eltern warten nicht mehr das entsprechende Alter ihres Kindes
ab, um es an einer Privatschule anzumelden. Schon kurz nach der
Geburt wird genau durchgeplant, wie sich das Kind entwickeln
soll. Der Kauf von Musikinstrumenten oder das Auswählen einer
Sportart, die die Zukunft des Säuglings in die richtigen Bahnen
lenken sollen, steht ebenfalls auf der Liste. Immer mehr Eltern
stehen unter dem Druck, dass aus ihrem Sprössling »etwas werden soll«, und avancieren schon in seinen ersten Lebensmonaten
zu seinen Managern, die alles unternehmen, um ihm den best-
möglichen Startvorteil in sein Leben beziehungsweise seine Karriere zu gewähren. Im Bereich der Frühpädagogik hat sich weltweit ein schnell wachsender Markt entwickelt. Lern-DVDs oder
-CDs für die Kleinsten finden reißenden Absatz. Sprachkurse für
Babys boomen, obwohl Spezialisten wie die Züricher Lernforscherin Professor Elsbeth Stern vor diesen frühkindlichen Sprachkur-
sen warnen: »Mit Sicherheit lernen sie vielleicht drei oder vier Vokabeln. Nur die Frage ist, lohnt sich der Aufwand, lohnt es, dafür
Geld auszugeben, lohnt es, die Kinder dorthin zu fahren … Ich
denke, der Aufwand steht in keinem Verhältnis zu dem Ertrag,
den man bei dieser Art von Angeboten hat.«[64] Stern rät den El-

tern, sich nicht verrückt machen zu lassen und lieber das Vorlesen von Geschichten, gemeinsames Singen und Spielen mit Gleichaltrigen vorzuziehen. Das macht deutlich mehr Sinn für kleine Kinder, denn es bereitet mehr Freude und verbessert gleichzeitig die Sprach- und Kommunikationsfähigkeit.

Vielen Eltern geht es aber darum, so schnell wie möglich Synapsen im Gehirn ihres Kindes zu vernetzen. Dass dies meist schon das Baby selbst durch den Drang, Neues zu lernen, initiiert, ist ihnen vielleicht nicht bewusst. Sie können sich da ruhig von ihrem Baby führen lassen, denn es wird schon zeigen, ob es gerade auf der Suche nach Anregungen ist oder lieber in Ruhe gelassen werden will. Eine Aussage, die auf Eltern beruhigend wirken sollte. Dennoch appellieren Unternehmen mit ehrgeizigen Förderprogrammen im Internet immer wieder an die Ängste der Eltern. Ist das Kind darauf vorbereitet, in unserer sich ständig verändernden Welt Erfolg zu haben? Wie bereitet man sein Kind auf die Zukunft vor? Kein Wunder, dass besonders ehrgeizige Eltern nicht einmal mehr die Geburt ihres Kindes abwarten können, um es zu fördern.

Pränatales Lernen in Kalifornien

An der kalifornischen Prenatal University können Eltern bereits während der Schwangerschaft, genau genommen ab der 20. Schwangerschaftswoche, Kurse belegen, um den Fötus zu unterrichten. Auf dem Programm stehen: Stimulation des Hörsinns, des Tastsinns und des Gleichgewichtssinns. Wie man den Fötus zum Strampeln bringt, wird gleich am Anfang des Kurses erklärt. Ab der 32. Schwangerschaftswoche werden die Unterrichtsstunden durch das Einsetzen von musikalischen Stimuli oder menschlichen Stimmen komplexer. Ein Wort wird zum Beispiel mit einer gewissen Handbewegung assoziiert. Die werdende Mutter sagt »drücken« und legt dabei ihre Hand auf ihren Bauch und übt etwas Druck aus. »Besonderer Wert wird auf Wörter und Erfahrungen gelegt, die bei Wehen und der Geburt zur Kommunikation benutzt werden sollen«, erläutert der Psychologe David Chamberlain, »zum Beispiel: ›Jetzt drückt's‹, womit dem Kind später eine Wehe erklärt werden wird.«[65] Außer Wörtern wird der Fötus unter anderem die Tonleiter mit sieben Tönen lernen und sogar Mathematik. Die werdende Mutter leuchtet dazu zweimal mit einer Halogenlampe auf ihren Bauch und sagt dazu durch eine schallverstärkende Sprechtüte »two lights« (zwei Lichter). Danach folgen drei, vier, fünf Lichtsignale. Laut Universitätsgründer Rene Van de Carr lernt der Fötus ruck, zuck zählen. Man müsste aber hinter die jeweilige Zahl immer das erklärende Wort »Lichter« setzen. Die Zahlen wären sonst für das kleine Gehirn zu abstrakt. An dieser Universität ist man überzeugt, dass der Fötus den Lehrstoff abspeichert.

Dass bereits während der Schwangerschaft Lernprozesse stattfinden, wurde schon 1948 von David Spelt, einem amerikanischen Psychologen, nachgewiesen. Der Psychologe Anthony DeCasper hat gemeinsam mit Melanie Spence von der Universität von North Carolina herausgefunden, dass ein Baby nach der Geburt eine Geschichte wiedererkennt, die man ihm zweimal täglich während der letzten sechs Schwangerschaftswochen vorgelesen hatte. Ein Grund mehr, den Fötus die Schulbank drücken zu lassen? Dabei ist noch immer nicht bewiesen, ob der Föten-Unterricht nicht vielleicht kontraproduktiv ist. Dieser Meinung ist der Psychiater Bill Fifer. Für ihn wird der Fötus durch dieses Training in seiner Entwicklung behindert. Denn er verbringt die meiste Zeit im REM-Schlaf (REM, engl. *Rapid Eye Movement;* auch paradoxer Schlaf*)*. An diese Schlafphase sind viele Lernprozesse gekoppelt. Durch das Föten-Training wird aber das ungeborene Kind ständig aufgeweckt. Anstatt seine Entwicklung zu fördern, wird sie also vielmehr unterbrochen. Selbst DeCasper, der immerhin mit seinem Experiment die Welle des Fötus-Trainings angestoßen hat, ist der Meinung, dass pränataler Unterricht nicht viel bringt und das Kind weder intelligenter noch gesünder macht. Doch die Hoffnung vieler Eltern bleibt ungebrochen.

Sie sollten sich jedoch mehr von ihrem »gesunden« Menschenverstand leiten lassen, wenn es um die Entwicklung ihres Kindes geht, und vor allem darauf vertrauen, dass ihr Baby seine Kompetenzen aus sich heraus entwickeln wird. Natürlich braucht es dabei die Hilfe der Eltern. Ihre Stimulationen unterstützen seine Entwicklung. Dazu benötigen sie aber nicht unbedingt Kurse, sondern sollten in ihre eigenen Fähigkeiten vertrauen. Das Überangebot an Kursen vermittelt Eltern ein Gefühl der Unsicherheit – lasse ich etwas Entscheidendes für die Entwicklung meines Kindes aus? Deshalb fällt es ihnen schwer, bei der Erziehung intuitiv zu handeln. Man schaut, wie andere Eltern sich verhalten und sieht sich womöglich in einem Konkurrenzverhältnis zu ihnen. Die Folge: Noch mehr Kurse für die vermeintlich optimale Entwicklung des Babys.

Man muss bedenken, dass ein Säugling sich noch nicht vor Stimulation schützen kann. Seine Eltern dienen ihm als Schutzschild.

Doch wenn diese ihre schützende Funktion nicht ausüben, weil sie die Stimulation auch noch durch Frühförderprogramme erhöhen, kann dies zu einer Überreiztheit beim Baby führen, die sich unter anderem durch stundenlanges Schreien und Schlafstörungen ausdrücken kann. Wenn diese Reaktion auf zu viel Stimulation schon beim Säugling auftreten kann, welche Folgen hat dann erst das Föten-Training?

Es gibt sechs Verhaltenszustände beim Baby:

- ruhiger Schlaf,
- aktiver Schlaf,
- Halbschlaf,
- aufmerksamer Wachzustand,
- quengeliger Wachzustand und
- Schreien.

Ein Baby ist nur im aufmerksamen Wachzustand aufnahmebereit für Stimulationen wie das Spielen mit den Eltern. In dieser Phase ist es besonders aufmerksam, weil es nicht durch Hungergefühle oder Schmerzen gestört wird. Sie tritt in unterschiedlichen Momenten im Tagesablauf auf, häufig kurz nach einem Nickerchen. Eltern, die mit ihrem Baby zu einem Frühförderkurs gehen, haben einen regelrechten Stundenplan. Manchmal wird es aus dem Schlaf gerissen oder ist in einem quengeligen Wachzustand – aber den Kurs schwänzen geht gar nicht. Obwohl Stimulation nur im aufmerksamen Wachzustand Sinn macht, wird der Säugling in eine Fördersituation hineingezwungen. Dabei übergehen Eltern die Gefühle und Bedürfnisse ihres Babys, das bereits ein denkendes Wesen ist, aber über dessen Kopf ständig hinweg entschieden wird. Falls Frühförderung dazu führen könnte, dass der Säugling bereits mit ein paar Monaten spricht, würde er sicher sagen: »Ich bleibe zu Hause!«

Wenn Eltern das Glück ihres Kindes schmieden

Alles ist möglich, denken viele Eltern und investieren Zeit und Geld in die frühe Ausbildung ihres Kindes. Hier ist nicht das Kind seines Glückes Schmied, sondern seine Eltern. So warten viele von ihnen nicht mehr die Entwicklung ihres Babys ab. Anstatt zu schauen, für was es sich von ganz allein interessiert und wo seine individuellen Begabungen liegen, überspringen sie diesen Schritt und bestimmen nach ihrem eigenen Wunschtraum, in welche Richtung es sich zu entwickeln hat. Dabei wirkt die sonstige Norm, der sogenannte Durchschnitt, nicht mehr beruhigend, sondern eher als Hindernis, und man könnte fast sagen, er ist eine Beleidigung für die Eltern. Wer möchte schon ein »normales« Kind? Das Interesse für Bücher zum Thema »das hochbegabte Kind« bezeugt das Anliegen, dass der Nachwuchs als superintelligent anerkannt werden soll. Das Kind langweilt sich im Kindergarten oder in der Schule, und schon landet es beim Psychologen. Ist es vielleicht hochbegabt? Ein Intelligenztest soll Klarheit schaffen. Doch auch intelligente Kinder können sich auf ihren Lorbeeren nicht ausruhen. Sie müssen Durchhaltevermögen zeigen und bereit sein, sich anzustrengen. Und das ab dem Kindergarten.

Das Wort »Elite« ist schon längst nicht mehr politisch unkorrekt. Und die Wiege der Elite scheint heutzutage die Erziehung und die Frühförderung zu sein. »Es ist ein großes Missverständnis, dass Frühförderung Kinder im späteren Leben quasi automatisch erfolgreich und glücklich werden lässt – denn das Gehirn ist kein Sparbuch, auf dem man einen Betrag X anlegt und irgendwann den Betrag Y herausbekommt«, so die Lernforscherin Elsbeth Stern. »Die Kindheit soll auf das spätere Leben vorbereiten – aber niemand weiß doch, wie dieses Leben aussehen wird! Wichtig ist, dass Kinder den Lebens- und Arbeitsalltag ihrer unmittelbaren Umgebung kennenlernen. Deshalb gehört für mich zu einem guten Kindergarten nicht Chinesisch, sondern ein Besuch in einer Bäckerei oder Gärtnerei.«[66]

Indes wird die Kindheit immer mehr zum Schauplatz eines Konkurrenzkampfes zwischen Eltern, selbst Opfer eines gesellschaftlichen Erfolgszwangs. Fußball, Tennis, Turnen sind nicht nur sportliche, gesundheitsfördernde Freizeitbeschäftigungen, sondern mögliches Sprungbrett für eine Profikarriere. Jüngstes Beispiel: Ein niederländischer eineinhalb Jahre alter Junge, entdeckt beim Videoportal YouTube, überzeugte die Verantwortlichen des niederländischen Fußball-Erstligisten VVV Venlo mit seinem Ballgefühl und erhielt einen Zehnjahresvertrag. Es gibt zwar auch Eltern, die sich bewusst diesem Erfolgsdruck entziehen, möglicherweise sind sie jedoch in der Minderheit.

Die Reformpädagogin Maria Montessori sieht das Kind als »Baumeister seines Selbst« und wirkt mit ihrem pädagogischen Bildungskonzept dem Druck der Eltern auf ihre Kinder entgegen: »Fast immer wird dem kleinen Kind und noch vielmehr dem älteren Kind seine Beschäftigung vorgeschrieben. Wir dagegen lassen in all diesen Dingen dem Kind ganz freie Wahl, denn wir haben erkannt, dass auch in der Wahl der Beschäftigung das Kind von starken inneren Motiven geleitet wird. Allein das Kind weiß, was seiner Entwicklung Not tut, und eine aufgedrängte Beschäftigung stört seine Entwicklung und sein Gleichgewicht.«[67] Dieser Ansatz mag vielen extrem erscheinen, aber er sagt im Grunde, dass ein Kind zwar in seiner Entwicklung geführt werden möchte, seine Zukunft aber auch in seinen eigenen Händen liegt. Dieses Vertrauen scheint vielen Eltern abhanden gekommen zu sein.

Eltern und Schulen unter Erfolgszwang

Kitas und Schulen werden täglich mit dem Erfolgszwang der Eltern konfrontiert. Bereits im Kindergarten stehen Eltern beim Abholen am Nachmittag Schlange, um genau zu erfahren, wie sich ihr Sprössling macht. Ihre übersteigerte Erwartungshaltung setzt wiederum Erzieher und Erzieherinnen unter Druck. Mittlerweile werden in manchen Kitas Philosophie und Schach angeboten. Auch Museumsbesuche gehören zum Kita-Programm. Oft werden Ausstellungen gebucht, die die Kinder total überfordern.

Katharina B., Museumspädagogin, berichtet:

Seit 2003 bin ich als Museumspädagogin in einer großen Kunsthalle mit Schwerpunkt Moderne beschäftigt. Rückblickend bin ich erstaunt, wie viel sich in den letzten zehn Jahren bei der Nachfrage von Kinderaktionen geändert hat. Früher kamen eigentlich nur Schulklassen, meist Abiturienten mit LK Kunst. In-

zwischen mussten wir aber immer mehr Angebote für Kinder-
garten- und Vorschulkinder entwickeln, weil die Kitas für ihre
Ausflüge an uns herantreten. Und da sind es nicht nur die Bu-
chungszahlen, die gestiegen sind, es werden auch Aktionen
einer ganz anderen Qualität verlangt. Zum Beispiel bei einer
Ausstellung zu Chagalls Werk hatten wir für die Drei- bis Sechs-
jährigen ein Aktionspaket mit Wasserfarbenmalen, Basteln von
Kirchenfenster-Scherenschnitten und Nachstellen von Szenen
aus dem Leben des Künstlers geschnürt. Dieser interaktive Teil
wird mit einem erklärenden Rundgang eingeleitet.

Vielleicht kam ich nicht zuletzt zu meinem Beruf, weil meine
Eltern mich schon im Kleinkindalter in Museen mitgeschleppt haben. Die Atmosphäre von den riesigen hallenartigen Räumen,
der Stille, den Farben und dem eigentümlichen Geruch hat sich
mir gefühlsmäßig eingeprägt, wie es nur frühkindliche Erfahrungen können. Dennoch bin ich skeptisch, ob jetzt nicht zu viel des
Guten getan wird. Die Erzieherinnen sind manchmal selbst mit
der größten Begeisterung bei der Sache und übersehen dann,
dass auch Kinder, die zuerst mit Feuer und Flamme dabei sind,
nach einer Weile über Hunger, Durst und Klo-Bedürfnisse klagen oder wissen wollen, wann es endlich heimgeht. Trotzdem
hat die Museumsleitung unsere Kinderaktion »Voll Kunst« auf
zwei Stunden ausgedehnt, mit zeitlich straff aufeinanderfolgen-
den Programmpunkten. Es wird kritisiert, dass die Kindergärten dafür vom Kultusministerium keine vergleichbare Förderung
wie die Schulen erhalten, aber eigentlich bin ich ganz froh, dass
der Preis für unser Ganztags-Angebot (bei diesem sind Essen-
pausen natürlich dann schon eingeplant) den Kitas zu hoch ist.

Die Erzieherinnen wählen auch oft Programme aus, die eigentlich für Kinder ab der vierten Klasse geeignet sind. Wenn darauf hingewiesen wird, dass Lesen und Schreiben Voraussetzung ist, heißt es: »Das ist gut, das üben wir eh schon.« Und regelmäßig kommen spezielle Lern-Feriencamps mit Kindern, die zumindest schon in die Grundschule gehen. Für die halten wir deutschen Muttersprachler dann unsere Aktionen in Englisch ab, da die Kinder eine Woche lang Englisch lernen sollen.

Die Kleinen, die mit feuchten Pfötchen an einem hängen, erstaunen mich oft, wie sie die Kunstwerke wahrnehmen, aus einem Blickwinkel, den man als Erwachsener gar nicht mehr hat. Doch ich frage mich, ob wir diese Kreativität nicht in ein Korsett stecken. Und man kann es einer begleitenden Mutter nachfühlen, die seufzte und meinte: »Manchmal denke ich, lasst sie doch einfach nur spielen!«

Die hohe Erwartungshaltung der Eltern ist eine häufige Ursache für Leistungsdruck und Stress bei Kindern, die nicht erst in der Schule, sondern bereits im Kindergarten beginnen. Immer wieder berichten Erzieherinnen, dass Eltern unbedingt sehen möchten, was ihr Kind leistet. Bastelarbeiten, Kollagen, gemalte Bilder werden von den Kindern als Beweis nach Hause geschleppt, dass sie im Kindergarten etwas »lernen« und »leisten«. Ihr Potenzial soll frühestmöglich ausgeschöpft werden. Dieses Ziel beeinflusst viele Eltern in ihrer Wahl einer Bildungseinrichtung. Dabei sollten Kinder gerade in Kitas die Möglichkeit haben, Lernerfahrungen ohne Leistungsdruck zu machen. Es sind noch die Jahre, in denen ein Kind einfach Kind bleiben sollte. Doch der Alltag vieler Kleinkinder ist straff durchorganisiert. Da bleibt nur noch wenig Zeit zum Spielen im Sandkasten.

Schulen reagieren entsprechend auf den gesellschaftlichen Erfolgszwang, was wiederum den Druck auf Kinder und damit auf ihre Eltern erhöht. »Schon nach drei Wochen in der ersten Klasse wurden die ersten Überprüfungen in Mathematik und Leseverständnis geschrieben, mit Punkteverteilung, sodass man genau sehen konnte, wo das Kind steht«, berichtet Gaby D. »Einerseits gut, aber andererseits wird dadurch schon ein gewisser Druck aufgebaut. Nachdem die zweite Mathematikprüfung bei meiner Tochter nicht besonders gut ausgefallen war, wurde ich schon von der Lehrerin zum Elterngespräch gebeten, und meine Tochter kam in eine Fördergruppe. Einerseits gut, andererseits bekommt das Kind schon früh gesagt: ›Du bist nicht besonders gut in Mathe.‹ Warum lässt man den Kindern nicht mal ein halbes Jahr Zeit, um in der Schule anzukommen? Meine Tochter kommt nach dem Sommer in die zweite Klasse, und erst jetzt habe ich das Gefühl, dass sie sich eingelebt hat.« Marina F. war fassungslos, als sie ihre dreijährige Tochter vom Kindergarten abholte und die Erzieherin sie zur Seite nahm, um ihr zu sagen: »Ihr Tochter ist aber nicht besonders gut in Mathe!« Eine weitere Mutter erzählt, dass ihr vierjähriger Sohn als hyperaktives Kind abgestempelt wurde, nur weil er sich nicht so gut konzentrieren konnte und eher lebhaft war.

Bildungseinrichtungen stehen nicht ohne Grund unter Druck. Der Lernstoff verdichtet sich und muss in immer kürzerer Zeit unterrichtet werden, besonders seit das Schulsystem auf acht Jahre Gymnasium umgestellt wurde. Die Anforderungen an die Kinder sind enorm gestiegen. Viele kommen nicht mehr mit und müssen

Nachhilfe in Anspruch nehmen. Laut Landeselternvereinigung der Gymnasien in Bayern hat in der fünften Klasse bereits jedes achte Kind Nachhilfe. Das wirkt sich natürlich auf die Freizeit aus. In der zehnten Klasse beklagt sich die Hälfte der Eltern, dass ihre Kinder zu wenig Zeit für Hobbys hätten. In der elften Klasse sind es fast 80 Prozent der Schüler, die sich vorwiegend auf die Schule konzentrieren. Eltern, die sich eine Nachhilfe nicht leisten können, werden selbst zu Hilfslehrern. Für berufstätige Eltern ist das besonders schwer, denn selbst müde von der Arbeit, müssen sie ruhig und geduldig dem Kind am Abend den Lernstoff erklären. Sehr schnell kommt es zu Konflikten, wenn es die Aufgaben nicht schnell genug versteht. Manchmal lehnen Kinder die Hilfe der Eltern ab, denn sie fühlen sich so noch mehr unter Druck gesetzt.

Der ständige Druck von außen, sei es von der Gesellschaft, Schulen oder einfach nur Bekannten mit Kindern, lässt vielen Eltern keine Chance, aus dieser Frühförder-Bewegung auszubrechen. Immer schwingt die Befürchtung mit, Begabungen beim eigenen Kind zu übersehen und seine Intelligenz nicht früh genug gefördert zu haben. Viele Kinder verbringen mehr Zeit in Kursen als mit ihren Eltern. Das Leben der Eltern konzentriert sich allein auf deren Erfolg. Bereits in der Krabbelgruppe werden Kinder von Eltern miteinander verglichen. Und auch sonst gibt ihre normale Entwicklung immer wieder Anlass zum Konkurrenzkampf unter Eltern. Bemerkungen wie: »Ach, deiner spricht noch nicht?! Unsere redet schon, seit sie acht Monate alt ist!«, oder: »Ich bin mal gespannt, wann deine zu laufen beginnt. Sie ist ja schon spät dran!«, dienen vor allem dazu, sich selbst als Eltern zu beruhigen. Das eigene Kind ist anderen weit voraus. Gleichzeitig werden Eltern

Tipp

Wie sich Eltern dem Leistungsdruck entziehen können

- Setzen Sie die Erwartungen an Ihr Kind nicht zu hoch.
- Verlangen Sie nicht von sich, ein perfektes Kind zu erziehen.
- Setzen Sie sich selbst nicht unter Druck.
- Haben Sie Vertrauen in die Kompetenzen Ihres Kindes.
- Nehmen Sie die Realität Ihres Kindes wahr, und akzeptieren Sie diese. So beugen Sie Überforderung vor.
- Versuchen Sie nicht, in Ihrem Kind Ihre Wunschträume zu verwirklichen. Es hat sicher seine eigenen.
- Überlassen Sie Ihrem Kind die Verantwortung für seine Hausaufgaben. Helfen Sie, wenn Ihr Kind um Ihre Unterstützung bittet oder wenn Sie merken, dass es Tipps braucht, um sich besser zu organisieren.
- Bedenken Sie immer, dass ein Gehirn nie gut unter Leistungsdruck und unter Druck von außen (z. B. den Eltern) arbeiten kann.

verunsichert, deren Kinder sich einfach nur zeitgemäß entwickeln. Eltern setzen sich auch oft unrealistische Ziele und Maßstäbe für ihr Kind, denn es ist in seiner Entwicklung noch nicht so weit gereift, um ihren Ansprüchen gerecht werden zu können.

Bei vielen Förderkursen liegt der Akzent auf der Förderung der individuellen Fähigkeiten des Kindes im Hinblick auf seine Zukunft. Allein auf sich gestellt, basierend auf seiner Intelligenz und seinen Talenten, soll es anscheinend den Weg nach oben bestreiten. Der gegenwärtige Konkurrenzkampf unter Eltern wird unweigerlich auf die Kinder übertragen. Jeder gegen jeden. Keine besonders gute Voraussetzung für das Erlernen sozialer Kompetenzen, für die das Kind übrigens keine Förderkurse braucht, sondern zum Beispiel die Beziehung mit seinen Eltern und das Spiel mit Gleichaltrigen. Was Eltern ihrem Kind in diesen frühen Jahren mit auf den Weg geben, wird sein Verhalten in der Gesellschaft prägen. Ichlinge zählen nur auf sich selbst. Ihre Kompetenzen sind vorrangig. Ihr persönlicher Erfolg steht im Mittelpunkt. Anscheinend haben sie die Lektion ihrer Eltern und der Gesellschaft bestens verstanden.

Leistungsdruck und seine Folgen

»Bei unseren Nachbarn, Familie G., ist der Tag total durchgeplant«, erzählt Heike S., Mutter dreier Kinder. »Die beiden Kinder, sieben und zehn Jahre, müssen jeden Abend zwischen sieben und acht Uhr ins Bett, ohne Ausnahme. Morgens um sechs klingelt der Wecker. Dann Schule, danach eine halbe Stunde für Essen, dann eine halbe bis ganze Stunde Hausaufgaben, dann jeden Mittag eine halbe Stunde Musik. Der Nachmittag ist ausgefüllt mit dreimal pro Woche Leistungsturnen, Klavier- und Flötenunterricht, Leichtathletik, Gruppenstunde, Modern Dance ... Wo bleibt für die Kinder da noch Zeit, einfach mal zu spielen?«

So wie bei Familie G. sind die Nachmittage etlicher deutscher Kinder nach der Schule fest verplant, und man rast von einem

Termin zum nächsten. Hobbys sollten Kindern vor allem Spaß machen und ihnen ermöglichen, Aktivitäten auszuprobieren, die in der Schule nicht immer ihren Platz haben. Das Interesse vieler Eltern ist jedoch, die Begabung ihres Kindes in Hinblick auf seine berufliche Zukunft zu fördern. Hobbys führen immer wieder zu Konflikten in der Familie, weil die Kinder sich dagegen wehren, ständig zu üben, und das Gefühl bekommen, genau wie in der Schule Leistung zeigen zu müssen. Ein Teil der verbleibenden Freizeit wird nämlich damit verbracht, das Klavierstück für die nächste Stunde perfekt zu beherrschen. Wenn der Kurs ausgewählt wurde, um schulischen Problemen vorzubeugen, ist die Motivation meist gleich im Keller. Sehr schnell können sich Kinder überfordert fühlen. Hausaufgaben müssen ja auch noch gemacht werden. Zudem sind sie oft müde, wenn sie aus der Schule kommen, und benötigen eine gewisse Zeit, um sich auszuruhen. In vielen Familien sind die Terminkalender so voll, dass Treffen mit gleichaltrigen Freunden zu einer komplizierten Angelegenheit werden. Auch wenn Kinder in Kursen und Hobbys mit anderen Kindern zusammen sind, werden sie oft, wie auch in der Schule, an ihren individuellen Leistungen gemessen.

Der Leistungsdruck auf Kinder ist groß. Oft fühlen sie sich damit allein gelassen. Die Klasse als Team gibt selten den schwächeren Schülern genügend Unterstützung. Wer nicht nachkommt, muss sehen, wie er die Prüfungen schafft. Und der Schulwechsel wird ebenfalls gerne als Alternative genannt, wenn die Noten dementsprechend schlecht sind. Leistungsdruck schweißt nicht zusammen. Zu Hause sollten Eltern versuchen, den Druck abzubauen und das Kind für das Erreichte loben. Nicht selten regnet

Schüler im Stress

Eine Studie der Techniker Krankenkasse (TK)[68] zeigt, dass Stress bereits bei Schülern und Studierenden zum Alltag gehört:

- Neun von zehn Schülern und Studierenden klagen über Stress. 30 Prozent stehen nach eigener Aussage häufig oder permanent unter Druck.
- Stressfaktor Nummer eins sind Prüfungssituationen, dicht gefolgt von dem allgemein starken Leistungsdruck, der 60 Prozent der Lernenden stresst.
- Gut drei Viertel der Schüler und Studierenden klagen über Lernstress.
- Mehr als drei Viertel empfinden die Schule oder Universität als Belastung.
- Gründe dafür sind beispielsweise hoher Lerndruck, die Vielzahl von Freizeitaktivitäten sowie sozialer Stress unter Gleichaltrigen.

es aber Strafen bei schlechten Schulnoten oder sogar Schläge. Und immer wieder gibt es Eltern, die sich nicht von unrealistischen Erwartungen verabschieden können. Zu viel steht auf dem Spiel. Wie kann die Ära der Ichlinge jemals zu Ende gehen, wenn die Gesellschaft, in der die Kinder aufwachsen, die Schwächeren ins Abseits stellt? Wenn Leistungsdruck wie ein Sieb agiert und nur die Besten durchlässt? Wie sollen Kinder sich für ein Team stark machen können, wenn sie am Ende doch für sich selbst einstehen müssen?

Zu starker Leistungsdruck macht Kinder krank. Dass viele den Anforderungen nicht gewachsen sind, beweist die ansteigende Zahl psychosomatischer Störungen und psychischer Erkrankungen bei Kindern und Jugendlichen. Mittlerweile zeigt jedes vierte Kind in Deutschland nach Angaben von Medizinern psychische Auffälligkeiten. Jedes zweite Schulkind hat bereits Therapieerfahrung, lautet das Ergebnis einer Umfrage der Techniker Krankenkasse.

Schulverweigerung, auch Schulangst und Schulphobie genannt, ist in westlichen Ländern weitverbreitet. Die beiden letzten Bezeichnungen sind eigentlich unpassend, denn das Kind hat nicht unbedingt Angst vor der Schule selbst, es handelt sich eher um Trennungsangst. Man schätzt, dass drei bis fünf Prozent der Kinder unter dieser Angstform leiden, Jungen mehr als Mädchen.

Vorwiegend leiden Jugendliche darunter, doch die Patienten werden immer jünger. Sogar Kleinkinder im Kindergartenalter sind davon betroffen. Grundschuleintritt, Übergang ins Gymnasium und die Pubertät sind Phasen, in denen Schulverweigerung häufig auftritt. Wie bei vielen psychischen Krankheiten kann es mehrere Ursachen geben. Neben Leistungsdruck können auch strenge Lehrer, Mobbing in der Schule, zu ehrgeizige oder zu beschützende Eltern, Angst vorm Versagen oder auch die Angst vor der Beurteilung der Lehrer oder Mitschüler zu der Weigerung führen, in die Schule zu gehen. Manchmal tritt die Schulverweigerung nach dem Tod eines Familienmitgliedes auf. Das Kind weigert sich, das Haus zu verlassen, weil es Angst hat, dass seine Eltern oder es selbst ebenfalls sterben könnten.

Wann handelt es sich um Schulverweigerung?

Für die Diagnose sind Dauer und Intensität dieser Angstform ausschlaggebend. Wenn das Kind sich über Tage beziehungsweise Wochen weigert, in die Schule zu gehen, morgens nicht aufstehen will, weint und die oben genannten Symptome aufweist, sollten die Eltern mit ihrem Kind den Hausarzt oder ein Krankenhaus aufsuchen, um zuerst eine organische Ursache der Beschwerden auszuschließen. Im Falle der Diagnose einer Schulverweigerung muss eine Lösung gefunden werden, wie zum Beispiel eine Therapie.

Häufig klagen die Kinder über Kopfschmerzen, Bauchschmerzen, Durchfall, Erbrechen oder Appetitlosigkeit. Sehr oft wird Schulverweigerung von Eltern daher nicht gleich als eine solche erkannt. Die Symptome treten vorwiegend am Morgen (besonders am Montagmorgen) vor dem Schulanfang oder während der Schulzeit auf und verschwinden am Nachmittag oder am Wochenende. Das Kind kann also mit Freunden Spaß haben, sobald der Bezug zur Schule nicht mehr gegeben ist. Genau dies verärgert viele Eltern, denn sie denken, dass sich ihr Kind vor der Schule drückt oder einfach nur faul ist. Doch die Kinder simulieren nicht. Sie leiden wirklich. Depressive Symptome wie Selbstmordgedanken, Weinkrämpfe, Schlafstörungen oder Teilnahmslosigkeit an Aktivitäten, die das Kind zuvor mochte, können ebenfalls auftreten. Bei jedem Kind kann sich Schulverweigerung unterschiedlich äußern.

Leistungsdruck oder hohe Erwartungen der Eltern und der Gesellschaft müssen nicht immer gleich zu Schulverweigerung führen. Dennoch riskieren gerade sensible Kinder, unter diesen Anforderungen zu leiden. Mühe beim Lesen lernen, Legasthenie oder generell Sprachstörungen beim Kind lassen Eltern manchmal in Panik geraten. Als Markus Z. erfuhr, dass sein vierjähriger Sohn an einer Sprachentwicklungsstörung leidet, fragte er sofort besorgt: »Aber wie soll er dann bloß das Abitur schaffen?!« Der Anteil von Erstklässlern mit Sprachdefiziten liegt bei etwa 15 Prozent. Rund 20 Prozent der Kindergartenkinder weisen deutliche Mängel bei Sprachverständnis, Wortschatz, Artikulation und Grammatik auf. Tendenz steigend.

Wenn Ichlinge die Elite unserer Gesellschaft darstellen, denn sie scheinen die Zusammenstellung von Begabungen aufzuweisen, die erforderlich sind, um erfolgreich zu sein, dann sind vielleicht die Nachzügler, aus welchen Gründen auch immer, eine neue Gruppe, ein Team für sich. Ein Team, das jedoch oft Schwierigkeiten hat, sich in die größere Gemeinschaft einzufügen. Der Anschluss misslingt.

Klassenkonferenz mit einem »Problemkind«

Dagmar K., Lehrerin in einer Realschule plus, berichtet von einer Klassenkonferenz mit dem Schüler Sascha, 14 Jahre:

Sascha sitzt am Tisch, die Baseballmütze tief im Gesicht, den Kragen seines Hochglanzjogginganzugs hochgezogen. Er ist 14

Jahre alt, klein und schmächtig, und eigentlich sieht er aus wie Pippi Langstrumpf mit Kurzhaarschnitt.

Heute muss er Rede und Antwort stehen, geladen zu der Klassenkonferenz sind seine Mutter, die Saschas große Schwester mitbringen wird, alle zwölf Fachlehrer, drei Schülersprecher, drei Elternvertreter, zwei Schulausschussmitglieder und die Schulleitung. Man möchte Sascha zeigen, dass man ihn ernst nimmt, und ihm die Chance geben, verschiedene Menschen zu hören und auch zu befragen.

Nach mehrfacher Aufforderung durch die Schulleiterin nimmt Sascha die Mütze ab, seinen Mund versteckt er weiter hinter seinem Kragen. Saschas Mutter betritt den Raum, weiße Bluse, schwarzer Mini, gepflegt und gut gestylt, eine attraktive Frau. Als Saschas Schwester Sabrina erscheint, geht ein Raunen durch die Lehrerschaft. Das gibt es doch nicht, die hat doch vor Jahren bei uns ihren Realschulabschluss mit Auszeichnung bestanden? Sabrina, die Schwester von Sascha? Hatte die nicht einen ganz anderen Nachnamen? Aber die Vermutungen werden Tatsache: Sabrina steht kurz vor Abschluss ihrer Ausbildung zur Arzthelferin, die sie ebenfalls gut absolviert hat. Ihr Vater hat die Familie nach ihrer Geburt verlassen.

Und Sascha?

Seine Historie in den letzten Jahren wird von der Klassenlehrerin kurz zusammengefasst. Seine Leistungen sind im letzten Jahr massiv abgefallen. Er wird mit fünf Fünfen und einer Sechs die achte Klasse wiederholen müssen.

Man geht über zu Verhalten und Mitarbeit. Die Klassenlehrerin schildert Saschas Entwicklung von einer männlichen Pippi

Langstrumpf, die in der Nase bohrt, Witze macht, gerne den Unterricht zur Bühne für kleine Comedy-Einlagen werden lässt und Schwierigkeiten hat, sich an Regeln zu halten, zu einem verbal und körperlich aggressiven jungen Mann innerhalb eines Schuljahres.

Die erzieherischen und pädagogischen Maßnahmen sind nicht mehr zu zählen, der Schulsozialarbeiter ist Saschas hauptsächlicher Kontakt in der Schule, wenn er mal wieder, wie so oft, im Unterricht untragbar wird. Regelmäßige Terminvereinbarungen mit dem Schulsozialarbeiter werden von Sascha meist boykottiert, oft haut er aus der Schule ab und treibt sich in der Stadt herum. Zu Gesprächen kommt es nur, wenn die Klassenlehrerin Sascha persönlich zum Schulsozialarbeiter geleitet.

Saschas Mutter mischt sich ein und beschreibt kurz Saschas Feindbild und für sie die Ursache allen Übels: seine Klassenlehrerin. Letztes Jahr sei vieles einfach besser gewesen. Ohne dass dies ausgesprochen wird, wissen alle Anwesenden: Frau X ist eine strenge, aber gerechte, disziplinierte und gut organisierte Lehrerin mittleren Alters, die von ihren Schülern viel fordert, aber auch viel gibt. Die Klassensituation hat sich unter ihrer Führung sehr harmonisiert, Sascha ist da die Ausnahme. Der Klassenleiter im letzten Jahr sei viel besser gewesen, berichtet Saschas Mutter, Herr Y. sei eher der lockere Typ, der den Schülern auch mal kleine Pausen gönnt, um selbst eine rauchen zu gehen oder anderen Süchten zu frönen. Da habe Sascha auch mal Gelegenheit gehabt, sich zu bewegen und eine Pause vom Unterricht zu machen.

Die Klassenlehrerin geht ins Detail. Saschas Antworten auf

Maßregelung oder Aufforderung zur Mitarbeit bestehen aus »Chill doch, Alte!«, »Fuck you, bitch!«, oder: »Halt's Maul, du Fotze!« Drehen Mitschüler ihm den Rücken zu, zieht er ihnen die Hosen herunter, fasst den Mädchen an die Brüste oder spuckt sie an. Der Kinderpsychiater hat Saschas Mutter geraten, sein Selbstbewusstsein zu steigern, ihn teamfähig zu machen. Sascha fing daraufhin mit dem Boxen an, gerne lässt er seither seine Mitschüler zu Opfern werden.

Saschas Mutter kommt wieder zu Wort und schildert ihren Sohn als ADHS-Kind, wie übrigens alle ihre vier Söhne. Sascha nähme regelmäßig Medikamente, schildert die Mutter. Saschas Klassenlehrerin unterbricht mit der Bemerkung, dass Sascha ihr schon mehrfach im Vertrauen gesagt habe, dass er seine Tabletten nicht mehr nähme, er leide unter enormen Schlafstörungen und Kopfschmerzen, und er sei außerdem jetzt alt genug, er brauche das nicht mehr.

Saschas Mutter zeigt sich auf Nachfrage schockiert, gibt allerdings zu, dass sie aufgrund persönlichen Zeitmangels und wegen der hohen Termindichte in der Praxis des zuständigen Jugendpsychologen die Dosierung der Medikamente schon lange nicht mehr habe überprüfen lassen, Sascha sei halt jetzt in der Pubertät, wahrscheinlich müsse er eine höhere Dosierung kriegen. Aber jetzt seien ja erst mal Ferien, da setze Sascha die Medikamente immer ab. Auf vorsichtiges Nachfragen des Sportlehrers, ob diese Handhabung Sinn mache, zeigt Saschas Mutter kurz ihr »zweites Gesicht« und wird laut und zornig: Das gehe jetzt wohl wirklich niemanden etwas an. Saschas Schwester sagt kein Wort, sie hat angefangen zu weinen.

Sascha hat das letzte Wort, man will wissen, warum er sich so entwickelt hat und ob er eine Idee habe, was man ändern könne, um ihm die Unterrichtssituation zu erleichtern. Sascha schweigt, nach einiger Zeit nuschelt er leise in seinen Kragen: »Ich hab halt Scheiß gebaut.«

Sei es durch Leistungsdruck, das Scheitern der Erziehung der Eltern, Zukunftsängste, Lebensfrust oder Gewalteinwirkungen (Misshandlungen etc.) – multifaktorielle Ursachen führen zu einer besorgniserregenden Zunahme von Problemkindern. Das schwindende Selbstwertgefühl, die fehlende Anerkennung für ihre Anstrengungen und der fortwährende Leistungsvergleich mit der Elite konfrontieren diese Kinder kontinuierlich mit ihrem Versagen. Manche dieser Kinder und Jugendlichen wie Sascha können nur noch durch aggressives Verhalten und Provokationen existieren. Auch, weil sie sich allein gelassen fühlen. Ihnen fehlt die nötige Unterstützung ihres Umfeldes, um neue Schritte zu wagen.

Unter Leistungsdruck scheint gerade die Teamfähigkeit zu leiden. Laut einer Umfrage der Beratungsgesellschaft ServiceValue[69], für die rund 2000 Arbeitnehmer aus zwölf Wirtschaftszweigen befragt wurden, beklagt sich jeder fünfte Arbeitnehmer in Deutschland, dass er an seinem Arbeitsplatz keine soziale Unterstützung von den Kollegen bekommen würde und sich im Stich gelassen fühle. Im Team werde durch zunehmende Arbeitsbelastung und starken Leistungsdruck das Fehlverhalten der Teammitglieder weniger toleriert. Das schwächste Glied wird dann schnell zum Sündenbock für alle. Besonders in Krisenzeiten scheint auch in der Arbeitswelt jeder sich selbst der Nächste zu sein, um seinen

Arbeitsplatz abzusichern. Würde man diese Umfrage in Schulen starten, käme man mit aller Wahrscheinlichkeit zu demselben Ergebnis oder vielleicht zu einem noch schlechteren. Es ist unter anderem die Angst, seine Position im Wettlauf um den Erfolg zu verlieren, die Menschen auf den anderen keine Rücksicht mehr nehmen lässt. Gerade unter dem aktuellen Leistungsdruck und durch den ständigen Leistungsvergleich fühlen sich viele Kinder und Jugendliche wie am Rande einer Klippe. Es wäre wohl eine Utopie zu glauben, dass der Leistungsdruck in Zukunft abnehmen würde. Daher ist es umso wichtiger, einem Kind von klein auf zu vermitteln, dass das Team Familie und das Team Schule es auffangen werden, wenn es in Schwierigkeiten gerät.

Leistungsdruck und Leistungsverweigerung (von Christiane und Michael Gérard)

Mieka, ein Jahr alt, hat gerade das Laufen gelernt. Mit wackeligem Seemannsgang bezwingt sie immer wieder den neu entdeckten kleinen Grashügel vor dem Haus. Sie plumpst hin, mal nach hinten auf ihren dicken Windelpo, mal nach vorne. Wie ein Maikäfer strampelt sie, um auf die Beine zu kommen. Manchmal greift sie nach der unterstützenden Hand ihrer Eltern. Und wieder geht das Ganze von vorne los, bis sie den Gipfel erreicht hat. Sie blickt stolz ihre Eltern an, vergewissert sich, dass diese ihr Kunststück wahrgenommen haben, und nimmt ihre Übungen wieder auf.

Acht Jahre älter als seine Cousine und schon schulerfahren, teilt Lucas seinem Großvater mit: »Opa, wenn ich groß bin, werde ich gleich Rentner wie du! Dann habe ich wenig Stress, verdiene viel Kohle und kann das Leben genießen.«

B., 60 Jahre alt, ein äußerst erfolgreicher, leistungsstarker Mensch, seufzt wohlig auf: »Gott sei Dank, ich muss nichts mehr werden!«

Die drei Stationen beschreiben beispielhaft, wie unterschiedlich im Lauf eines Lebens und für verschiedene Menschen Leistung und Leistungserwartung erlebt wird, und es stellt sich die Frage, was geschieht oder geschehen müsste, um diese ursprüngliche Freude am Lernen, Sich-Beweisen, sich und seine Umwelt entdecken und sich dabei gegenseitig unterstützen, zu erhalten und zu fördern.

Wir sind ein pensionierter Studiendirektor, der unter anderem lange Jahre als Beratungslehrer tätig war, und eine Diplompsychologin, die ebenso lange kranke und behinderte Kinder und Jugendliche sowie deren Eltern in einer Klinik betreut hat. Wir halten nichts davon, diese Ideen als eine Art weiteren Ratgeber den Eltern »vorzuschreiben«, sondern wünschen uns, dass unsere Gedanken eine innere Auseinandersetzung mit den eigenen Kräften, Möglichkeiten und Grenzen in Gang setzen und Eltern ihren eigenen Standpunkt noch weiter festigen können. Denn nichts verunsichert Kinder mehr als unsichere Erwachsene, an denen sie sich nicht vertrauensvoll orientieren oder reiben können.

Am Beispiel von Krankheiten lässt sich gut darstellen, wie Eltern ihre Kinder gerade in frustrierenden und schwierigen Situationen unterstützen können. Kranksein bedeutet, nicht mehr so leistungsfähig zu sein wie vorher. Eine Behinderung oder eine chronische Krankheit zu erleiden heißt oft, dauerhaft unter Nachteilen mitlaufen oder konkurrieren zu müssen. Neben der existenziellen Bedrohung, die mit einer Krankheit verbunden sein kann, kann sie bei Kindern auch die Angst wecken, leistungsmäßig nicht mehr mit anderen mithalten zu können. Eltern wiederum befürchten, dass ihre Kinder die erstrebte berufliche Qualifikation nicht erreichen könnten.

Kranksein ist eine Ausnahmezeit: Die Anforderungen an den Betroffenen werden heruntergeschraubt, er wird geschont. Eltern verwöhnen ihre Kinder und nehmen sich Zeit für sie, sonst strenge Verhaltensregeln werden aufgeweicht (zum Beispiel länger und öfter fernsehen oder Computer spielen). Sie sitzen an ihrem Bett, ohne dass sich die Kinder die Aufmerksamkeit der Eltern mit ihren Geschwistern teilen müssen. Man muss nicht in die Schule gehen, kann ausschlafen.

Nun kann man umgekehrt für den gesunden Alltag den Schluss ziehen, dass offensichtlich solche fürsorglichen Verhaltensweisen der Erwachsenen Kindern guttun und sie für erlittene Frustrationen entschädigen. So wäre die Frage, ob man nicht manchem Kind über besonders stressige Schul- und Lerntage mit einer halben Stunde besonderer Kuschel- und Aufmerksamkeitszeit zur Entspannung verhelfen und ihm das Gefühl geben kann: »Wir spüren, dass du gerade viel leistest und gestresst bist, und unterstützen dich liebevoll«, bevor es in eine Krankheit oder eine andere Form der Leistungsverweigerung flüchten muss, wenn es nicht mehr weiterweiß.

Immer mehr Mütter sind berufstätig. Gerade in Stresszeiten fehlt dann die notwendige Zeit, allen Anforderungen gerecht zu werden. Die folgende Geschichte zeigt, was sich in einem Kind abspielen kann, wenn es sich in seiner seelischen Not nicht begleitet fühlt, und in welchem Dilemma sich auch Eltern befinden.

Leas Angst vor der Krankheit

Frau N. sucht uns wegen ihrer Tochter Lea auf. Bei Lea wurde eine juvenile rheumatische Arthritis (kindliches Rheuma) diagnostiziert. Lea sei ein munteres, lebenslustiges, phantasiebegabtes, tapferes zehnjähriges Mädchen, in letzter Zeit weine sie jedoch öfter und mache sich Sorgen um ihre Zukunft. Sie habe jetzt Probleme, alleine im Krankenhaus zu bleiben. Sie, die Mutter, könne aber nicht dort bleiben, da sie eine wichtige Fortbildung zu absolvieren habe, und auch andere Familienmitglieder könnten nicht einspringen. Frau N. beschreibt sehr einfühlsam ihren Konflikt zwischen ihrer Berufstätigkeit und der Sorge um Lea. Sie sieht auch, dass diese auf vieles wird verzichten müssen. Lea sei ein sehr sportliches Mädchen, und auch die gemeinsame Freizeit der Familie ist durch sportliche Aktivitäten geprägt.

Im Gespräch bestätigt Lea unter Tränen ihre Traurigkeit: Sie dürfe nun keinen Sport mehr treiben, nicht mehr draußen mit den Freunden spielen, nicht mehr am Schulsport teilnehmen. Trotz aller neuen Lösungsvorschläge, die sie auch annehmen kann, zeigt sie sich weiter furchtsam. Schließlich erzählt sie von ihren beängstigenden Phantasien. Am meisten fürchtet sie sich vor Edward mit den Scherenhänden, einem Skelett und einem unheimlichen Mann, Figuren, die alle im Dunkeln auftreten. Sie hat eine Reihe von Ritualen entwickelt, um die Ängste zu beherrschen, aber sie scheint keine Kontrolle mehr über ihre Phantasie zu haben, so wie sie die Kontrolle über ihr bisheriges Leben verloren hat. Und diejenigen, die ihr Schutz geben sollten, die Eltern, können nicht da sein.

Wichtig war für uns, dass Lea in einer solchen Situation eine »Nabelschnur« zur Mutter zur Verfügung hatte, also besorgten wir ihr ein Handy. Zum Zweiten war es wichtig, dass Lea einen neuen und konkreten alternativen Plan für ihre Zukunft entwickeln konnte. So war es ihr eine Erleichterung zu hören, dass sie durchaus schwimmen dürfe, sogar solle, und eventuell auch reiten dürfe. Wir konstruierten neue spannende Aktivitäten für sie, ihre Familie und ihre Freundinnen in der Freizeit und in der Schule.

Wichtig war aber auch, dass wir Edward ein wenig entmachteten und ihr die Kontrolle über ihn zurückgaben. Da Lea sehr phantasiebegabt war, gelang uns das recht schnell. Dann erst begann uns Lea nach der Entstehung von Rheuma zu befragen und wie sie die Behandlung unterstützen könne. So verlor auch dieses Gespenst ein wenig von seiner Bedrohlichkeit. Als Lea eine Woche später nach Hause entlassen wurde, malte sie ein wunderschönes Bild und nannte es »Friede bei Lea«.

Was bedeutet diese Geschichte für den Umgang mit Leistung und Leistungsproblemen? Kinder brauchen in Krisensituationen (wie etwa Lern- und Leistungskrisen) Erwachsene, die ihnen zuhören, sie in ihrer Verwirrung, mit ihren Ängsten, ihren Phantasien annehmen und ernst nehmen. Sie brauchen Erwachsene, an die sie sich verlässlich wenden können, die für sie präsent sind. Das müssen nicht die Eltern sein, es können auch andere Bezugspersonen sein, zu denen das Kind Vertrauen aufgebaut hat. Es braucht dazu auch nicht unbedingt einen Psychologen.

Ein Kind mit zehn Jahren erscheint zwar »vernünftig«, es ist aber bei Weitem überfordert, eine ihm neue Zukunft (wie zum Beispiel einen Schul- oder Klassenwechsel) selbst realistisch und tröstlich vorwegzunehmen. Dafür braucht es Erwachsene, die ihm helfen, diese Zukunft konkret auszumalen. Es braucht große Menschen, die seine Not anhören, ohne sich von ihr umwerfen zu lassen, und nicht versuchen, ihm diese auszureden (»ach, das ist doch nicht so schlimm!«), und ihm auf die Weise ein neues Zutrauen vermitteln.

Ein anderes Problem ergibt sich, wenn Eltern ein bestimmtes Bild ihrer Kinder vor Augen haben, dem diese nicht entsprechen.

Solche Situationen erlebten wir in der Klinik täglich bei Kindern und Jugendlichen, die plötzlich durch einen Unfall mit einer Hirnschädigung verändert und größtenteils in ihrer Leistungsfähigkeit eingeschränkt waren. Niemals sonst habe ich so deutlich erlebt, was es bedeutet, sich mit Grenzen auseinanderzusetzen.

Die Folgen einer Behinderung akzeptieren lernen

Eine Patientin war eine junge Frau von 19 Jahren, die aus einer Familie stammte, in der man großen Wert auf Leistung legte: Man sprach schnell und eloquent, fuhr ebenso schnell Auto und legte es darauf an, schneller, besser und klüger zu sein als der Rest der Welt, auf den man eher verächtlich herabschaute. Diese junge Frau verunglückte auf dem Weg zur Schule und zog sich eine schwere Hirnverletzung zu. Sie, die vorher sehr sportlich war, hatte nun eine Halbseitenlähmung. Sie, die vorher blitzschnell und gut argumentieren konnte, zeigte nun Schwierigkeiten, sich adäquat zu artikulieren. Ihr Gedächtnis war nach wie vor sehr gut, ihre Intelligenz entsprach dem Durchschnitt. Möglicherweise hatte sie ein paar IQ-Punkte verloren.

Die Rehabilitation dieses Mädchens stellte sich eine Weile sehr schwierig dar, da sowohl sie als auch die Familie die nun bestehende Realität leugneten: Bei einer richtigen Behandlung würde wieder alles so werden wie vorher. Wir verstünden halt unser Handwerk nicht. Auch die Patientin selbst stimmte zunächst in diesen Chor mit ein und versuchte möglichst, all ihre Schwächen zu verstecken: die gelähmte Hand in die Hosentasche, die Fußheberschiene unter der Hose, die Narbe unter einem langen Pony, den Unterricht in Deutsch schwänzte sie oder wertete die Lehrerin als nicht qualifiziert ab. Die übrigen Patienten waren für sie alle »unter ihrem Niveau«. Sie lehnte die Teilnahme an jeder Gruppenaktivität ab.

Der unrealistische Glaube ihrer Familie an ihre Heilung gab ihr einerseits Mut, setzte sie andererseits unter Druck. Sie forderte ständig mehr Therapien und setzte sich unrealistische Ziele, wie etwa in einem Monat wieder Langlauf zu fahren.

Erst als nach vielen harten Konfrontationen mit ihren Grenzen die Wirklichkeit nicht mehr zu verleugnen war und auch die Familie zunächst nur verhalten zustimmte, dass die Patientin wohl nicht mehr ganz gesund würde, begann der schmerzhafte Verarbeitungsprozess bei der Patientin. Sie musste sich ja völlig neu erfinden und eingruppieren und sich eine neue Anerkennung in dieser ungeheuer leistungsfixierten Familie erkämpfen.

Bei ihrer Entlassung zehn Monate nach ihrem Unfall bilanzierte die Patientin:

- Sie verhalte sich nicht mehr so flüchtig-schnell-oberflächlich und empfinde die neue Notwendigkeit, langsam und gründlich zu lernen, als viel befriedigender.
- Sie sei bereit anzuerkennen, dass ihre Entwicklung langsamer vorangehen werde, und wisse, dass sie immer sichtbar behindert bleiben werde.
- Sie wolle ehrlicher sich selbst gegenüber sein und sich nicht mehr verstellen. (…) Sie wolle ein Abschiedsfest für alle auf Station veranstalten.
- Auch das Verhalten der Familie habe sich verändert: Die Mutter müsse aus Rücksicht auf sie langsamer machen, der Vater zeige sich weicher, der Bruder akzeptiere sie so, wie sie sei, denn ›schließlich gehören Behinderte ja nun zu seinem täglich Brot!‹[70]

Für viele körperlich gesunde Kinder ergeben sich durch hohe und nicht individuell angepasste Leistungserwartungen ihrer Eltern ähnliche Konflikte wie bei dieser Patientin: Wenn ich den Erwartungen nicht entspreche, verliere ich die Anerkennung meiner Familie beziehungsweise meine Zugehörigkeit zu ihr. Leistung wird hier als höchster Wertmaßstab gesehen. Andere ausgeprägte Eigenschaften und Fähigkeiten des Kindes treten in den Schatten und taugen nicht zur Kompensation.

Auch wenn der folgende Fall nicht minder dramatisch ablief, so zeigt er doch, dass der Junge liebevoll durch alle Hochs und Tiefs von seinen Eltern begleitet wurde, die in ihm eben nicht nur den Vorzeigejungen sahen, der in allen Bereichen – schulisch und sportlich – vor seinem Unfall Leistungsbester war.

Eine gelungene Unterstützung durch die Eltern nach einem Schicksalsschlag

Martin sah gut aus, war trotz seines großen Ehrgeizes ein echter Teamplayer und sehr beliebt in seinem Dorf. Er war 14 Jahre, als sein Unfall passierte, ein Alter, in dem gerade die äußere Attraktivität und die Position in einer Gruppe Gleichaltriger eine wichtige Rolle spielt, in dem man sich auch von den Eltern distanziert, um zu sich selbst, seiner besonderen Eigenart, zu gelangen. Für Martin gehörten Spitzenleistungen zu seinem Selbstbild, ohne dass dies von den Eltern erwartet wurde. Er liebte die Herausforderungen und hatte Spaß an ihnen.

Nach dem Unfall schielte er durch eine neue Fehlstellung der Augen leicht und zog ein Bein nach. Außerdem litt er unter erheblichen Gedächtnisstörungen, die eine weitere berufliche Ausbildung unmöglich machten. Auch Martin bemühte sich wie die obige Patientin, durch fast zwanghaftes Training seine Defizite zu überwinden. Als er erkannte, dass ihm dies nicht gelingen würde, verfiel er in Depression, begann sich zu hassen, sich selbst zu verletzen und magersüchtig zu werden. Seine Gewichtskontrolle ersetzte seinen Wunsch, sich selbst zu übertreffen, nun aber auf eine sehr destruktive Art. Sein Zuhause jedoch blieb der Ort, an dem er sich sicher und geborgen fühlte. Hierhin flüchtete er, wenn er nicht mehr weiterwusste. Die Eltern leisteten einen unglaublichen Spagat: Sie nahmen ihn auf, wenn er diesen Rückzug brauchte, aber sie forderten ihn auch immer wieder auf, sich den Problemen und seiner neuen Realität in kleinen Schritten zu stellen. Sie versuchten ihr Leben weiterzuleben und ihm das Gefühl zu nehmen, durch seine Änderung habe sich alles verändert. Er behielt seine Position in der Familie, wurde weiter geachtet und geliebt, dort unterstützt, wo er es brauchte, und dort zur Selbstständigkeit aufgefordert, wo er selbst genügend Fähigkeiten entwickelt hatte. Er ist nun in der Kirchengemeinde integriert, wo er eine neue Bezugsgruppe gefunden hat und in einer Band mitspielt, eine Fähigkeit, die er während seines Klinikaufenthaltes neu gelernt hatte und die ihm offensichtlich zusätzlich half, neues Selbstvertrauen aufzubauen und sich wieder anzunehmen.

Eine solche positive Entwicklung der chronisch kranken Kinder trat oft dort ein, wo die Krankheit beziehungsweise Schwäche nicht in den Vordergrund gerückt wurde, sondern eine Gegebenheit unter anderen war und nicht das Hauptcharakteristikum des Kindes. Das klang dann beispielsweise so: »Ich habe Rheuma und auch einen Hund und drei Freundinnen, ich bin schlecht in Mathe, kann gut lesen, und ich singe gerne.«

Worin liegt dann das Spezifische unserer Epoche, wenn wir uns des Themas Leistung/Leistungsbereitschaft annehmen? Haben Millionen heutiger Eltern nach dem Verschlingen Tausender gut gemeinter Ratgeber (in schriftlicher und mündlicher Form) ein »richtigeres«, ein »besseres« Bewusstsein davon, was sie ihren Kindern mitgeben können und müssen, um sie gut ausgestattet in die gesellschaftliche Selbstständigkeit zu entlassen? Haben die

Kinder in unserem Land eine verinnerlichte Vorstellung davon, wie privilegiert die meisten von ihnen aufwachsen, wenn sie wie selbstverständlich immer neue Ansprüche formulieren oder sich entziehen, wenn es nicht so läuft, wie sie es sich wünschen? Oder sind sie einfach nur Opfer einer gnadenlosen materiellen Ausbeutung, die ihnen vorgaukelt, wahres Glück im Besitz und in der Verfügbarkeit über Waren und Menschen zu finden? Und begeben sie sich gerne in diese Scheinwelt, weil sie ein Gespür dafür haben, dass die Sicherheiten um sie herum trügerisch sind?

Was sagen uns die folgenden typischen Sätze aus dem Berufsalltag eines Lehrers?

Elternsätze:
»Mein Kind muss doch einsehen, dass wir nur sein Bestes wollen.«
»Schließlich brauchen junge Menschen heute mehr denn je eine gute Ausbildung, und wir fühlen uns dafür verantwortlich.«
»Sie sollen ja auch ihren Spaß haben, aber bitte in Grenzen und erst nach Erledigung ihrer Pflichten.«
»Kinder brauchen Grenzen.«

Schülersätze:
»Eigentlich habe ich dazu überhaupt keinen Bock, aber ich tu es Mutter/Vater/dem Lehrer/der Lehrerin zuliebe.«
»Das Beste an der Schule: Ich treffe dort meine Leute, und meistens geht dann was ab.«
»Von mir aus erzähle ich zu Hause nichts von der Schule, das Thema endet immer im Krach.«

Sätze aus dem vollen Leben, die ein Terrain abstecken, auf dem sich Erwachsene und Heranwachsende immer wieder begegnen.

»Leistung muss sich lohnen«: eine abgedroschene politische Phrase, die dennoch ein Stück Wahrheit enthält. Die Frage bleibt nur, wie »sich lohnen« zu verstehen ist, ob es einen Konsens darüber gibt, was denn »lohnenswert« sei in unserer Familie, unserer Schulklasse, unserem Betrieb, unserer Gesellschaft. Da stehen sich dann rasch zwei unterschiedliche Parteien gegenüber, jede mit dem Anspruch und der Sicherheit zu wissen, was sie jeweils braucht und wie dies zu erreichen sei. »Ich ärgere mich heute noch darüber, dass ich damals das Abi nicht gemacht habe, das soll meiner Tochter nicht auch passieren«, so eine Mutter in einem Beratungsgespräch. Die selbst gemachte Erfahrung, in diesem Falle defizitär, soll meist unbewusst eine Art Kompensation erfahren durch die nächste Generation. Aufträge und Aufgaben, die in der Elterngeneration unerledigt, unvollendet blieben, sollen eingelöst und damit durch Kinder und Enkel »erlöst« werden.

»Mein Opa und mein Vater sind beide Ärzte. Darum wollen sie, dass ich auch einmal Medizin studiere. Ich will aber mal was mit Autos machen«, erklärt mir ein Zwölfjähriger im Verlauf einer Schullaufbahnberatung. Er fühlt sich unwohl in der Klasse, hat den Wechsel von einer kleinen Grundschule in seinem Heimatdorf in das relativ große anonyme Schulzentrum mit Realschule und Gymnasium mit seinen 1400 Schülern und 120 Lehrern nie so richtig verkraftet. Was ihm in den ersten vier Jahren seines Schülerlebens so mühelos gelungen war, angeleitet und begleitet von zwei Lehrerinnen und einer relativ konstanten Lerngruppe, erscheint ihm jetzt so schwer, verwirrend, ihm fehlt ein Überblick und ein Bezug zu der Masse an Lernstoff, und einen »richtigen« Freund hat er in der Klasse auch noch nicht gefunden. Zu Hause erwarten ihn tagtäglich erwartungsvolle Fragen: »Na, wie war's heute?« Warum versteht er nur immer wieder: »Na, heute wieder gute Noten erreicht, nur positiv aufgefallen und den Lehrern einen guten Eindruck vermittelt?« Vorbei die Zeiten, da es nur so aus ihm heraussprudelte, was Frau X heute wieder alles gesagt hat und der Y und die Z so gemacht haben, und er mittendrin. »Ja, halt so, normal«, antwortet er. So viel Info muss genügen, wie soll er auch Enttäuschung, Scham, Wut und Frust in Beziehung bringen mit den wenigen Momenten von Zufriedenheit, Stolz, Zuversicht und Mut (so er sie denn überhaupt erlebt hat) und dies dann auch noch in Worte fassen? Und außerdem: Ritualisierte Fragen, die wie die Morgenzeitung zum Alltag gehören, verlieren an Bedeutung, wenn ihnen die aktuell interessierte Nach-Frage fehlt, die neben den Worten das aufnimmt, was nonverbal wahrgenommen wird: »Ich finde, du siehst ... aus, magst du mir sagen, was los war? Es interessiert mich.«

»Du hast Loch-Augen!« Dieser Satz unserer damals elfjährigen Tochter, als ich – innerlich abwesend, aber routiniert – ihre Erzählungen anhörte: »Ach ja, hmhm, aha ...«, erschreckte mich und war dennoch unendlich hilfreich. Treffender konnte sie das Gefühl, nicht wahrgenommen zu werden, nicht ausdrücken.

Nur wer sich wahrgenommen fühlt, ist bereit, etwas Wichtiges von sich zu erzählen, besonders wenn der Inhalt eher negativ empfunden wird. Wenn Kinder dieses echte und konstruktive Interesse ihrer Eltern nicht spüren, bleiben sie eher verschlossen, kommunizieren Belangloses und suchen den »echten«, für sie lebendigen

Kontakt bei ihren Facebook-Freunden. Eltern, die so ihre Kinder nicht oder nur schwer erreichen, tun sich schwer, leistungsmotivierend auf sie einzuwirken, da ihnen nicht geglaubt oder nur wenig vertraut wird.

»Ich kann meiner Tochter nicht mehr weiterhelfen, da ich nicht verstehe, was sie lernen muss, aber ich habe das Vertrauen, dass sie es schaffen wird, und überlege mit ihr, wer oder was im Notfall weiterhelfen könnte.« Mit diesen Worten begann eine Mutter unser Beratungsgespräch und hatte damit drei Faktoren benannt, die leistungsfördernd in der Beziehung Eltern-Kind mitschwingen.

Und schließlich sind da ja auch noch die Lehrer, Lernbegleiter, Wertevermittler und Beziehungsförderer. Gelingt es ihnen im Unterricht, nicht nur Stoff zu vermitteln, sondern eine Beziehung zu jedem einzelnen Schüler aufzubauen, gelungene Lern- und Entwicklungsfortschritte wertzuschätzen und rückzumelden, Lerndefizite als Herausforderung für beide Seiten zu sehen, dann kann Schule zu einem Raum werden, in dem sich lernbereite, selbstbewusste junge Menschen entwickeln. Alleine allerdings kann Schule dies nicht schaffen: Ein guter, kontinuierlicher Kontakt mit den Elternhäusern, getragen von vorurteilsfreier Akzeptanz, erleichtert beiden Seiten die »Erziehungsarbeit« und gibt dem Kind die Sicherheit, von Erwachsenen umgeben zu sein, welche ihm Wegemarken in eine einheitliche Richtung aufzeigen. Damit fällt die Verlockung weg, Vater gegen Mutter, Lehrer A gegen Lehrer B, Eltern gegen Lehrer auszuspielen und sich dadurch einer förderlichen Leistungskontrolle zu entziehen.

Was so logisch und selbstverständlich klingt, scheitert im Alltag oft daran, dass auf beiden Seiten festgefügte Klischees (»Leh-

Tipp

Leistungsfördernde Faktoren in der Eltern-Kind-Beziehung

- Eltern haben auch bei der Unterstützung ihrer Kinder ein Recht darauf, eigene Grenzen zu benennen und auf deren Einhaltung zu achten.
- Kinder, die das Vertrauen der Eltern spüren und erleben, fühlen sich getragen und gestützt, wenn sie ihre Leistungsfähigkeit austesten.
- Gezielte Unterstützung von außerhalb der Familie wird in der Regel leichter angenommen und wirkt damit intensiver als – oft mit Beziehungs- und Rollenproblematik beladenes – Bemühen von Eltern.

rer wollen immer recht haben, aber dieses Mal werde ich es ihm/ihr zeigen.«, »Denen geht es ja nur um eine bessere Note für ihr Kind, die sollten sich lieber mehr um es kümmern.«) unreflektiert weitergetragen werden, was das Gespräch erheblich vorbelastet. Statt sich in der jeweiligen Position zu verstricken, öffnet die Formulierung von Wünschen und Zielen einen Korridor an Lösungsmöglichkeiten:

- »Ich mache mir Sorgen wegen der schlechten Noten meines Kindes und möchte es, so gut ich kann, unterstützen. Haben Sie vielleicht einen Vorschlag für mich?«
- »Ich beobachte, dass Ihr Kind Schwierigkeiten bei Klassenarbeiten hat, während es sonst gut mitarbeitet. Vielleicht können

wir gemeinsam die Hintergründe finden und uns dann Schritte überlegen.«

Zwei Dinge werden damit erreicht: Eltern und Lehrer erlangen so mehr Handlungssicherheit, und Kinder erfahren in der Familie und in der Schule abgestimmte Vorgehensweisen. Das gibt ihnen wiederum Sicherheit.

Neben Eltern und Lehrern sind Mitschüler wichtige Personen, die Einfluss haben auf Leistungsbereitschaft, Leistungsfähigkeit und Entwicklung von Gleichaltrigen. Wie gut Kinder aller Altersklassen sich selbst organisieren und dann äußerst zielstrebig, ausdauernd und phantasievoll ihre Umwelt gestalten können, erleben Erwachsene, die aufmerksam zuschauen, immer wieder. Da stellen Jungs, große und kleine, auf dem Bolzplatz ohne viel Diskussion zwei einigermaßen gleich starke Mannschaften auf, absolvieren mit großem Ernst ihr individuelles Technik-Training und laufen ohne ersichtliche Ermüdungserscheinungen noch dem letzten Ball hinterher. Und die Mädchen: Sie erfinden im Rollenspiel die dramatischsten Familienkonstellationen, fühlen sich für alle und alles verantwortlich, setzen sich in heftigen Diskussionen auseinander und schaffen am Ende einen harmonischen Abgang.

Und auf der anderen Seite: Mobbing, Zickenkrieg, Egoismus und Einsatz von Ellenbogen, wenn es um Noten geht? Auch das erleben wir, gerade im Umfeld von Schule, ziemlich häufig. Dabei sind die Stärken und Fähigkeiten, die sich im Spiel zeigten, nicht plötzlich verloren gegangen: Auch wenn es sich um schulische Leistungen handelt, bleibt das Potenzial erhalten, allerdings werden nun kognitive Fähigkeiten stärker gewichtet und bestimmen über Erfolg oder Scheitern. Aber muss das so sein?

»Am meisten verstehe ich, wenn mir X, der zwei Klassen über mir ist, Mathe erklärt.« Und der Ältere: »Wenn ich das noch einmal genau erklären muss, wird es mir viel deutlicher, außerdem macht es Spaß zu sehen, wie es der andere plötzlich kapiert.« Ich erinnere mich noch genau an das gute Gefühl, wenn mir mein Freund und Klassenkamerad Fritz in der von mir gefürchteten Mathearbeit einen ausführlichen Blick auf seine Lösung ermöglichte, ich ihm dafür eine Gliederung für seinen Deutsch-Aufsatz zukommen lassen konnte. Schade nur, dass wir beide etwas »Verbotenes« taten, anstatt dafür gelobt zu werden! Doch da hat sich in der Schullandschaft zum Glück einiges getan seit meiner Zeit.

Und so möchte ich noch einige Beobachtungen anfügen, wie denn Lernen und Freude an Leistung in diesem Kontext gefördert werden können, inwieweit Heranwachsende selbst in der Lage sind, hierfür Verantwortung zu übernehmen, und wie und in welchem Maß sie dabei der Unterstützung von Erwachsenen bedürfen. »Jeder Schüler kann etwas – und hier (in unserer Schule) finden sie es heraus, und zwar gemeinsam, nicht getrennt … Sie sind eine Lerngruppe – und jeder ist auf jeden angewiesen«, so Wolfgang Vogelsaenger, Schulleiter der mit dem Deutschen Schulpreis 2011 ausgezeichneten Gesamtschule in Göttingen.[71] Auch hier also das Vertrauen und Zutrauen in vielfältige Fähigkeiten und Fertigkeiten, die sich entfalten können, wenn sie auch und gerade in leistungsheterogenen Gruppen einen Stellenwert und damit Anerkennung erfahren. »Wir wissen doch inzwischen, dass Stärkere und Schwächere am besten gemeinsam lernen«, so Wolfgang Vogelsaenger. Ältere und jüngere Jugendliche erbringen immer wieder ganz erstaunliche Leistungen und meistern komplexe Aufgaben, wenn sie einen Sinn sehen in dem, was sie tun, wenn sie selbst daran aktiv beteiligt sind und wenn sie absehen können, dass ihr Ziel erreicht werden kann. Wie oft habe ich sie als geniale Organisatoren, gewiefte PR-Fachleute und Finanzgenies erlebt, wenn es um die Vorbereitung von Festen aller Art, von Klassenfahrten, Schullandheimaufenthalten, Theater- und Musikaufführungen ging. Da zeigten sich innerhalb und außerhalb der Gruppe plötzlich die stark und kompetent, deren Schulnoten eher Sorgenfalten auslösten. Und dadurch, dass sie hier eine andere Form von Leistung zeigen konnten, wurden sie von Mitschülern und Lehrern oft anders, positiver wahrgenommen, was wiederum auch ihre Selbstwahrnehmung positiv veränderte. So beginnt eine Dynamik, die häufig intensiver und länger wirkt als von außen kommende Programme, die auf kurzfristige Belohnung oder Bestrafung setzen.

Die Rolle, die dabei den Erwachsenen, vor allem Eltern und Lehrern bleibt, besteht darin, für eine gute Balance zu sorgen, wenn der euphorische Flow (»Das ist so geil, wir schaffen das lässig.«) den realistischen Blick verstellt oder der destruktive Frust (»Das kannst du vergessen, geht eh nicht.«) alle Energie erlahmen lässt. Darüber hinaus bleibt ihnen die Verantwortung, dafür zu sorgen, dass gemeinsam formulierte und abgesprochene Regeln als ein verlässlicher Orientierungsrahmen in allen Phasen Sicherheit geben.

Was erzählen die oben geschilderten Beispiele aus den verschiedenen Bereichen? Nach unserer Erfahrung scheinen folgende Voraussetzungen wichtig für eine gelingende Auseinandersetzung mit Leistung, Leistungserwartung und Druck:

Ein gesundes Selbstbewusstsein

Gesund in dem Sinne, dass es sich weder über- noch unterschätzt, sondern realistisch sein Vermögen und Potenzial erkennt, Selbstbewusstsein also ganz im ursprünglichen Sinne des Sich-seiner-selbst-bewusst-Seins.

Als wir einmal laut darüber nachdachten, woher unsere damals etwa achtjährige Tochter diese oder jene Eigenschaft hätte, unterbrach sie uns wütend: »Ich bin kein blödes Puzzle. Ich habe mich selbst gemacht!«

Jedes Kind ist ein Unikat. Das eine ist ein begeisterter Leser, das andere entdeckt sein Wissen in der Natur, die eine treibt gerne Sport, der andere kombiniert viele dieser Eigenarten. Und je mehr man seinem Kind seine vielen verschiedenen Seiten – nicht wertend – zurückspiegelt, desto eher kann es im »Notfall« auch auf andere Eigenschaften bauen, wenn es wie zum Beispiel bei bestimmten Leistungsanforderungen oder auch Leistungsbedingungen (etwa unter Zeitdruck) im Vergleich weniger Chancen als andere hat. So wird der »Sei«-Fluch (»sei besser, schneller, erfolgreicher … usw.«) umgewandelt in die Erlaubnis: »Sei der, der du bist – in all deiner Unterschiedlichkeit.«

Das öffnet auch die Tür und die Toleranz für die Verschiedenheit anderer Menschen, die dann nicht abgewertet werden »müssen«.

Genügend große Frustrationstoleranz

Je mehr ich mir meiner Fähigkeiten und meines Potenzials sicher bin und je realistischer ich mich einschätzen kann, desto adäquater setze ich mir Ziele und desto erfolgreicher bin ich – gemessen an meinen Erwartungen. Ich muss nicht spitze sein, wenn ich mich nicht als überdurchschnittlich einschätze. Der Druck zum »Sei perfekt« wandelt sich dadurch zu der Erlaubnis: »Ich darf auch Fehler machen und lernen – und andere auch.«

Realitätswahrnehmung

Zu beiden Eigenschaften gehört die Fähigkeit, die eigene Wirklichkeit wahrzunehmen und kritisch zu prüfen. Wenn ich mir selbst traue, kann ich unrealistische Erwartungen an mich eher als solche erkennen und ablehnen. »Ich bin nicht so, wie du mich wünschst. Ich leiste besser auf meine Art.«

Autonomie und Verantwortung

Autonomie ist das Gegenteil von Symbiose, einer Lebensform, die nur dort gesund ist, wo das eigene (Über-)Leben aufgrund eingeschränkter Fähigkeiten bedroht ist, wie zum Beispiel bei einem kleinen Kind, einem behinderten oder sehr kranken Menschen, die auf Hilfestellung angewiesen sind. Zu viel Hilfe bei Gesunden kann krank oder zumindest unmündig machen.

Je älter und fähiger Kinder werden, desto mehr müssen sie selbstständig ihre Aufgaben erfüllen und ihre Handlungsweisen verantworten. Und wir Erwachsene müssen ihnen Chancen und Möglichkeiten bieten, sich darin Schritt für Schritt zu üben und zu festigen.

Nimmt man all diese Faktoren und betrachtet ihre Entwicklung beim Heranwachsen der Kinder, kann man erkennen, dass Eltern zu Beginn fast hundert Prozent dieser Anforderungen übernehmen und dass die gelungene Entwicklung eines Kindes damit einhergeht, dass es sich diese Fähigkeiten sukzessive aneignet.

Auf diese Weise erhält man zwei sich überschneidende Entwicklungskurven. Eine steht für die Aufgaben der Eltern und die andere für die Entwicklungsaufgaben der Kinder.

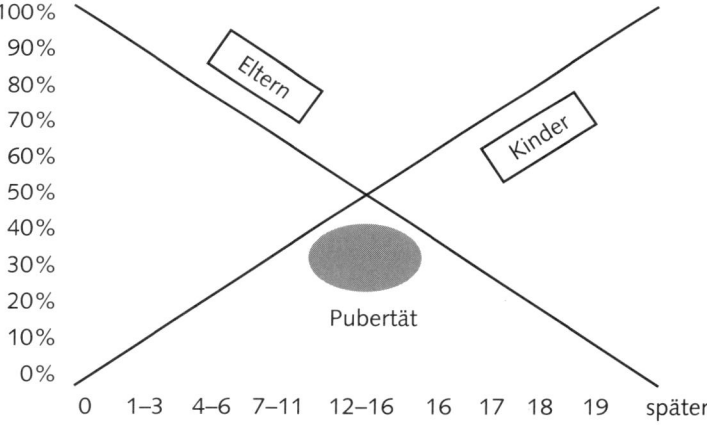

Wie gut zu sehen ist, überschneiden sich die beiden Entwicklungslinien genau zur Zeit der Pubertät. Hier wechseln die Parameter – manchmal täglich, stündlich, minütlich: Mal führt der Erwachsene, mal übernimmt das Kind das Steuer für sein Leben. Mal stellt das Kind sich dar, als könne es die ganze Welt stemmen, mal scheint es gar nichts zu verstehen. Mal scheint man ihm mehr Verantwortung übergeben zu können, dann wieder erscheint es hilflos wie ein kleines Kind. Und wir Eltern stehen ähnlich verwirrt daneben, wissen nicht, woran wir sind und was er oder sie gerade ist: Kind oder erwachsen oder undefinierbar dazwischen. Und wir wissen nicht, was wir von ihm erwarten können. Was kann es, wo ist es überfordert, was an Hilfe sollen wir geben, dürfen wir geben, wie viel Verantwortung für sein eigenes Leben, seinen Erfolg kann es schon tragen, müssen wir ihm abnehmen?

Hier hilft kein Ratgeber, kein Ratschlag. Hier braucht es eine hohe Frustrationstoleranz, Ausdauer und Flexibilität und vor allem Vertrauen. Vertrauen in das Potenzial des Kindes und Vertrauen in die eigene Urteilskraft und das Wissen, dass man auch Fehler begehen kann, auch wenn man das Beste für sein Kind will. Wichtig aber ist, in dem Moment, in dem man entscheidet, glaubwürdig zu sein und zu meinen, was man sagt; dass man seine Handlung verantwortet. Damit wird man sich zwar nicht immer unbedingt beliebt machen, aber langfristig als verantwortungsvoller Partner in einer Beziehung ernst genommen werden.

Mehr Leistungsdruck für deutsche Kinder?

Asiens Schüler sind die besten. Das ist zumindest das Ergebnis der Pisa-Studie von 2010. Spitzenwerte im Rechnen, Lesen und Naturwissenschaften schafften Schüler im chinesischen Shanghai. Die weiteren Plätze belegten Südkorea, Singapur und Hongkong. In China und in Südkorea werden Kinder zu Leistung und Fleiß regelrecht gedrillt. Ab dem Kindergarten heißt es lernen, lernen, lernen. Ein- bis Zweijährigen werden die Zahlen bis 199 in Englisch und Chinesisch beigebracht, und Dreijährige pauken chinesische Schriftzeichen, Englisch und Mathematik. Wissenschaftler geben als Ursache für diesen hohen Leistungsdruck den explodierenden Wohlstand in der Volksrepublik an. Viele Familien wollen die bisher ungeahnten Aufstiegsmöglichkeiten für ihre Kinder nutzen.

In China wie in allen asiatischen Ländern respektieren Kinder die Eltern und die ältere Generation viel mehr als im Westen. Auch dies trägt dazu bei, dass sie den Druck ertragen, ohne zu widersprechen. Durch die Ein-Kind-Politik des kommunistischen Landes richtet sich nun die Erziehung auf ein einziges Kind, das eine Bildung erhalten soll, die den Eltern meist verwehrt worden war. Chinesische Kinder müssen später ihre Eltern oft materiell absichern. Diese Existenzängste sind ein weiterer Grund, warum immer mehr Druck auf Kinder ausgeübt wird und schlechte Leistungen bestraft werden. Hauptziel chinesischer Eltern ist, dass ihr Kind später eine gute Universität besuchen wird, was die Voraussetzung ist, um einen gut bezahlten Job zu bekommen.

Schule in Tangshan[72]

Xiaoying kommt aus Tangshan, 150 Kilometer nördlich von Tianjin. Diese Stadt wurde 1976 von einem Erdbeben stark zerstört, gehört aber heute zu den wohlhabenden Gebieten. Die ersten neun Schuljahre lebte Xiaoying bei ihrer Familie und besuchte dort auch die Schule, bevor sie an die Nankai High School in Tianjin wechselte. In Tangshan hatte sie ein härteres Schulleben als heute an der Nankai High School, findet sie. Aufstehen morgens um sechs Uhr, Unterrichtsbeginn war bereits um sieben Uhr. Für Mittag- und Abendessen gab es nur kurze Pausen in der Schulmensa, abends wurde der Unterricht in der Schule bis 22 Uhr fortgesetzt. Anschließend musste sie zu Hause noch Hausaufgaben anfertigen. Am Wochenende hieß es: »Lernen, lernen, Hausaufgaben!« Auf meine Verwunderung angesichts dieser massiven Beschulung meint sie emotionslos: »Ach, man kann sich an alles gewöhnen, und irgendwie muss ich es doch schaffen, die besseren – und besten – Noten zu bekommen.« Denn ihr Ziel und das Ziel der Eltern und Großeltern ist ein Studienplatz an einer der renommierten Universitäten Chinas. Dafür legt sich die Familie krumm, spart, verzichtet auf vieles, dafür lernt Xiaoying, seit sie zur Schule geht.

Als die in den USA geborene Amy Chua, Tochter chinesischer Einwanderer und Mutter zweier Kinder, in ihrem Ratgeber *Die Mutter des Erfolgs* von ihrem Erziehungsstil berichtete, löste sie damit eine Erziehungsdebatte in den USA aus. Auch Chua schwört auf Drill und Verbote. Ihre beiden Kinder durften zum Beispiel nie:

- bei Freunden übernachten,
- sich mit Freunden zum Spielen verabreden,
- Fernsehen oder Computerspiele spielen,
- eigene Freizeitaktivitäten wählen,
- ein anderes Instrument als Geige oder Klavier spielen.

Nicht nur das, Amy Chua kritisierte die »verweichlichten« Methoden in westlichen Ländern. Asiatische Eltern würden viel mehr von ihren Kindern verlangen, auch weil sie sich deren Potenzials bewusst seien. Dank ihrer hohen Anspruchshaltung fordern sie dieses Potenzial ein und bestrafen, tadeln oder beschämen das Kind bei schlechten Leistungen. Angeblich würden westliche Eltern ihre Kinder nicht genug unter Druck setzen und sich zu sehr um die Psyche kümmern. Nicht genug unter Druck setzen? Kinder im Westen leiden bereits unter den Folgen des hiesigen Leistungsdrucks. Extreme sollten sicher nicht als Messlatte dienen.

Das sagen Studien

Chinesische Grundschüler leiden unter großem Leistungsdruck[73]

2191 Schüler zwischen neun und zwölf Jahren aus der ostchinesischen Provinz Zhejiang wurden von Forschern des University College London befragt.

- 81 Prozent der Schüler haben große Angst vor Prüfungen.
- 37 Prozent klagen über Kopfschmerzen (zumindest einmal die Woche).
- 36 Prozent haben Bauchschmerzen (zumindest einmal die Woche).
- 63 Prozent fürchteten sich vor Bestrafungen durch ihre Lehrer.
- 44 Prozent wurden mindestens einmal von ihrem Lehrer gezüchtigt.
- 73 Prozent der Kinder wurden von ihren Eltern körperlich bestraft, weil sie bei Prüfungen nicht gut genug waren.

Auch für Amy Chua dient der Drill ihrer Kinder, um sie für das spätere Leben zu rüsten. »Du kannst deinem Kind noch so oft sagen: Du bist großartig, du kannst alles – am Ende muss es sich in der Welt bewähren, und da weht ein anderer Wind«, erklärte Chua im TV-Sender PBS. Doch werden Kinder durch extremen Drill wirklich auf ihre Zukunft vorbereitet?

In Asien nimmt wie im Westen Schulverweigerung unter Kindern und Jugendlichen rapide zu. In Japan hat sich die Anzahl der Kinder, die sich weigern, in die Schule zu gehen, seit 1978 verzehnfacht. Etliche chinesische Schüler leiden unter permanentem Schlafdefizit und schlafen im Unterricht ein. Wegen Leistungsdrucks und Versagensängsten flüchten immer mehr chinesische Jugendliche aus der harten Realität in die virtuelle Welt des Cyberspace. Moderne chinesische Pädagogen warnen nun vor diesem enormen Leistungsdruck. Professor Yang Dongping vom Beijing Institute of Technology bezeichnet chinesische Mütter wie Amy Chua als »verrückte Mütter«. »Das größte Problem Chinas ist, dass Eltern immer weniger dazu bereit sind, dass ihre Kinder einfach nur Kinder sind. Sie haben keine Kindheit – alles dreht sich ums Lernen und um Prüfungen und Nachhilfestunden. Als schlimme Folge wird ihnen jedes Interesse am Lernen, alle Phantasie und Kreativität genommen.«[74] Der verschärfte Konkurrenzkampf in Asien überrollt die kulturellen Werte und Traditionen wie Gemeinschaftssinn und Harmonie und schafft das Terrain für eine egoistische Gesellschaft. Asien zieht sich wohl gerade eine Generation von Ichlingen heran. Amy Chua hingegen beginnt bereits ihre extremen Erziehungsmethoden zu relativieren. Auch, weil anscheinend die jüngere Tochter beginnt, gegen sie zu rebellieren.

Also mehr Leistungsdruck für deutsche Kinder? Vielleicht lieber doch nicht. Es ist wohl nur eine Frage der Zeit, bis Eltern, Lehrer und Politiker begreifen, dass Bildungssysteme, die auf eine Elitenbildung abzielen und in denen Überforderung als Mittel zum Zweck dient, unweigerlich in eine Sackgasse führen.

Kapitel 9

So wird ein Kind zum

Teamplayer

Das Team

»Es gibt kein ›Ich‹ in einem Team« – eine wichtige Regel für jedes Team. Wenn ein Teamplayer mehr an seine eigenen Interessen denkt, kann dies die ganze Zusammenarbeit ruinieren. Es geht also um ein gemeinsames Ziel, aber auch um Gleichberechtigung. Wie definiert man den Begriff Team?

Das Wort stammt aus dem Altenglischen und bedeutet: Familie, Gespann, Nachkommenschaft. In der deutschen Sprache wird es jedoch häufig im Zusammenhang mit dem Sport benutzt. Dort bezeichnet das Wort Team die Mannschaft oder auch zusätzlich all diejenigen, die für sie arbeiten, wie der Trainer, der Physiotherapeut, der Techniker … Der Begriff bezeichnet auch eine Gruppe von Mitarbeitern, die zusammen in einem Unternehmen an einem gemeinsamen Projekt arbeiten.

Die Autoren Katzenbach und Smith definieren ein Team wie folgt: »Ein Team ist eine kleine Gruppe von Personen, deren Fähigkeiten einander ergänzen und die sich für eine gemeinsame Sache, gemeinsame Leistungsziele und einen gemeinsamen Arbeitsansatz engagieren und gegenseitig zur Verantwortung ziehen.«[75] Um im Team zusammenarbeiten zu können, bedarf es der

Teamfähigkeit. Darunter versteht man, dass die Teammitglieder auf produktive und konstruktive Weise miteinander sozial agieren können. Der Einzelne muss sich einordnen und Konflikte gemeinsam lösen können und fähig sein, auf seinen Vorschlägen nicht zu beharren, wenn dies nicht dem Willen des Teams entspricht. Alle ziehen an einem Strang. Alle lernen aber auch voneinander. Jeder übernimmt hauptsächlich die Aufgabe, die ihm am besten liegt. Teamarbeit ist nichts anderes als Zusammenarbeit. Teams schaffen es, Probleme zu lösen, die ein Einzelner nicht bewältigen könnte.

Der Begriff Team wird auch mit der sozialen Kompetenz eines Menschen in Zusammenhang gebracht. Insbesondere, wenn es um die Zusammenarbeit mit anderen geht.

Um sich zum Teamplayer zu entwickeln, benötigt ein Kind Partner, die ihm im Laufe seiner Entwicklung zur Seite stehen und durch ihre Erziehung von Anfang an Werte vermitteln, die seine soziale Kompetenz fördern – die Basis für ein Team. Wichtige Partner auf dem Pfad zum Teamplayer sind:

- die Eltern
- der Kindergarten
- die Schule
- der Sportverein

Jedes Team durchläuft normalerweise Phasen in seiner Entwicklung. In der ersten Phase, der sogenannten *Testphase,* steht das Sich-Kennenlernen im Vordergrund. Die Teammitglieder beschnuppern sich sozusagen, sind zurückhaltend und vorsichtig.

Anstatt miteinander zu kommunizieren, versuchen sie die jeweilige Aufgabe und Rolle im Team herauszubekommen.

In der *Nahkampfphase,* also der zweiten Phase, muss jeder Einzelne sein »Ich« zurückschrauben, und somit treten erste Konflikte und Rivalitäten auf. Diese Konflikte tragen dazu bei, aus einer Gruppe von Menschen ein Team zu machen, das Probleme lösen und überstehen kann. In dieser Phase entwickelt sich ein Mitglied zum Teamführer, der seine Teammitglieder zum Zusammenhalten motiviert.

Sind die ersten internen Konflikte überstanden und hat jeder seinen Platz gefunden, kann die *Organisierungsphase* beginnen. Dank des neuen »Wir-Gefühls« bestimmen neue Verhaltensweisen und Umgangsformen die interne Kommunikation. Man tauscht sich aus, und die Arbeit wird im Hinblick auf ein gemeinsames Ziel organisiert.

In der letzten Phase wird das Team richtig aktiv. Die *Arbeitsphase* definiert sich durch Solidarität, Flexibilität, Ideenreichtum und Leistungsfähigkeit. Von nun an kann das Team auf längere Zeit konstruktiv zusammenarbeiten und sich voll der gestellten Aufgabe widmen.

Auch die verschiedenen Teams, mit denen ein Kind unweigerlich in seinem Leben konfrontiert wird, durchlaufen diese Phasen. Das Eltern-Kind-Team entsteht zum Beispiel mit der Geburt des Kindes. Nach einer Zeit des Abtastens kommt es zu den ersten Konflikten. Der Vater kann eifersüchtig auf das Baby werden, da die Mutter ihm seinem Empfinden nach nicht genug Zeit widmet. Ist das Baby ein Rivale? Die Mutter wiederum kann die Pflege des Säuglings übermüden. Und das Baby selbst steht der Realität gegenüber, dass die Eltern nicht immer verstehen, was es benötigt. Diese Konflikte finden ihren Höhepunkt in der Trotzphase des Kindes. Doch wenn die Teammitglieder sich aufeinander abgestimmt haben und sich respektieren, entsteht ein positives »Wir-Gefühl«, um dann zusammengeschweißt die Höhen und Tiefen des Lebens zu meistern.

Das Eltern-Kind-Team

Das erste Team eines jeden Menschen ist das Eltern-Kind-Team beziehungsweise die Familie. Es hängt besonders von der Erziehung der Eltern und auch von ihrem Verhalten ab, ob ein Kind ein aktives Mitglied in diesem Team wird. Sind die Eltern Teamplayer? Können sie dem Kind als Vorbild dienen? Sind sie in der Gesellschaft integriert? Damit ein Kind zum Teamplayer wird, sollte es von seinen Eltern vermittelt bekommen, dass es zwar der Mittelpunkt ihres Herzens ist, aber nicht der des Universums. Von klein auf muss ein Kind zuerst erleben und dann lernen, dass gemeinsames Spielen, Teilen, Zusammenarbeiten und Einfühlungsvermögen einen Sinn haben und zu einem ausgeglichenen Leben beitragen. Wie können Eltern ihr Kind zum Teamplayer machen?

Die Modellwirkung der Eltern

Es scheint eine Besonderheit von uns Menschen zu sein, dass Kinder Erwachsene bis ins kleinste Detail nachahmen, wenn sie ihnen etwas vormachen, sogar wenn dieses Verhalten keinen Sinn ergibt. Laut Dr. Mark Nielson von der Universität von Queensland in Brisbane, Australien, und Professor Keyan Tomaselli von der KwaZulu-Natal-Universität in Südafrika[76] spielt das ausgeprägte Imitationsverhalten bei Menschen eine bedeutende Rolle bei der Übermittlung der menschlichen Kultur. So können sich Heranwachsende komplizierte Verhaltensweisen einer Kultur leichter einprägen. Das Imitationsverhalten prägt aber auch das Sozialverhalten des Menschen. »Verhaltensweisen werden vorwiegend dann imitiert:

- wenn das Kind eine gefühlsmäßige Beziehung zu dem Modell hat,
- wenn das Modell für das Kind wichtig ist und einen hohen sozialen Status besitzt (Eltern, Lehrer, Held),
- wenn das Kind das Verhalten nachvollziehen kann und in der Lage ist, es nachzuahmen,
- wenn das beobachtete Verhalten für das Kind erfolgreich ist.«[77]

Die Modellwirkung steigert sich bei Eltern, wenn sie selbst ein richtiges Team bilden und dies dem Kind vorleben können. Ein Kind wird häufig die Erfahrung machen, dass seine Eltern sich ablösen, wenn es um seine Erziehung geht, aber auch sonst sind die Aufgaben in einem Haushalt meistens aufgeteilt: Kochen, Bügeln, Autofahren, Reparaturen … Das eine macht der Papa, das andere die Mama. Das Kind sollte jedoch auch Situationen erleben, in denen die Eltern etwas zusammen schaffen beziehungsweise machen und auch Spaß dabei haben. Gemeinsam Essen kochen, einen Kuchen backen, basteln, Sport treiben oder spielen. Das sind Momente, die einem Kind vermitteln, dass die Zusammenarbeit im Team funktioniert und man sich dabei auch vergnügen kann. Wenn die

Eltern ihr Kind in ihre gemeinsame Aktivität mit einbinden können, ist das Team komplett. Mit seinen Eltern etwas gemeinsam zu unternehmen ist nicht nur wichtig für die Förderung der sozialen Kompetenz. Es gibt dem Kind auch Sicherheit, denn die Eltern verstehen sich offensichtlich gut. Das Team bleibt zusammen.

Ein Kind spürt genau, wenn das »Team Eltern« nicht funktioniert:

- wenn Eltern sich nicht einigen können, wenn es um Entscheidungen für ihr Kind geht,
- wenn der eine ständig erlaubt, was der andere verboten hat,
- wenn nur der eine Bestrafungen ausführt und der andere zum trösten da ist,
- wenn Eltern sich vor ihrem Kind gegenseitig in den Rücken fallen.

In diesen Fällen wird ein Kind diese Zustände zu seinem eigenen Vorteil ausnutzen und die Eltern gegeneinander ausspielen. Es muss davon überzeugt sein, dass es immer von beiden dieselbe Antwort bekommen wird. Nur so wird es Regeln akzeptieren. Regeln, die die Eltern ihm vorschreiben, um das Zusammenleben zu organisieren. An sie muss sich das Kind halten, aber auch die Eltern. Dies ist leichter gesagt als getan. Für die Eltern ist es nicht einfach, immer konsequent zu bleiben. Manchmal hängt ihre Reaktion davon ab, ob sie müde, erschöpft oder gestresst sind. In diesen Momenten hat man nicht immer die Kraft einzugreifen, wenn das Kind sich nicht richtig verhält. Man hat nicht die Energie, es zu ermahnen, sich mit ihm zu streiten oder hart zu bleiben. Also lässt man es geschehen ... Manchmal ist man so gut gelaunt, dass man sein Kind nicht frustrieren möchte und sich sagt: »Okay, lass die Kleine ruhig machen! Das ist jetzt nicht so schlimm.« Wenn Eltern ab und zu auf diese Weise reagieren, ist das nicht dramatisch. Allerdings darf es nicht zu häufig passieren. Kinder brauchen ein klares Nein, auch wenn die Eltern gut gelaunt oder müde sind. Und ein Ja muss ein Ja bleiben. Wie sollten sie sonst lernen, sich an Regeln zu halten? Ein Kind muss die Möglichkeit haben, die Reaktionen der Eltern vorausahnen zu können, damit es sich sicher fühlt. Eltern, die ständig unterschiedlich auf das Verhalten ihres Kindes reagieren, produzieren bei ihm einen inneren Stress. Es weiß nie, was es erwartet. Deshalb sollte das Team Eltern bei seinem Nein bleiben, wenn die Situation es verlangt. Auch wenn es sehr viel Kraft kostet. Ansonsten verlieren ihre Regeln und Grenzen ihre Funktion: Sie geben dem Kind keine Sicherheit mehr.

Es wird immer Ausnahmen geben, zum Beispiel wenn das Kind krank ist. Vielleicht darf es dann bei den Eltern im Bett schlafen oder eine DVD sehen, aber diese Ausnahmen sollten ihm als solche angekündigt werden.

Willst du mir helfen?

Ein Kind liebt es, Zeit mit seinen Eltern zu verbringen. Anstatt dann alles für sein Kind zu tun, ist es viel wichtiger, es um seine Hilfe zu bitten. Kinder wollen gebraucht werden. Es stärkt ihr Selbstbewusstsein. Von klein auf signalisiert Hilfsbereitschaft, dass man füreinander da ist.

Man kann sein Kind bitten, den Tisch zu decken, die Waschmaschine zu leeren, mit einkaufen zu gehen oder einfach nur einen Gegenstand zu bringen, es wird all dies mit Freude erledigen.

Eltern können ihrem Kind ruhig zeigen, dass sie seine Hilfe brauchen und nicht alles allein schaffen. Wenn sie es dann auch noch dafür loben, freut sich der kleine fleißige Helfer umso mehr. »Super! Hast du toll gemacht. Ich danke dir!« Jeder Mensch braucht ein positives Feedback für das, was er geleistet hat. Den anderen Teammitgliedern von den »guten« Taten zu berichten ist ebenfalls wichtig: »Deine Tochter hat mir heute so gut geholfen!«

Eltern können die Entwicklung des kooperativen Verhaltens ihres Kindes auch unterstützen, indem sie sich selbst kooperativ verhalten. In der Familie, aber auch Freunden, Bekannten, Nachbarn oder Fremden gegenüber. Verloren umherirrenden Touristen den Weg zeigen, einer älteren Frau den Koffer die Treppe hochtragen, einem Kind seine gerade auf der Straße verlorene Mütze wiedergeben – Möglichkeiten, seine Hilfsbereitschaft zu zeigen, gibt es wahrlich viele. Ein Kind fragt in der Regel seine Eltern, warum sie der Person gerade geholfen haben. Wenn sie ihm dann erklären, dass man anderen Menschen helfen sollte, wenn sie Hilfe brauchen, wird man erleben, dass das Kind selbst Situationen sucht, um dieses Verhalten zu imitieren.

Eltern sollten die Hilfsbereitschaft ihres Kindes sehr früh fördern und nicht erst warten, bis es drei oder vier Jahre alt ist. Selbst ein Baby kann seiner Mutter etwas reichen. So lernt es von klein auf, wie man sich im Team verhält, und entwickelt sich langsam zum Teamplayer.

Die Großfamilie und Freunde

Je größer das Team, umso mehr wird ein Kind Erfahrungen als Teamplayer machen. Es lernt zum Beispiel, dass im Team Großeltern-Enkelkind mitunter ganz andere Regeln gelten können als im Team Eltern-Kind. Strenger oder lockerer, das kommt auf die Großeltern an. Generell erwartet das Team Großeltern-Enkelkind eine gewisse Vorarbeit vom Team Eltern-Kind. Benehmen, Hilfsbereitschaft, miteinander korrekt umgehen – das alles macht so manches leichter. Andererseits wird das Kind die Werte einer »guten« Erziehung im häufigen Kontakt mit den Großeltern ebenfalls vermittelt bekommen. Noch dazu aus der Perspektive einer älteren Generation, die um so manche Erfahrung weiser ist. So kann das Team Eltern-Kind vielleicht zu Hause überhaupt nicht funktionieren, das Team Großeltern-Enkelkind klappt aber hervorragend. In jedem Fall wird sich das Kind in seinem Sozialverhalten üben, denn es muss sich an die verschiedenen Teammitglieder anpassen. Es wird lernen, dass die interne Kommunikation von einem Team zum anderen verschieden sein kann. Treffen mit Verwandten und auch mit Freunden bieten dem Kind bereits in der frühen Kindheit weitere Gelegenheiten, sich in seiner Fähigkeit als Teamplayer zu üben. Besonders der Kontakt zu Gleichaltrigen leistet in diesem Bereich Unterstützung. Aber auch die Präsenz von jüngeren Kindern ist positiv, denn es lernt sein Verhalten an das Alter seines Gegenübers anzupassen und sich um die Jüngsten zu kümmern.

Die Kommunikation

Miteinander zu kommunizieren ist ein grundlegendes Bedürfnis des Menschen und eine wichtige Bedingung für die Qualität seines Lebens. Wie funktioniert die Kommunikation? Eine Person (der Sender) produziert ein Signal, das eine Information für den Empfänger beinhaltet. Kommunikation bedeutet daher, Informationen zu übertragen und auszutauschen. Sie bedarf nicht nur der gesprochenen Sprache. Sehr oft tauscht man sich aus, bevor ein einziges Wort gefallen ist, denn der Mensch kommuniziert auch mit seinem Körper: Gesten, Mimik, Handlungen und Verhalten.

Die zwischenmenschliche Kommunikation ist komplex. Sie beinhaltet nicht nur reine »Informationen«. Kommunikation ist auch Teil der sozialen Interaktion. Mit ihr beginnt die Beziehung zwischen Menschen. Der britische Evolutionspsychologe Robin Dunbar erklärt die Entstehung von Sprachen durch das Bedürfnis, miteinander zu »tratschen«, und dieser Tratsch sei ein sozialer Kitt, der die menschliche Gesellschaft erst möglich mache. Seine Studien über das Verhalten von Affen zeigen, dass das gegenseitige Lausen der Primaten Vertrauen schafft und sie aneinander bindet. Beim Menschen übernehme die Sprache die Funktion dieses Lausens. Durch sie schafft der Mensch soziale Kontakte, um Beziehungen mit anderen Menschen einzugehen und um diese aufrechtzuerhalten. 65 Prozent unserer Gespräche handeln von sozialen Themen: Wer macht was? Mit wem? Was mag ich? Was mag er? Auch das Gespräch am Tresen in einem Café dient dazu, soziale Kontakte zu knüpfen und den Platz in der Gesellschaft zu festigen.

Ein Kind muss daher lernen, wie man mit seinen Mitmenschen kommuniziert, um sich sozial zu integrieren und von anderen auf-genommen zu werden. Von Geburt an sollten Eltern mit ihrem Säugling sprechen. Dabei geht es nicht darum, ihm ständig Fragen zu stellen, sondern dem Baby mitzuteilen, was jetzt passiert. Anstatt das Neugeborene wortlos hochzuheben, mit ihm ins Bad zu gehen und es zu waschen, kann man diese Handlungen mit Worten begleiten: »Weißt du, was wir machen werden? Wir gehen jetzt beide ins Bad, und dann waschen wir dich, damit du wieder ganz sauber wirst.« Auch wenn man das Baby bei einer Person lässt, um zum Beispiel Einkaufen zu gehen, teilt man ihm dies mit, egal wie klein es ist: »Mama geht zum Supermarkt. Du bleibst so lange bei der Oma, und ich komme gleich wieder.« Oder: »Wir beide gehen jetzt raus spazieren. Aber zuerst müssen wir dich anziehen!« Diese Eltern-Kind-Kommunikation ist extrem wichtig. Das Baby lernt sehr früh die grundlegenden Funktionen der Kommunikation, und ihm wird das Gefühl, als Individuum zu existieren, vermittelt. Es ist aber auch Teil der beginnenden Eltern-Kind-Partnerschaft. »Ich spreche mit dir und behandle dich so, wie ich es mir von anderen in Bezug auf mich selbst wünsche.«

Sich bewusst zu werden, dass Worte emotionale Reaktionen bei Mitmenschen verursachen können, ist eine weitere Etappe im Bereich der Kommunikation. Das Kind lernt diese Wirkung allmählich, auch weil es sie selbst spürt, wenn andere mit ihm sprechen. Es fühlt sich ganz besonders angesprochen, wenn Erwachsene mit ihm auf Augenhöhe reden. Bei einem Kleinkind kniet man sich vor ihm hin und redet mit ruhigen Worten. So wird signalisiert, dass es dem Erwachsenen nicht unterworfen ist.

Teamregeln

Regeln und Gebote ermöglichen das Zusammenleben in der Familie, in der Gesellschaft und auch im Team. Jeder weiß, an was er sich zu halten hat. Sie verdeutlichen aber auch, dass die anderen ebenfalls Bedürfnisse haben. Sind die Regeln altersgerecht und klar, agieren sie wie ein beschützender Rahmen für das Verhalten des Kindes. Dank der Regeln lernt es auch langsam, Gefahren selbst einzuschätzen.

Was sind gute Regeln?

- Regeln, die der Familie und dem Team zu einem harmonischen Zusammenleben verhelfen, wo jeder seinen Platz findet.
- Regeln, die die Moral der Gesellschaft, in der das Team lebt, vermitteln.
- Regeln, die aus dem Kind kein »ideales« Kind machen wollen.
- Regeln, die die Fähigkeiten des Kindes berücksichtigen und altersgerecht sind.
- Regeln, die zur Persönlichkeit der Eltern passen.

Damit das Team Eltern diese Regeln mit dem Kind umsetzen kann, muss es in der Gesellschaft integriert sein. Denn seine Erziehung zielt darauf ab, es auf das Leben in dieser Gesellschaft und die Zusammenarbeit im außerfamiliären Team vorzubereiten.

Die »natürlichen« Regeln

»Wer böse zu anderen ist, hat keine Freunde.«, oder: »Wer lügt, dem traut man nicht.« – Aktion und Reaktion, das ist das Leitmotiv dieser natürlichen Regeln. Um diese Regeln respektieren zu lernen braucht es keine Strafen. Wenn Eltern ihr Kind zum drit-

Tipp

Fünf goldene Regeln

1. Für ein Kind muss ein Nein ein Nein bleiben. Dazu muss es aber das Nein der Eltern auch verstehen können. Die Regeln und ihr Grund sollten dem Kind gut erklärt werden.

2. Die Eltern sollten dennoch nicht allzu strikt sein. In bestimmten Situationen kann eine Regel aufgehoben werden, doch diese Ausnahme sollte dem Kind als solche signalisiert werden.

3. Wenn Eltern zu anspruchsvolle Regeln aufstellen, wird das Kind sich auflehnen. Nicht, weil es nicht guten Willens ist, sondern weil es einfach nicht umsetzen kann, was von ihm verlangt wird.

4. Die Eltern müssen von den Regeln selbst überzeugt sein und als Team funktionieren, wenn das Kind sich danach richten soll.

5. Regeln verursachen Frustrationen beim Kind. Die Eltern sollten versuchen, mit ihnen auf angepasste Weise umzugehen. Sich in das Kind hineinzuversetzen ermöglicht ein besseres Verständnis.

ten Mal zum Essen rufen und das Gericht inzwischen kalt geworden ist, dann ist das auch die logische Konsequenz seines Verhaltens. Vorwürfe oder ironische Bemerkungen sind hier unnötig. Es reicht, seinem Kind zu erklären, dass das Essen kalt ist, weil es nicht gleich gekommen ist. Erfahrungen wie diese erlauben ihm, sich weiterzuentwickeln und sich seiner Handlungen bewusst zu werden.

Spielzeit

Kinder lernen bereits im ersten Lebensjahr, allein zu spielen oder sich selbst zu beschäftigen. Es ist ein Zeichen, dass sie langsam autonom werden und sich von ihrer Mutter für eine kurze Zeit trennen können. In dieser Zeitspanne (circa zehn Minuten bei Babys, ungefähr 30 Minuten bei Kleinkindern) ist es in sein Spiel vertieft und zeigt, dass es sich auf eine Sache konzentrieren kann. Sich allein beschäftigen zu können ist ein wichtiger Entwicklungsschritt für ein Kind.

Am Anfang spielen Kinder übrigens mehr parallel als zusammen. Sie nehmen aber den anderen wahr und profitieren von diesem sozialen Kontakt. Miteinander spielen muss ein Kind erst lernen. Das kann durch die Auswahl des Spielzeugs gefördert werden. So können Eltern auch Spielzeug oder Gesellschaftsspiele vorschlagen, mit dem das Kind zusammen mit den Eltern oder anderen Kindern Spaß haben kann, sich austauscht und zum Sprechen angeregt wird. Sich verkleiden oder Rollenspiele sind für etwas ältere Kinder ideale Gelegenheiten, um die soziale Kompetenz zu trainieren. Spielzeugfreie Nachmittage sind ebenfalls tolle Gelegenheiten für Kinder, um gemeinsam und aus der eigenen Kreativität und Phantasie heraus neue Spiele zu erfinden und zum Beispiel zusammen mit den anderen die Regeln für diese neuen Spiele aufzustellen. Miteinander kommunizieren, diskutieren, sich streiten, Kompromisse finden, sich versöhnen – im Spiel können Kinder ihre sozialen Fähigkeiten erproben und verfeinern. Spielerisch werden soziale Interaktionen und Kommunikation gefördert, wichtige Voraussetzungen für Teamplayer. Aber eins sollte bei all dem nicht vergessen werden: das Vergnügen beim Spielen. Darum ist danach die wichtigste Frage an das Kind: »Und? Hast du Spaß gehabt?«

Selbstwertgefühl und Selbstvertrauen

Kinder, die Schwierigkeiten haben, auf andere zuzugehen, sich in einem Team unwohl fühlen oder es nicht schaffen, im Team zusammenzuarbeiten, können unter einem geringen Selbstwertgefühl leiden. Ihnen fehlt das nötige Selbstvertrauen, das ihnen erlaubt, mit anderen Menschen auf positive und konstruktive Weise umzugehen. In der frühen Kindheit können die Eltern das Selbstwertgefühl ihres Kindes stärken, das Fundament wird in den ersten sechs Lebensjahren gelegt. Das Verhalten von Lehrern und Gleichaltrigen ist ebenfalls sehr wichtig für ein gesundes Selbstvertrauen, denn Kritik, Hänseleien, Mobbing und Diskriminierungen lassen Kinder sich minderwertig fühlen und können dazu führen, dass sie sich von anderen abkapseln oder sich ausgeschlossen fühlen.

Was können Eltern tun, um das Selbstvertrauen ihres Kindes zu stärken?

- Die Liebe der Eltern, anerkennende Worte und Lob helfen das Selbstwertgefühl des Kindes von klein auf zu stärken. Seine Fortschritte und Leistungen sollten deshalb nicht unbeachtet bleiben. Bei jeder Entwicklungsstufe und Lernetappe wird sich das Kind so seiner Fortschritte bewusst.
- Bereits ein Baby braucht die Begeisterung seiner Eltern, wenn

es schrittweise die Welt entdeckt, und es braucht auch ihre offenen Arme, die es auffangen, wenn es sich wehgetan hat, um sich dann wieder mutig »hinauszuwagen«.

- Auch Fehler und Schwächen verdienen aufmunternde Worte, denn das Kind wird auf diese Weise für seinen Versuch belohnt und ermutigt, es noch mal zu probieren und nicht gleich aufzugeben. Der Glaube an sich selbst hängt auch vom Glauben der anderen ab.

- Eltern sollten ihrem Kind immer wieder signalisieren, dass sie für es da sind, wenn es Schwierigkeiten hat, und ihm zuhören, wenn es über seine Gefühle reden möchte. Dadurch wird es sich ernst genommen fühlen.

- Liebevolle Gesten wie in den Arm nehmen, über das Haar streichen und Schmusen vermitteln ihm, dass es von seinen Eltern geliebt wird, und geben ihm Kraft.

- Ein Kind sollte Kritik vertragen können, denn im Team muss es dieser ebenfalls standhalten und konstruktiv damit umgehen können. Nicht das Kind selbst sollte bei Fehlern kritisiert werden, sondern sein Verhalten. Nicht: »Du bist eine Null!«, sondern: »Du hast das nicht richtig gemacht. Ich erkläre dir warum!« Eltern sollten auch selbst mit Kritik umgehen können, damit sie ihm in dieser Hinsicht als Vorbild dienen.

- Eltern sollten nie Geschwister zum Vorbild nehmen, um ihr Kind auf diese Weise zu motivieren. »Schau dir deine Schwester an. Die hat doch auch keine Angst!« Dies führt nur zu einem künstlichen Konkurrenzkampf und verunsichert das Kind noch mehr; es beginnt an sich zu zweifeln, weil es nicht so gut ist wie die anderen Familienmitglieder.

- »Als ich so alt war wie du, war ich immer der Erste in Mathe!« Eltern sollten vermeiden, mit ihren eigenen Fähigkeiten Druck auf ihr Kind auszuüben, auch wenn es gut gemeint ist. Die Wirkung solcher Kommentare ist selten die von ihnen beabsichtigte. Dem Kind wird signalisiert, dass es nicht ihren Erwartungen entspricht. Das schwächt sein Selbstvertrauen.

- Kinder hören viel, und oft genau das, was sie nicht hören sollten. Eltern sollten darauf achten, wenn sie über ihr Kind sprechen. Ihre Meinung ist extrem wichtig für das Bild, das es von sich selbst hat. Es sieht sich sozusagen durch die Augen seiner Eltern. Kinder können durch deren negative Bemerkungen tief verletzt werden. Diese Wunden werden sie mitunter ein Leben lang mit sich tragen.

- Auch wenn das »imaginäre« Kind – die Vorstellung der Eltern, wie ihr Kind sein sollte – von dem »realen« Kind weit entfernt ist, heißt es, sein Kind mit seinen Stärken und Schwächen voll zu akzeptieren.

Hat das Kind Selbstvertrauen und Vertrauen in andere, wird es sich zum Teamplayer entwickeln. Aber Selbstvertrauen ist nicht konstant. In jeder Phase des Lebens muss es immer wieder erneut erarbeitet und gestärkt werden, denn der Mensch wird ständig mit neuen Problemen, Prüfungen und Herausforderungen konfrontiert. Dabei helfen die Kenntnis, welche Fähigkeiten man besitzt, und das Wissen, dass man nicht allein ist, um diese schwierigen Momente zu meistern.

Die Rolle des Kindergartens

Der Beginn des Kindergartens ist für viele Kinder und auch für ihre Eltern eine große Umstellung. Von nun an sind sie jeden Tag für mehrere Stunden voneinander getrennt. Diese Trennung kann die Autonomie eines Kindes fördern, wenn es alt genug ist und der Eintritt in diese erste Bildungseinrichtung dank der Eingewöhnungszeit am Anfang nicht zu abrupt geschieht. Kind und Eltern sollten sich langsam an die Idee und die Realität einer Trennung gewöhnen können. Besonders für Kinder, die noch nicht außer Haus betreut wurden, ist es wichtig, in der Gegenwart eines Elternteils ein erstes Vertrauen zur Erzieherin zu gewinnen. Unter diesen Voraussetzungen wird der Kindergarten zu einem optimalen Trainingsfeld, um die soziale Kompetenz beim Kind zu fördern und sich als Teamplayer zu üben.

Neue Regeln

In dieser neuen Gemeinschaft lernt das Kind schnell, dass es wie zu Hause mit den Eltern auch hier Regeln gibt. Diese Regeln ermöglichen das soziale Miteinander: Rücksicht nehmen, dem anderen nicht wehtun, teilen, sich zuhören ... Will es integriert werden, muss das Kind diese Regeln respektieren, auch wenn sie ihm nicht immer passen. Es erfährt gleichzeitig, wie es selbst von diesen Regeln profitiert, denn sie wirken beschützend und geben ihm Sicherheit in der Gruppe. Sich und seine eigenen Wünsche zurückstellen zu können, wenn es die Situation erfordert, Frustrationen ertragen und eine andere Autorität als die der Eltern anerkennen zu können bereiten das Kind auf die Schule vor. Es braucht diese

Fähigkeiten, um sich in der Klasse zurechtfinden und integrieren zu können.

Gruppenarbeit

Zu Hause hat das Kind Gelegenheit, zusammen mit anderen Kindern oder den Eltern zum Beispiel zu basteln, zu backen oder Höhlen und Schlösser mithilfe von Stühlen, Tischen und Decken zu bauen. Im Kindergarten wird es ebenfalls mit Gruppenarbeit konfrontiert, auch wenn es hin und wieder keine Lust dazu hat. Es ist Teil des Programms. Für manche Kinder ist es nicht einfach, bei einem gemeinsamen Projekt mitzumachen, nur weil das die Erzieherin vorgeschlagen hat. Das Kind lernt, dass ein Teamplayer auch über seinen »Schatten« springen muss und mithilft, damit die anderen im Team nicht benachteiligt werden. Sonst ist das Projekt in Gefahr. Die zunehmende Fähigkeit zur Kooperation, nicht nur in der Gruppenarbeit, sondern auch im Spiel, ist ein Meilenstein in der Entwicklung der sozialen Kompetenz.

In vielen Situationen wird das Kind mit seiner sozialen Kompetenz gefordert werden. So muss es auch lernen, auf die anderen Teammitglieder zu vertrauen und nicht immer alles allein unter Kontrolle haben zu wollen. Dazu müssen sie fähig sein, sich untereinander auszutauschen. Gruppenarbeit fördert daher auch die kommunikative Kompetenz.

Im Team werden die Kinder ebenfalls zum selbstständigen Handeln, Fühlen und Denken ermutigt, denn sie arbeiten an einem Projekt, über das sie selbst bestimmen. Kinder werden sich durch diese Zusammenarbeit ihrer eigenen Fähigkeiten und Begabungen bewusst. Sie erkennen, was sie besonders gut machen und wie man sich mit den anderen ergänzt. Das Zusammengehörigkeitsgefühl kann zu tollen Freundschaften unter den Kindern führen und zeigen, wie man als Team oft viel mehr leisten kann als jeder für sich allein.

Emotionen

Im Kindergarten sollte ein Kind unterstützt werden, sich seiner eigenen Gefühle bewusst zu werden, sie zu akzeptieren und mit ihnen angemessen umzugehen. Das bedeutet in erster Linie, dass alle Emotionen ausgelebt werden müssen. Nicht nur die »positiven«, sondern auch die »negativen«. Kinder sollten sich streiten und sich ärgern dürfen, denn diese Situationen geben dem Kind Gelegenheit zu lernen, wie man sich mit Konflikten auseinandersetzt, Lösungen sucht und Kompromisse schließt. So macht es Fortschritte beim sozialen Verstehen. Kinder sollten daher nicht von Konflikten verschont werden. Seine Gefühle ausdrücken zu können – verbal oder durch Malen oder Zeichnen – verhilft dem Kind dazu, sein Emotionswissen anzureichern. Es sollte daher immer genügend Zeit geben, um mit den Kindern über das zu sprechen, was sie bewegt, was sie glücklich und was sie traurig macht.

Die Gefühle des anderen und die eigenen wahrzunehmen ist wichtig, um sich in den anderen einfühlen zu können. Das Kind sieht nicht nur sich selbst als Mittelpunkt des Interesses. Es erkennt auch die Bedürfnisse der anderen an. Kinder mit einer altersgemäß ausgebildeten emotionalen Kompetenz können leichter soziale Kontakte knüpfen, sind beliebter und der Eintritt in die Schule verläuft problemloser.

Im integrativen Schulkindergarten voneinander lernen

Brigitte Novinsky, Leiterin des integrativen Schulkindergartens Sigmaringen, berichtet vom Alltag:

Eine Mutter, die einen Kindergartenplatz für ihr Kind sucht, fragt mich nach unseren Angeboten. Ich zähle ihr auf: »Wassergewöhnung, Waldtag, Kochen, Psychomotorik …«

Nach diesem Gespräch bin ich wieder in meinem Büro und schaue hinüber zur Gruppe Kunterbunt. Alle zwölf Kinder sitzen um den Tisch und verspeisen ihren zuvor selbst zubereiteten Obstsalat. Ich sehe den kleinen Max, der zu Hause nur Püriertes isst, Marie hat eine Magensonde, sie nippt vorsichtig vom Obst, Jens muss gefüttert werden. Sie erzählen sich Geschichten, vielleicht vom letzten Wochenende oder vom kleinen Brüderchen, es wird gelacht, die Kinder genießen sichtlich die Zeit der Gemeinsamkeit und des Austausches. Selbst Philip, der sonst kaum fünf Minuten sitzen bleiben kann, wartet geduldig, bis alle mit dem Essen fertig sind und die Erzieherin das Zeichen zum Abräumen gibt. Jeder stellt seinen Teller und seine Tasse weg, Felix hilft Marie, Sophie wischt den Tisch ab, Leon und Max kehren gemeinsam. Alle helfen mit, schließlich wollen sie möglichst bald in den Garten.

Diese Szene wiederholt sich täglich, eben Alltag.

Ich denke wieder an die Mutter, die nach unseren Angeboten fragte. Eigentlich hätte ich antworten sollen: »Wir bieten den Kindern in unseren kleinen Gruppen einen Alltag, in dem sie ein Miteinander erleben, jeder Einzelne mit seinen Schwächen, seiner Behinderung, aber auch mit seinen Stärken und seinem Können. Sie leben in Beziehungen zueinander und zur Erzieherin.«

Es ist ein Miteinander, von dem jedes Kind profitiert. Das Kind mit Behinderung erlebt die Gemeinschaft, das regelentwickelte Kind erlebt sich als hilfreich. Gemeinsam im Team sind sie stark, da können sie etwas erreichen. Jeder kann dazu beitragen.

Dazu gehört unter anderem abzuwarten, bis man dran ist, oder sich zu melden, um eine Aufgabe zu übernehmen; Hilfe zu geben oder anzunehmen, Ideen zu entwickeln und umzusetzen, andere Meinungen zu tolerieren oder eigene Ansichten zu vertreten.

Max liebt Farben und malt herrlich bunte Kritzelbilder, Jens kann schon mit dem Hammer umgehen, Felix hat eine tolle Idee für einen Drachen, und Marie strahlt, als sie das herrlich verrückte Gebilde vorgeführt bekommt.

Die Erzieherin ist mit ihrem ganzen Fachwissen und ihrem Einfühlungsvermögen gefordert: Sie kennt jedes Kind, seine Stärken und Schwächen, sie lehrt den Ungeduldigen Geduld, den Schüchternen ermuntert sie, sie tröstet, wenn mal was schiefgeht, sie hört zu und nimmt die Kinder ernst, sie lässt die Kinder sich entfalten und setzt Grenzen, sie unterstützt, wo notwendig, fordert heraus, wenn nötig, und bei allem bewahrt sie die Übersicht.

Und Marie schenkt ihr ein Lächeln.

Die sozial-emotionale Entwicklung findet nicht nur in der Kindheit statt. Noch als Erwachsener wird man immer wieder neue Gefühle empfinden und mit der Aufgabe konfrontiert werden, mit ihnen angemessen umzugehen. In der Kindheit müssen die Erwachsenen dem Kind dabei helfen, Bewältigungsstrategien aufzubauen, um bestimmte emotionale Situationen zu meistern. Im Team wird jedes Teammitglied seine emotionalen Erfahrungen einbringen und von den Lernprozessen profitieren, die ihm beigebracht haben, welche Emotionen zum Gefühl des Zusammenhalts und der Zusammenarbeit dienen.

Die Schule – gemeinsam lernen

Der Begriff »Schule« (lat. *schola* von griechisch σχολή [skʰoˈlɛː] hat die Ursprungsbedeutung ›freie Zeit‹, ›Müßiggang, Nichtstun‹, ›Muße‹, später ›Studium, Vorlesung‹ – heutige Schüler werden dieser Bedeutung wohl nicht zustimmen. Freie Zeit hat man dort nicht, und der Ort Schule ist häufig negativ belastet. Dabei sind viele kleine Kinder vor ihrem ersten Schultag sehr aufgeregt. Sie wollen lernen und zu den »Großen« gehören. Der Lernwille scheint aber oft schnell nachzulassen. Bereits in der ersten Klasse äußert so manches Kind nach einigen Wochen, dass es jetzt wieder zurück in den Kindergarten will. Es hat gesehen, was Schule ist, und das Interesse verloren. Ist der Grund der Leistungsdruck? Der beginnt schon in der Grundschule, und nach dem Schulabschluss fällt vielen Schülern eine regelrechte Last von den Schultern.

Schule vermittelt Wissen. Sie sollte aber auch ein Lebensort sein, den Schüler mitgestalten und wo sie ihre sozialen Fähigkeiten erproben können. Es wird von ihnen jedoch hauptsächlich das Erbringen von Leistung erwartet, für die jeder einzeln bewertet wird. Wenn das Ziel der Schule das Ausbilden von jungen Menschen für die Arbeitswelt ist, genügt jedoch das Vermitteln von kognitivem

Wissen nicht. Schüler müssen in der Schule auch auf dem Gebiet der sozialen Kompetenz gefördert werden, damit sie sich später im Beruf integrieren können und fähig sind, mit ihren Kollegen zusammenzuarbeiten. So sollte neben dem Fachunterricht auch die Möglichkeit bestehen, Schülern verstärkt eine weitere Fähigkeit nahezubringen – das Lernen und Arbeiten im Team.

Gruppenarbeit ist bereits in vielen Schulen Teil des Unterrichts. Wie negativ Schüler oft darauf reagieren, zeigt, dass Kinder von klein auf an Gruppenarbeit gewöhnt werden müssen, damit sie einen Bezug zu ihr entwickeln und sie nicht als »langweilig« und »sinnlos« empfinden. Sie sollten sie mit positiven Erfahrungen in Verbindung bringen können. Die individuelle Förderung darf dabei nicht aus den Augen verloren werden. Dennoch ist es wichtig, das »Wir-Gefühl« zu unterstützen, das durch das Konkurrenzdenken, verursacht durch den Notendruck, fortwährend geschwächt wird.

In der Schule sollte häufiger in Teams gearbeitet werden, weil …

- der Leistungsdruck dann nicht mehr auf dem Individuum lastet und im Team besser verkraftet wird,
- schwächere Schüler von dem Wissen der besseren profitieren und integriert werden,
- dies anregender und motivierender ist als allein zu arbeiten,
- die Fähigkeit, einander zuzuhören, gefördert wird,
- sie lernen zu argumentieren und diskutieren,
- sie versuchen müssen, konstruktiv und respektvoll miteinander umzugehen,
- sie lernen, dass Erfolg nicht dem Einzelnen gehören muss, sondern geteilt werden kann,

- sie im Team selbstständig handeln und Konflikte lösen müssen,
- gerade im Team das »Wir« gestärkt wird und das »Ich« zurückgenommen werden muss,
- Schüler die Erfahrung machen müssen, dass bestimmte Aufgaben nur als Team geschafft werden,
- auch nicht befreundete Schüler ein »Wir-Gefühl« erfahren und Vorurteile abgebaut werden.

»Um gute Ergebnisse bringen zu können, müssen Gruppen nicht nur an dem sachlichen Ziel, sondern auch an sich selbst arbeiten. Dafür brauchen sie Raum, Zeit und vor allem auch das Bewusstsein, dass diese Beschäftigung mit sich selbst zur normalen Arbeit dazugehört.«[78] Das bedeutet, dass Teams in einer Klasse längerfristig bestehen bleiben sollten. Auch, weil Schülern Zeit gegeben werden muss, um sich als Teamplayer kennenzulernen und um als Einheit zu funktionieren, denn oft entstehen Probleme, weil bestimmte Schüler einfach nicht miteinander arbeiten wollen. Auf Dauer können Zusammenarbeit und Erfolgsmomente das Team zusammenschweißen.

Wie beurteilen Praktiker die diesbezügliche Situation an deutschen Schulen? Franz Wester, Leiter des Referats Schulentwicklung im Landesinstitut für Schule Bremen und Schulentwicklungsberater, Claudia Börger, Lehrerin am Gymnasium Horn in Bremen und Moderatorin für Unterrichtsentwicklung am LIS Bremen, und Anja Krüger, Lehrerin und Didaktische Leiterin an der Oberschule an der Ronzelenstraße, Bremen, beantworten zehn Fragen zur Teamarbeit im Schulalltag.

1. Welche Angebote und Maßnahmen gibt es in Schulen zur Konfliktbewältigung und zum sozialen Zusammenagieren?

Franz Wester: Das ist sehr unterschiedlich ausgeprägt. In allen Schulen, die ich kenne, gibt es zu Beginn eines Schuljahres, mindestens aber zum Einstieg in eine neue Schule, eine Phase, in der die Schülerinnen und Schüler sich kennenlernen können. In der Phase werden dann auch die Regeln des Zusammenlebens in der Klasse gemeinsam entwickelt. Viele Schulen halten die wichtigsten Vereinbarungen auch in sogenannten Schulverträgen fest. Wenn sie gut sind, wird darin nicht nur beschrieben, was von den Schülern und Eltern erwartet wird, sondern auch, wozu sich die Schule und die Lehrkräfte verpflichten.

Claudia Börger: Die Streitschlichter-Programme, mittels derer ausgewählte Schüler in Konfliktsituationen zwischen Mitschülern vermitteln, haben sich an sehr vielen Schulen etabliert. Daneben gibt es auch an allen Schulen Beratungslehrer, an die sich die Kinder und Jugendlichen in einer konfliktgeladenen Situation vertrauensvoll wenden können. Der Klassenrat wird vielerorts bereits schulweit abgehalten. Es handelt sich dabei um einen ritualisierten Klärungsprozess, im Verlaufe dessen die Schüler Konflikte selbstständig thematisieren und gegebenenfalls auflösen können. Auch arbeiten viele Schulen mit dem Jugendförderprogramm Lions-Quest »Erwachsen werden«, welches vorrangig im Unterricht der Sekundarstufe I die Förderung der sozialen Kompetenzen zum Ziel hat.

Anja Krüger: Wir haben in unserer Schule zusätzlich zu den aus der eigenen Schulkultur bereits entwickelten Angeboten und Maßnahmen auch aus einer breiten Palette von Best-Practice-

Beispielen anderer Schulen Elemente erprobt und Bewährtes dann übernommen. Wir sind eine Ganztagsschule, das heißt, unser Schulleben umfasst eine lange Zeitspanne pro Tag, in der ein verträgliches soziales Miteinander gebraucht wird – also müssen wir auch für Möglichkeiten des Erlernens, Regulierens und Verbesserns sorgen. Als wesentliche Stützen fallen mir ad hoc ein: in den 5. Klassen ein zweistündiges Sozialtrainingsprogramm, durchgeführt von unserem Schulsozialarbeits-Team (SchuSa-Team); deren feste Zeiten auch für Konfliktberatung und -lösung; das Angebot unserer ausgebildeten Schüler-Streitschlichter, die in einem eigenen Raum feste Gesprächstermine anbieten; die Vertrauenslehrer; die Etablierung des Klassenrats bereits ab Klasse 5; die Tutoren- beziehungsweise Klassenleitungsstunde, in der die Wochenabläufe einer Klasse gemeinsam geplant, nachbesprochen und einzelne Vorkommnisse geklärt werden; der im Schulprogramm verankerte und in jedem Schüler-Schulplaner nachlesbare Konfliktleitfaden, der gemeinsam von Eltern, Schülern und Lehrern entwickelt wurde; die Schüler-Eltern-Lehrer-Gespräche (SELG), in denen gemeinsam Rückschau gehalten, gelobt und Verbesserungsfähiges benannt wird; die Organisation unseres Projektunterrichts, in dem in immer wechselnden Gruppen zusammengearbeitet werden muss und dieses Miteinander reflektiert und begleitet und unterstützt wird; die Organisation außerschulischer Lerngelegenheiten (Ausflüge, gemeinsame Eventbesuche …), die das vom »Ort Schule« geprägte Selbst- und Fremdbild der Kinder erweitern; die Einbindung der Schüler in viele organisatorische schulische Abläufe durch Verantwortungsübergabe (Schulscouts, Organisation der

Spieleausgabe für die Pausen, Mitarbeit in der Mensa und Cafeteria etc.); die Durchführung von Festen und Präsentationen auch für und mit Eltern.

2. Gibt es dafür zeitlichen Raum, oder müssen Lehrer das vom Unterricht abzweigen? Oder ist es oft das private Lehrerengagement?

Franz Wester: Nicht das private, wohl aber das persönliche Interesse im schulischen Zusammenhang ist zumeist ausschlaggebend dafür, mit welcher Intensität und Qualität das soziale Lernen gefördert wird. Und davon ist ja auch abhängig, wie verbindlich die Regeln eingehalten werden. Wenn zum Beispiel Lehrkräfte deutlich signalisieren, dass sie eigentlich Fachunterricht für wichtiger halten und auch lieber machen würden, können wir von den Kindern nicht verlangen, dass sie dem sozialen Lernen eine hohe Aufmerksamkeit entgegenbringen.

Claudia Börger: An einigen Schulen werden den Klassenlehrern Klassenstunden zur Verfügung gestellt, in denen das klasseninterne Zusammenleben diskutiert, gefördert und systematisch trainiert werden kann (zum Beispiel Elemente des Klassenrats oder aus Lion-Quest).

Franz Wester: Es gibt auch zunehmend Schulen, in denen es ein Curriculum aus miteinander vernetzten Programmen gibt, die sich mit den Schülerinnen und Schülern entwickeln.

Anja Krüger: Wie oben beschrieben, gibt es eine Reihe von geschaffenen »Plätzen«, zu denen aber das persönliche Engagement jedes einzelnen Lehrers und Erwachsenen hinzukommen muss: Hauptanspruch für das Miteinander an unserer Schule ist der respektvolle Umgang. Das soziale Agieren betrifft ja nicht nur die Schüler untereinander, sondern bezieht sich auf die gesamte Schulgemeinschaft.

3. Wie weit wird das außerschulische Umfeld – Eltern, Freunde, Vereine – mit dem schulischen Leben vernetzt?

Claudia Börger: Ich kenne engagierte Kollegen und Kolleginnen, die es sich in ihrer Funktion als Klassenleitung zur Aufgabe gemacht haben, jeden einzelnen ihrer Schüler zu Hause zu besuchen, um das familiäre Umfeld kennenzulernen. Das sind natürlich Ausnahmen, in denen private Energie und Zeit stecken. Auch wenn man dieses Vorgehen nicht erwarten kann, zeigt es sicherlich den richtigen pädagogischen Weg: Schüler in ihrer komplexen Ganzheitlichkeit zu erfahren, um auf sie positiven Einfluss nehmen zu können. Die Einbeziehung der Eltern als fester unterstützender Bestandteil des Schulalltags gelingt leider noch nicht genügend. Da scheinen auf beiden Seiten noch Vorurteile und »Schwellenängste« zu herrschen, die es abzubauen gilt.

Franz Wester: Ich denke, dass das auch mit den unklaren und zum Teil widersprüchlichen Vorstellungen zu erklären ist, wie die Kooperation aussehen könnte. Eltern sollten jedenfalls nicht die verlängerten Arme der Lehrkräfte sein oder sein wollen. Es kann ja zum Beispiel durchaus sinnvoll sein, dass Eltern ihre Kinder in der Abwehr von Bewertungen aus der Schule stärken, weil sie ohne diese Stärkung nicht konstruktiv und distanziert damit umgehen könnten.

Anja Krüger: In den letzten zwei Jahren haben wir parallel zu einer engeren Teamarbeit der Lehrer innerhalb eines Oberschuljahrgangs auch die Zusammenarbeit mit den Eltern intensiviert. Es gibt Themenelternabende als Informationsveranstaltung; die Eltern kommen fünfmal im Schuljahr zu den Projektpräsentationen ihrer Kinder; sie unterstützen unsere Entwicklungsarbeit in einer Arbeitsgruppe aus Eltern und Lehrern, die sich zweimal pro Halbjahr trifft; sie sind auch im schulischen Alltag eine große Stütze: Betreuung von Kindergruppen in den Lesestunden, Angebote von AGs und Kursen, Begleitung bei Ausflügen und Exkursionen. Mit einigen Vereinen und Organisationen im Stadtteil haben wir schon eine gute Zusammenarbeit, wollen das für die Verbesserung des Ganztagsangebots aber noch ausweiten.

4. Verfügen Schüler über genügend soziale Kompetenzen von Haus aus?

Franz Wester: Leider nicht immer. Oder besser gesagt: Es kommen immer mehr Schülerinnen und Schüler in die Schulen, denen sogenannte Basiskompetenzen fehlen. Meine persönliche Beobachtung ist auch, dass sich die vorhandene soziale Kompetenz nicht automatisch erhält oder gar weiterentwickelt. Das kann ich zwar nicht empirisch belegen, aber es ist nachvollziehbar, denn soziale Kompetenz ist kein statischer Zustand, den man hat oder nicht hat, sondern ein dynamischer Prozess, der vor allem in der Pubertät von vielen Faktoren beeinflusst wird, die sich dem Zugriff der Schule total entziehen.

Claudia Börger: Die immense Vorbildwirkung eines als authentisch erlebten Lehrers ist nicht zu unterschätzen. Auch Kinder, die wenig gängige Moralvorstellung über das soziale Miteinander von Haus aus mitbringen, sind ansprechbar und verständig, lebt man ihnen das Geforderte konsequent vor und begründet sein Verhalten.

Franz Wester: Ich bin mir aber nicht sicher, ob die naheliegende Schlussfolgerung, die Eltern würden versagen und müssten mehr tun, wirklich hilft. Heutigen Kindern werden im Vergleich zu früher größere Entscheidungsfreiräume über ihre eigene Lebensgestaltung zugestanden. Wenn das nicht zu einer Zumutung für sie werden soll, müssen das Miteinander-Reden, um gemeinsam Lösungen für Probleme zu finden, und das Erklären von Entscheidungen zentrale Merkmale der Interaktion zwischen Eltern und ihren Kindern werden. Eltern geraten dabei häufig unter Druck, weil sie einem Ideal entsprechen wollen, dabei aber den emotionalen Druck aushalten müssen, wenn sie selber die Prinzipien nicht automatisch in entsprechende Verhaltensweisen umsetzen können.

Anja Krüger: Soziale Kompetenz entwickelt sich meines Erachtens auch situationsabhängig – für die Ausbildung von sozialem Verhalten in größeren Gruppen Gleichaltriger können Eltern ja nur einen begrenzten Beitrag leisten. Es braucht Gelegenheiten, um das soziale Miteinander zu erleben und zu erlernen. Hier sind neben den Klassengemeinschaften in der Schule auch das Fußballteam, die Tanz- oder Nähgruppe und auch die Peergruppe, die einfach nur um die Ecke »abhängt«, wichtig.

5. Spielt das soziale Milieu in Bezug auf die Teamfähigkeit eine Rolle?

Anja Krüger: Aus meiner Erfahrung heraus sage ich: Nein!

Franz Wester: Empirische Daten habe ich im Moment nicht vor

267

Augen; eigene Erfahrungen sprechen aber nicht dafür, dass die übliche Gleichstellung, niedriger sozialer Status gleich geringe Teamfähigkeit, hier gilt.

Claudia Börger: Es ist im Gegenteil auch zu beobachten, dass in bildungsnahen Familien Kindern eine derartige Mittelpunktrolle zukommt, dass sie als »kleine Egomanen« enorme Schwierigkeiten haben, sich in einen Klassenverbund einzuordnen.

6. Existiert ein Unterschied in den verschiedenen Schulformen hinsichtlich der Teamfähigkeit der Schüler, und wenn ja, inwiefern?

Franz Wester: Teamfähigkeit ist ja ein Ergebnis eines Lernprozesses; das heißt in den Schulen, in denen es eine systematische Einführung und viele praktische Lerngelegenheiten gibt, sind die Chancen, Teamfähigkeit auszubilden, höher als anderswo. Institutionalisierte Formen der Teambildung gibt es vor allem in Gesamtschulen, zum Beispiel das Team-Kleingruppenmodell. Ich glaube aber insgesamt, dass der Unterschied zwischen den einzelnen Schulen größer und bedeutsamer ist als die Zugehörigkeit zu einer Schulform.

Claudia Börger: Meine Erfahrung ist ähnlich. An den Gymnasien gibt es viele eher akademisch orientierte Lehrer und Lehrerinnen, die ihre primäre Funktion in der Wissensvermittlung sehen und weniger sozial-erzieherische Akzente setzen. Dazu kommt, dass die Gesamtschulen per se von der Heterogenität ihrer Klassen ausgehen und darauf mittels selbstdifferenzierender Unterrichtsszenarien wie Team- und Projektarbeit reagieren müssen. An den Gymnasien herrscht noch oft das Bild einer weitgehend homogenen Lerngruppe, die im Frontalunterricht geschlossen »mitmarschiert«. Daneben spielt auch die Klassengröße eine Rolle. Nicht selten werden teamgeistfördernde Lernarrangements, wie etwa das projektartige Arbeiten, zugunsten eines Frontalunterrichtes verworfen. Da herrscht oft eine Scheu vor der mitunter chaotisch-ungeleitet anmutenden Durchführung der Gruppenarbeit. Kleinere Gruppen wirken da für viele Kollegen überschaubarer.

7. Bestehen von künftigen Arbeitgebern Wünsche an die Schulen, die auch das Sozialverhalten der Schüler betreffen?

Claudia Börger: Der Nationale Pakt für Ausbildung und Fachkräftenachwuchs in Deutschland hat einen Kriterienkatalog zur Ausbildungsreife erstellt. Dort werden auch Merkmale des Arbeits- und Sozialverhaltens genannt.

Franz Wester: In konkreten Gesprächen mit Vertretern aus Unternehmen hat sich bei mir allerdings der Eindruck gebildet, dass sich die Betriebe schon zutrauen, eine erzieherische Wirkung zu entfalten, die sich positiv auf das Sozialverhalten und die Persönlichkeitsentwicklung auswirkt. Voraussetzung aus ihrer Sicht dafür ist, dass die Basiskompetenzen – Lesen, Schreiben, Rechnen – vorhanden sind.

8. Laufen zurzeit Forschungsprojekte, unterstützt von staatlicher Seite, zum Thema »Schule und Teamplayer«?

Franz Wester: Einen verlässlichen Überblick habe ich nicht. Die Forschung richtet ihr Augenmerk, soweit mir im Moment bekannt, eher auf die Kooperation der Lehrkräfte und des pädagogischen Personals (multiprofessionelle Teams) und die Effekte auf die Schulentwicklung. Es gibt Projekte, die auf die Förderung von Kooperation und die Ausbildung von Teamfähigkeiten abzielen. Und es gibt eine Vielzahl von Instrumenten, mit der die Entwicklung der Teamfähigkeiten erfasst werden kann. Insbesondere in der beruflichen Bildung ist das von Interesse.

9. Gibt es offiziell Vorgaben für die Förderung des sozialen Verhaltens, oder ist das der jeweiligen Schule überlassen?

Claudia Börger: Die Bildungspläne nehmen natürlich explizit Bezug auf soziale Kompetenzen und sehen zum Beispiel die Einführung kooperativer und projektartiger Arbeitsformen vor. Daneben gibt es Schulen, die sich der Förderung sozialen Lernens besonders annehmen, wie etwa die Robert-Bosch-Gesamtschule in Hildesheim, die einen »Sozialen Lehrplan« ausformuliert hat.

10. Wie würden Sie den Trend für die Zukunft beschreiben?

Claudia Börger: Lehrerinnen und Lehrer können natürlich nur Kompetenzen und Werte an ihre Schüler weitergeben, welche sie auch selber vorleben. Nicht nur aus Gründen der Arbeitsökonomie ist es daher unabdingbar, dass Schulen innerhalb ihres Kollegiums mehr auf Teamarbeit bauen. Das Bild des Lehrers als Einzelkämpfer ist passé. Die schulische Aus- und Weiterbildung muss daher zukünftig mehr auf Sozialkompetenz erweiternde Inhalte der Lehrerinnen und Lehrer setzen.

Franz Wester: Ich glaube, dass Individualisierung und Selbststeuerung, oder besser gesagt Selbstregulation, die bestimmenden Leitvorstellungen werden oder schon sind. Diese sind aber eng angebunden an die Zieldimension Kompetenz. Die wiederum enthält, wenn sie nicht auf kognitive Fähigkeiten und methodische Fertigkeiten verengt wird, auch den Aspekt soziale Verantwortung. Von daher betrachtet, werden individuelle Kompetenzentwicklung, Selbststeuerung, Kooperation und Teamorientierung nur in einem engen, sich gegenseitig stärkenden Zusammenhang positiv gestaltet werden können. Das zeigt sich ja auch in den Schulen, die in ihrer Entwicklung anderen voraus sind. Eine ausschließlich auf individuelle Leistungen ausgerichtete Bildung wird nicht erfolgreich sein können, weil sich Lernen nur in sozialen Zusammenhängen effektiv entfalten kann.

Lernen und Lehren im Team – Konzept und Alltag der Georg-Christoph-Lichtenberg-Gesamtschule Göttingen, Hauptpreisträger des Deutschen Schulpreises 2011 (von Lars Humrich)

Die Georg-Christoph-Lichtenberg-Gesamtschule nahm 1975 ihren Betrieb auf. Sie war von Beginn an ideell, pädagogisch, didaktisch und baulich nach dem Team-Kleingruppen-Modell konzipiert. Jeder Jahrgang bewohnt ein sogenanntes Cluster und bildet darin fast eine eigene kleine Schule innerhalb der großen. Die Schule hat circa 1500 Schüler und etwa 200 Mitarbeiter. Nach 36 Jahren ist die Schule in den Kernbereichen ihrem ursprünglichen Konzept treu geblieben. Dieses beharrliche Festhalten an einem für gut befundenen Konzept sowie dessen konsequente Weiterentwicklung wurden 2010 mit dem Deutschen Präventionspreis des

Bundesministeriums für Gesundheit und 2011 mit dem Hauptpreis des von der Robert-Bosch-Stiftung vergebenen Deutschen Schulpreises belohnt.

Die im Folgenden beschriebenen Szenen beschreiben tatsächlich oder sehr ähnlich erlebte Momente und dienen dazu, die anschließenden Erläuterungen zu zentralen Elementen des Schulkonzepts zu illustrieren. Daneben gibt es natürlich auch Momente der Auseinandersetzung, der Unvollkommenheit und des Versagens, wie an jedem Ort, an dem 1700 Menschen ständig neu versuchen, ein Team zu sein.

Montag, 8:05 Uhr, im Cluster des 5. Jahrgangs

»Hey, Laura, ich habe die Mathe-Aufgaben immer noch nicht kapiert. Kannst du mir helfen?« Viktoria sitzt an einem runden Tisch und blickt erwartungsvoll zu ihrer Tischgruppen(TG)-Partnerin, die gerade angekommen ist. »Klar, ich bringe nur noch schnell mein Zeug weg«, antwortet Laura. Kurz darauf beugen sie sich über ihre Mathe-Sachen und arbeiten. Dann kommt Katrin, ihre Mathe-Lehrerin: »Na, letzter Schliff an den Arbeits- und Übungs(A&Ü)-Aufgaben?« Die Mädchen blicken auf, und Laura fragt etwas unsicher: »Viktoria hatte Schwierigkeiten mit der Umrechnung von den Maßeinheiten. Ich habe ihr einfach mal erklärt, wie ich das immer mache. Das ist aber etwas anders als das, was du uns letzte Woche erklärt hast. Ist das o.k.!?« – »Klar«, antwortet Katrin, »die Hauptsache ist doch, dass es klappt und sie es versteht. Vielleicht könnt ihr das nachher ja auch noch einmal für alle erklären.« Damit geht sie weiter in den Teamraum, wo sie bereits von Ute, der Jahrgangsleiterin, erwartet wird: »Gut, dass du schon kommst! Jens hat angerufen. Bei denen zu Hause haben sich beide Kinder einen Magen-Darm-Virus eingefangen. Jetzt müssen sie zum Arzt. In der vierten Stunde hätte er Englisch bei euch. Kannst du das übernehmen? A&Ü-Aufgaben für Englisch hat er mir durchgegeben.« – »Kein Problem. Kann nur sein, dass ich fünf bis zehn Minuten später komme, weil ich in der dritten Stunde im sechsten Jahrgang und erst später fertig bin.« – »O. k.«, beruhigt Ute sie, »ich geh vor meinem eigenen Unterricht kurz vorbei, gebe ihnen die Aufgaben und sage, dass du gleich kommst.«

So oder so ähnlich könnte ein normaler Wochenbeginn aussehen – wenig spektakulär, aber doch irgendwie anders, als man es erwartet hätte oder es gar aus eigener Erfahrung, sei es als Lehrkraft oder als Schüler, kennt. Viktoria schämt sich nicht, Laura um Hilfe zu bitten. Für sie ist das ebenso selbstverständlich wie für Laura, ihr zu helfen. Was hätte sie davon, wenn sie es nicht täte? Katrin ist nicht empört, dass Viktoria ihre A&Ü-Aufgaben nicht alleine gemacht hat. Lauras Unterstützung erleichtert ihr die Arbeit und zeigt ihr sogar einen weiteren Weg, den Sachverhalt in Zukunft verständlicher zu machen. Die Vertretung ihres Co-Tutoren Jens ist schnell und ohne großen Organisationsaufwand erledigt – dass sie nicht zu Beginn der Stunde anwesend sein kann, dient nicht als Ausrede, sondern lässt sich innerhalb einer Minute erledigen.

Was hier so leicht und unkompliziert erscheint, spiegelt das Konzept wider, nach dem die Schule gegründet wurde – das Team-Kleingruppen-Modell. Die Arbeit im Team wird von Schülern wie von Lehrern täglich geübt und praktiziert – sie ist ein Kernelement des Schulkonzepts. So arbeiten die Schüler in Tischgruppen von sechs Schülerinnen und Schülern, die leistungs- und geschlechterheterogen zusammengesetzt sind. Sie werden zu Beginn eines Schuljahres gebildet und bestehen über ein halbes, besser noch ein ganzes Schuljahr. Gemeinsam sind sie für die erbrachten Lern- und Arbeitsergebnisse verantwortlich. So hat auch Laura ein Interesse daran, dass Viktoria Mathe versteht.

Ebenso liegt es in Katrins Interesse, dass ihr Co-Tutor Jens in einer ähnlichen Situation für sie einspringt, und sie ist so ohne Zögern bereit, die Stunde spontan zu vertreten. Einen zentralen Vertretungsplan gibt es nicht. Jeder Jahrgang regelt die Vertretung intern durch schnelle Absprache am Telefon oder im Teamraum, der das zentrale Lehrerzimmer ersetzt. Jeder Jahrgang für sich ist eine übersichtliche, weitgehend autonome Einheit, die ihren Alltag und ihre Regeln eigenständig bestimmt und organisiert – bis hin zu den Anfangs- und Endzeiten der Unterrichtsstunden und der Pausen. Die Kollegiale Schulleitung und die schulweiten Konferenzen schaffen dafür einen gemeinsamen verbindlichen Rahmen, in dem ausreichend Raum für Gestaltung bleibt. Die Erfahrung zeigt: Überregulierung nimmt die Möglichkeit der eigenen Auseinandersetzung und verhindert damit die Identifikation mit der eigenen Arbeit. Konstruktiv und kreativ gestaltende Teams dürfen nicht zu groß werden, damit der Beitrag des Einzelnen gehört, gesehen und gewürdigt werden kann. Es ist ebenfalls essenziell, dass Lehrerschaft sowie Schülerschaft in Teams organisiert sind. Lehren können wir nur das, wovon wir überzeugt sind, lernen nur das, was uns authentisch und überzeugend vorgelebt wird. Eine Lehrerschaft aus lauter Einzelkämpfern kann keine teamfähigen Schüler erziehen.

Mittwoch, 8:30 Uhr, im Stammgruppenraum (Klassenzimmer) der 5.6

An fünf Gruppentischen sind jeweils sechs Schüler über ein gro-ßes Blatt Papier gebeugt. Es ist in sieben Felder aufgeteilt – ein Feld in der Mitte und sechs gleich große Felder drum herum. Ein *Place-mat*. Jeder Schüler schreibt in eines der äußeren Felder. *I like my friends* steht da oder *I don't like rain in the summer*. Es herrscht Stil-le. – »*O. k., five minutes are over. You can read your sentences to your partner now*«, unterbricht Jens die Ruhe. Einige Schüler schreiben noch konzentriert weiter, andere beginnen, sich ihre Sätze vorzu-lesen, sich gegenseitig nach Vokabeln zu fragen oder ihre Sätze zu verbessern. In der nächsten Phase drehen die Schüler ihren *Place-mat* so lange, bis jeder alle Sätze der anderen gelesen hat. Dann ist es ihre Aufgabe, aus den Sätzen gemeinsam eine englische Lied-strophe auf eine bestimmte Melodie zu dichten. Die Strophe kann sich reimen, muss sie aber nicht, die Länge ist variabel, nur das Ende ist vorgegeben: … *Yes, I like it – and I like myself.* Der Schreib-prozess ist anstrengend: »Welche Sätze sollen in die Strophe auf-genommen werden? Wie passen die auf die Melodie des Liedes? Soll sich das reimen? Und wenn ja, was reimt sich auf *ice-cream? What's the English word for* Briefmarkensammlung?« An den TGs wird diskutiert, gedichtet, das bisher Geschriebene zur Probe ge-sungen. Der Lehrer läuft von TG zu TG, um Hilfestellungen zu geben. Am Ende der Doppelstunde steht ein englisches Lied mit fünf unterschiedlichen Strophen, wie es wohl keiner der Schüler mit ihren recht elementaren Englischkenntnissen aus der Grund-schule alleine hätte schreiben können.

Die Arbeit in der Tischgruppe ist Prinzip und Struktur für den

Umgang mit Heterogenität an der Schule. Die Gruppe hat ein gemeinsames Ziel. Um dies zu erreichen, müssen Teilaufgaben unterschiedlicher Schwierigkeit und Komplexität erledigt werden. Die Gruppe erhält ihren Arbeitsauftrag mit den unterschiedlichen Teilaufgaben und teilt diese unter den Gruppenmitgliedern auf. Jeder steuert seine Fähigkeiten bei. Zunächst bearbeitet jeder seine Teilaufgabe für sich, tauscht sich dann zunächst mit einem Partner darüber aus und stellt das so überarbeitete Ergebnis nun der Gruppe vor. Aus den Einzelergebnissen entsteht ein Gruppenergebnis, für das die ganze Gruppe verantwortlich zeichnet und das jedes Gruppenmitglied in seinen entscheidenden Teilen verstanden hat und präsentieren kann. Damit dieses Prinzip funktioniert, muss die Struktur stimmen. Die Gruppen sind konsequent leistungsheterogen zusammengesetzt. Starke Schüler unterstützen schwächere Schüler und stacheln sie zu guten Leistungen an. Sie selber üben und vertiefen ihre Fertigkeiten in diesem Prozess. Wer in Englisch stark ist und helfen kann, ist in Mathe vielleicht dankbar für die Unterstützung eines anderen.

Diese Arbeitsform funktioniert nicht von selbst. Die Schüler müssen lernen, dass einen anderen zu unterstützen nicht heißt, seine Aufgaben für ihn zu erledigen. Sie müssen erfahren, was es heißt, wenn ein Gruppenmitglied seine Arbeit nicht erledigt und das Gesamtergebnis darunter leidet, und wie berauschend es sein kann, gemeinsam mehr zu erreichen, als jeder Einzelne allein hätte schaffen können. Sie müssen üben, ihre Arbeit gegenseitig kritisch zu reflektieren und Konflikte in der Gruppe auszuhalten und konstruktiv zu lösen. Sie müssen ihre eigene Rolle in der Gruppe finden, ihre Stärken und Schwächen kennenlernen und bereit sein, zu ihnen zu stehen. Die Gruppe muss lernen, ihre Arbeit zu strukturieren, um im vorgegebenen Rahmen zu einem zufriedenstellenden Ergebnis zu kommen. All dies funktioniert nur an der Aufgabe, als *learning on the job*. Die Lehrkraft muss sich darüber im Klaren sein, muss entsprechende Phasen für bewusste Planung oder Reflexion einplanen, muss die Schüler entlasten, indem sie zunächst eine engere Struktur vorgibt und diese mit wachsenden Kompetenzen der Schüler offener werden lässt. Ein gut funktionierendes Team braucht Zeit, um zusammenzuwachsen. Daher ist es wenig sinnvoll, Gruppenzusammensetzungen nach relativ kurzer Zeit oder gar von Fach zu Fach zu ändern. Vielmehr empfiehlt es sich, die Tischgruppe – sei es in Sport, Mathe, Kunst oder Deutsch – ständig als Bezugs- und Arbeitsgruppe wirken zu lassen, um so die Palette an unterschiedlichen geforderten Kompetenzen und den damit gemachten Erfahrungen zu erweitern.

Mittwoch, zur großen Pause im Teamraum des 5. Jahrgangs

»Katrin, Jens, habt ihr einen Moment? Ich wollte mit euch mal über Jonas sprechen.« – »Klar, wir bereiten gerade unseren Beitrag für die Jahrgangssitzung heute Nachmittag vor. Da wollten wir unter anderem auch Jonas mit seinem Asperger-Syndrom vorstellen. Da ist es ganz gut, noch ein paar Beobachtungen von anderen Kollegen mit einbringen zu können.« – »Mir ist aufgefallen, dass er unheimlich lange braucht, um an die Arbeit zu kommen oder auch ein Tafelbild abzuschreiben. Außerdem hat er zumeist nur einen Teil seiner Arbeitsmaterialien parat. Das macht es für ihn oft schwer zu folgen, und die TG leidet darunter, weil sie mit ihrer Arbeit nicht vorankommen. Julia war heute ziemlich genervt davon und hat Jonas kräftig die Meinung gesagt. Danach ging es besser, aber ich denke, ihr solltet das mit der TG noch einmal in Ruhe besprechen.« – »Machen wir, am Donnerstag haben wir ohnehin TG-Abend. Vielleicht gibt es heute Nachmittag ja noch ein paar gute Vorschläge, wie wir sinnvoll damit umgehen können.«

Am Nachmittag sitzen 15 Lehrerinnen und Lehrer und ein Sozialpädagoge in einem Stammgruppenraum des Jahrgangs. »Gut, halten wir Folgendes fest«, fasst Katrin zusammen. »Wir können von Jonas nicht erwarten, dass er seine Mappen so sauber und ordentlich führt, wie andere das können. Er soll alles, was er bekommt, einfach obendrauf heften. Die Reihenfolge und das äußere Erscheinungsbild sind erst einmal egal. Die A&Ü-Stunde am Freitag soll er dazu nutzen, all das nachzuheften, was lose in seinem Trolley, seinem Rucksack oder seinem Fach herumfliegt. Wenn er deshalb A&Ü nicht ganz schafft, ist das nicht so schlimm. Wichtig ist, dass er es lernt, seine Materialien für den Unterricht komplett zu haben. Dazu fragen wir in der TG, ob jemand bereit wäre, Jonas beim Trolleypacken am Morgen zu helfen. Da Jonas in A&Ü leicht durch alles, was um ihn herum passiert, abgelenkt wird, soll er die Möglichkeit erhalten, sich in eine ruhige Ecke im Cluster oder in einen extra Raum zurückzuziehen. Jens und ich werden das morgen auf dem TG-Abend vorstellen.« – »Vielen Dank!«, sagt Ute. »Jetzt müssen wir uns noch überlegen, welche größeren Anschaffungen wir in diesem Jahr tätigen wollen …«

Wie die Arbeit im Team die Möglichkeiten und den Horizont der Schüler erweitert, so tut sie es auch bei den Lehrern. Dazu gehört neben der Gelegenheit zum schnellen informellen Austausch auch ein verlässlicher Rahmen, in dem ein Team sich regelmäßig trifft und über die aktuellen Themen austauscht. Ersteres bietet der Teamraum eines Jahrgangs. Jede Lehrkraft hat hier ihren Schreibtisch, ist in Pausen, Freistunden oder zur Unterrichtsvorbereitung anwesend und für Kollegen, Schüler und Eltern ansprechbar. Der Weg aus dem Stammgruppenraum in den Teamraum ist kurz, die Zahl der Teammitglieder eines Jahrgangs mit zwölf bis 16 Personen übersichtlich.

Jeder Mittwochnachmittag ist als Teamnachmittag von Unterricht freigehalten. Themen, die den ganzen Jahrgang oder einen großen Teil davon betreffen und verbindliche Absprachen erfordern, werden auf einer im zweiwöchigen Rhythmus stattfindenden Jahrgangskonferenz besprochen. An den dazwischenliegenden Mittwochnachmittagen treffen sich die Fachkonferenzen, um ganz konkret die nächste Unterrichtseinheit zu planen. So erfährt jede einzelne Lehrkraft im Austausch mit den Kollegen Entlastung und entwickelt so manche Idee, die ihr alleine nicht gekommen wäre.

Donnerstag, 18:15 Uhr, ein Wohnzimmer irgendwo in Göttingen

15 Personen – sechs Kinder und neun Erwachsene – haben sich in dem kleinen Raum verteilt. Ein Erwachsener sitzt mit einer Gitarre auf den Knien vor den sechs Kindern, die ein Plakat mit der Strophe eines englischen Liedes hochhalten, das sie gerade gesungen haben. Noah erklärt, wie diese Strophe zustande gekommen ist: »Erst haben wir alle überlegt und aufgeschrieben, was wir mögen und was nicht, und dann haben wir aus den Sätzen die Strophe gedichtet.« – »Wie«, fragt ein Elternteil, »einfach so, ganz allein?« – »Nee«, schaltet sich Lilly ein, »manchmal wussten wir kein

Wort, das sich gut reimt, und dann hat Jens uns ein wenig geholfen. Aber die meisten Ideen sind von uns.« – »Und die anderen
TGs«, fragt ein Vater, »haben die auch alle gereimt?« – »Die meisten schon«, überlegt Noah, »eine nicht, glaube ich. Die hatten das
aber auch von Anfang an so beschlossen.« Jens schaltet sich ein:
»Jetzt würden wir gerne noch über die Arbeitsprozesse in eurer TG
sprechen. Dass ihr imstande seid, ein gutes Ergebnis zu erbringen,
haben wir ja jetzt gesehen. Dennoch gibt es sicherlich auch Dinge,
die ihr gerne noch verbessern möchtet. Nehmt euch jetzt bitte ein
wenig Zeit mit euren Eltern und besprecht, was in eurer TG bereits gut funktioniert, was ihr noch verbessern möchtet, und überlegt auch gleich, wie das gehen könnte. Eure Ergebnisse könnt ihr
dann auf diesen Karten notieren …« – Nach einer Weile stellen
alle ihre Gedanken vor. Als ein gemeinsamer Punkt, an dem gearbeitet werden soll, stellt sich »Zuverlässigkeit in der TG« heraus:
Wie kann sichergestellt werden, dass alle Arbeitsmaterialien vorhanden sind und sich alle an der TG-Arbeit beteiligen? Dies ist
bei mehreren ein Problem, aber besonders bei Jonas. Gemeinsam
wird überlegt, wie man Jonas unterstützen und gemeinsam möglichst gute Ergebnisse erreichen kann. Die im Lehrerteam gesam-
melten Vorschläge werden durch einen Vorschlag der Schüler ergänzt: Jonas soll zukünftig neben Noah sitzen, der ihn aktiv in die
Arbeit einbeziehen will.

Danach gehen die Kinder in Viktorias Zimmer, während die
Erwachsenen noch ein paar organisatorische Dinge besprechen
oder Fragen an die beiden Tutoren stellen. Noahs Mutter findet
es ungewohnt, die Leistungen ihres Sohnes nicht anhand von Noten einordnen zu können, ist aber andererseits erleichtert, dass

er nicht unter dem Leistungsdruck steht, den seine Freunde aus der Grundschule derzeit am Gymnasium erfahren. Anderen Eltern geht ähnlich. Wieder andere haben bereits Kinder an der IGS und können beruhigen, dass den Kindern nichts Entscheidendes verloren geht. Nach anderthalb bis zwei Stunden ist der offizielle Teil des Abends vorbei. Einige verabschieden sich, andere unterhalten sich noch.

Diese TG-Abende gehören ebenfalls zum Konzept und erweitern den Kreis der Teams. Die Eltern werden in die pädagogische Arbeit mit einbezogen – nicht nur mit Blick auf das eigene Kind, sondern immer auch auf die Gruppe. Der Ablauf dieser Abende hat eine verlässliche Form: Die Schüler stellen einige ihrer Arbeitsergebnisse seit dem letzten TG-Abend vor. Die Arbeit in der Gruppe und gegebenenfalls auch die Situation einzelner Gruppenmitglieder wird thematisiert. Danach ziehen sich die Schüler zurück und Eltern und Tutoren besprechen, was sonst noch so anliegt. Vier dieser abendlichen Zusammenkünfte hat jede TG pro Schuljahr. Jedes Mal ist ein anderes Elternhaus Gastgeber. Die TG-Abende zum Ende eines Halbjahres werden zumeist genutzt, um die Lernentwicklungsberichte vor der endgültigen Austeilung am letzten Schultag zu besprechen. Einige TGs wählen hierfür allerdings lieber die Möglichkeit eines Einzelgesprächs in der Schule. Aber auch hier gilt: Eltern werden nicht einfach mit den mal besseren, mal weniger guten Leistungen ihrer Kinder konfrontiert, sondern es besteht die Möglichkeit für Rückfragen und die Entwicklung von Zukunftsperspektiven.

Was zeitaufwändig klingt, ist es auch. 20 TG-Abende im Jahr wollen von den Tutoren vorbereitet sein. Neben der Tatsache, dass sich der Aufwand mit wachsender Routine minimiert, zeigt sich jedoch, dass diese Form der Elternarbeit den Alltag an anderen Stellen deutlich entlastet: Schule und Elternhaus ziehen pädagogisch eher an einem Strang, als in bester Absicht gegeneinander zu arbeiten. Anrufe aufgeregter Eltern werden seltener, da sie ihre Fragen und Sorgen regelmäßig anbringen können und sich ein grundsätzliches Vertrauen in die Tutoren als Erziehungspartner anstatt als potenzielle Gegner entwickelt. Nicht zuletzt entfällt der streng formale und dadurch oft unpersönliche und hemmende Rahmen, den Elternabende mit 30 Elternpaaren oder Elternsprechtage im Siebeneinhalb-Minuten-Takt schaffen. Erneut zahlt sich die Investition in gut funktionierende Teamstrukturen an anderer Stelle aus und erleichtert die alltägliche Arbeit.

Freitag, 14:15 Uhr, im Stammgruppenraum der 5.6

»Gut, wir haben Themen gesammelt, die wir heute besprechen wollen. Lasse und Lotta, ihr leitet heute den Klassenrat. Womit wollt ihr denn anfangen?« – »Wir möchten eigentlich als Erstes über die Probleme mit unserer Fachlehrerin Elisabeth sprechen. Kann vielleicht jemand von euch beschreiben, worum es geht?!« Lilly meldet sich: »Ich finde es total unfair, dass sie uns immer viel zu spät in die Pause lässt. Sie sagt dann, wir hätten ja auch nicht pünktlich angefangen. Dabei kommt sie eigentlich fast immer zu spät. Dass wir dann nicht brav im Klassenraum sitzen und warten, ist ja wohl kein Wunder!« – »Genau«, ergänzt Tobias, »und Liam hat sie neulich total angemacht, nur weil der mir was erklären wollte.« Es geht eine Weile so weiter. Dann meldet sich Matthias zu Wort: »Na ja, wir brauchen schon auch immer lange, bis wir wirklich unsere Sachen alle zusammenhaben und anfangen können. Es ist jetzt nicht so, dass wir ganz unschuldig wären.« Eine heiße Diskussion entspinnt sich. Die Stammgruppensprecher leiten das Gespräch, die Tutoren melden sich und werden drangenommen wie die Schüler auch. Am Ende einigt sich die Stammgruppe darauf, zwei Wochen lang das eigene Verhalten und das der Fachlehrerin genau zu beobachten und dann erneut zu überlegen, ob man Elisabeth auf das Problem ansprechen sollte. Danach werden noch einige organisatorische Dinge geklärt. Dann bittet Katrin die Schüler nach draußen auf die Wiese vor der Schule. Dort erhalten die Schüler Teppichfliesen, die Baumstämme darstellen, mit denen ein See voller Krokodile – in diesem Fall der große Sandkasten, in dem das Klettergerüst steht – zu überqueren ist. Allerdings schwimmen die Baumstämme weg, sobald keiner sie mehr berührt. Die Aufgabe scheint einfach, aber sobald die ersten Baumstämme aus Unachtsamkeit verloren gegangen sind, erhitzen sich die Gemüter, und es entsteht eine Diskussion darüber, wie man am besten vorgeht. Einige wenige diskutieren, andere probieren einfach mal aus, wieder andere versuchen ohne Teppichfliesen auf das Klettergerüst zu kommen. Katrin unterbricht das Spiel: »Glaubt ihr, dass es euch in der verbleibenden Zeit noch gelingt, diese Aufgabe zu lösen?« – »Nicht, wenn die Hälfte gar nicht wirklich mitmacht«, beschwert sich Fiona, die sonst eher still ist. »O. k.«, nimmt Katrin die Anregung auf, »was könnt ihr also machen, um erfolgreicher zu sein?« – »Uns gemeinsam auf die Sache konzentrieren, die unterschiedlichen Vorschläge anhören und gemeinsam entscheiden, wie wir vorgehen wollen«, sagt Lilly. Katrin zieht sich daraufhin wieder zurück und überlässt den Schülern das Feld. Auch die folgenden Absprachen verlaufen nicht reibungslos, und es gibt immer noch einige, die Schwierigkeiten haben, bei der Sache zu bleiben. Dennoch gelingt es der Gruppe, die ihnen gestellte Aufgabe vor Schulschluss zu lösen.

Die wöchentlich stattfindende TUT-Stunde ist eine feste Institution in allen Jahrgängen der Sekundarstufe I. Hier kann die Stammgruppe dringliche Themen besprechen oder organisatorische Angelegenheiten klären. Daneben kann sie für gruppendynamische Aktionen genutzt werden oder steht einfach zur freien Verfügung, wenn es einen besonderen Bedarf gibt. In den Jahrgängen 7 bis 10 umfasst sie eine Schulstunde, in den Jahrgängen 5 bis 6 zwei Stunden. Unter anderem in dieser besonderen Zeit werden die Grundlagen für teamfähiges Handeln und den konstruktiven Umgang mit Konflikten immer wieder reflektiert. Gemeinsam mit den jährlich stattfindenden Stammgruppenfahrten ergänzen sie die alltäglichen Entwicklungsprozesse in diesem Bereich oder geben einfach Raum für gemeinsame Erlebnisse. Die Tutoren gestalten diese Stunden, geben ihre Organisation und Durchführung jedoch immer mehr an die Schüler ab. Wenn Lehrer wirkliche Mitglieder des Teams sein wollen, müssen auch sie sich dabei gegebenenfalls mal gegen ihre Überzeugung zurücknehmen und die Fäden aus der Hand geben können – allerdings nie, ohne die Authentizität in ihrer Persönlichkeit und ihrer Funktion zu verlieren. Es geht nicht darum, einen Gleichen unter Gleichen zu mimen, der man nicht ist, wohl aber darum, nicht zu meinen, jeden Prozess und jedes Ergebnis eines Teams bereits vorwegnehmen und im Vorfeld beurteilen zu können. Jedes Tutorenteam, gegebenenfalls die Stammgruppe, muss selber entscheiden, welcher

Weg wohl für das Team mit seinen Persönlichkeiten und Strukturen angemessen ist. Wirkliche Akzeptanz werden Entscheidungen nur finden, wenn alle Beteiligten das Gefühl haben, dass sie von echten Teammitgliedern getroffen wurden und die Situation der unterschiedlichen Beteiligten nachvollziehbar mit einbeziehen.

Freitag vor den Pfingstferien, 16:30 Uhr, bei Katrin zu Hause

Katrin und Jens sitzen am Küchentisch und haben diverse Ordner und verschiedenfarbige Blätter um sich herum verteilt. »Gut«, sagt Katrin, »ich schreibe TGs 1 und 5, und du schreibst 2 und 4. Von TG 3 nehme ich außerdem Goran, Stefan und Maria, du die anderen drei. Wollen wir gleich mit der TG 3 anfangen?« Jens sucht drei blaue und drei rote Blätter heraus: »Fangen wir mit Angelina an? Ich finde, sie ist sehr daran interessiert, dass die TG gute Ergebnisse erreicht. Dafür fordert sie von den anderen eine ganze Menge und treibt sie auch ordentlich an. Am Anfang hat das auch ganz gut geklappt, aber so langsam lassen sich die anderen ihren doch recht herrischen Ton dabei nicht mehr gefallen. Vor allem Jesper sieht sich dabei, glaube ich, in seiner Intelligenz beleidigt. Immerhin hat er eine ganze Menge auf dem Kasten.« – »Ja«, ergänzt Katrin, »daraus hat sich ein ständiger Konkurrenzkampf entwickelt, der leider dafür sorgt, dass die TG in der letzten Zeit kaum noch vernünftige Ergebnisse bringt, weil sie zu viel Zeit mit Diskussionen zubringen. Ich glaube, wir müssen sehen, dass wir besonders die Rolle der etwas ruhigeren, aber ganz vernünftigen Teile der TG stärken, Maria zum Beispiel.« – »Genau, und ich finde auch, Stefan hat im letzten halben Jahr eine ganz gute Entwicklung gemacht …« – »Wie, dem Schlumpf muss man doch alles dreimal erklären, weil er grundsätzlich nicht zuhört!«, fährt Katrin dazwischen. »Stimmt schon«, erwidert der Kollege, »aber wenn der einmal an einer Sache arbeitet, dann ist er total sorgfältig, und es ist ihm wichtig, alles möglichst richtig zu machen. Dieses Interesse müsste er jetzt noch ein wenig mehr in die TG einbringen. Außerdem habe ich das Gefühl, dass seine ruhige Gelassenheit bei den aufgeregten Diskussionen ganz guttut.« – »O. k., dann lass uns doch mal ein paar Notizen machen – einmal zur TG als Ganzem und einmal jeder zu den Leuten, die er schreibt. Wer schreibt eigentlich den TG-Teil?«, fragt Katrin und lächelt Jens an. »Schon gut, übernehme ich«, gibt der zurück. Katrin erwidert erleichtert: »Vielen Dank. Ich brauche immer so lange für diese Schreiberei. Dir geht das leichter von der Hand.« – »Dafür darfst du dann wieder die Klassenraumgestaltung im nächsten Jahr organisieren. Da bin ich froh, wenn ich nicht den Kreativen spielen muss«, antwortet Jens.

Die halbjährlichen Lernentwicklungsberichte, die es bis zur Hälfte des achten Jahrgangs statt Notenzeugnissen gibt, stellen ein sowohl förderndes als auch forderndes Element für die Schüler- und die Lehrerteams der Schule dar. Sie halten die Tutoren dazu an, sich gemeinsam intensiv Gedanken über die einzelnen Mitglieder ihrer Stammgruppe zu machen, die eigenen Eindrücke zu reflektieren, ein möglichst umfassendes Bild und somit einen angemessenen individuellen Zugang zu jedem einzelnen Schüler zu entwickeln. Dabei wird bewusst von Listen abgesehen, in denen Kompetenzen angekreuzt werden, sondern die Lernentwicklungsberichte werden als Text ausformuliert. Sie enthalten üblicherweise einen je etwa einseitigen Teil zur Stamm- und zur Tischgruppe sowie einen etwa zweiseitigen Teil zum jeweiligen Schüler, in dem

Rückmeldungen zur Entwicklung im Arbeits- und Sozialverhalten sowie zu den fachlichen Leistungen gegeben werden. Damit werden die Leistungen der einzelnen Schüler immer auch in den Kontext des Settings gesehen. Neben den Eindrücken der Tutoren dienen die Lernordner der Schüler als Grundlage. Diese enthalten sämtliche Arbeiten, Tests und besonderen Leistungen, die ein Schüler über ein Schuljahr erbracht hat, zusammen mit den Rückmeldungen der jeweiligen Fachkollegen. Letztere können als Kompetenzliste gegeben werden, sollten aber auch immer einen individuellen, frei formulierten Kommentar enthalten. Sie können gemeinsam mit den Arbeiten ausgegeben werden. Jeder Schüler sollte aber mindestens zwei Rückmeldungen pro Fach erhalten. Die Tutoren müssen sich hierbei auf die Mitglieder des in ihrer Stammgruppe unterrichtenden Lehrerteams verlassen können, da ihnen sonst die Grundlage fehlt, Rückmeldungen über die Leistungen eines Schülers über die eigenen Fächer hinaus zu geben.

Ein weiterer zentraler Teil des Lernentwicklungsberichtes ist der Schüler-LEB, in dem die Schüler selber ihr Verhalten, ihre Leistungen und ihre Arbeit in der Tischgruppe über das vergangene Halbjahr reflektieren. Er wird geschrieben, bevor die Tutoren sich an ihre Lernentwicklungsberichte setzen, so kann die Reflexion der Schüler eingebunden werden. Dieser so schriftlich begonnene Dialog wird dann im LEB-Gespräch zum Ende eines jeden Halbjahres fortgesetzt. Eltern und Schüler erhalten die Möglichkeit, den LEB der Tutoren im Vorfeld in Ruhe zu lesen und sich dann in einem circa 20-minütigen Gespräch darüber auszutauschen und gemeinsam mit den Tutoren Perspektiven für das folgende Halbjahr zu entwickeln.

Dieser vergleichsweise aufwändige und intensive Prozess der Reflexion von Leistungsrückmeldungen hält alle Beteiligten – Schüler, Eltern und Lehrer – dazu an, sich ausführlich und qualifiziert Gedanken über deren Inhalt zu machen. Weder werden Leistungen pauschal in einer Ziffer zusammengefasst, noch kann man sich pauschal über die Ungerechtigkeit einer Beurteilung aufregen, sondern es bedarf immer der Auseinandersetzung mit dem jeweils konkret zu benennenden Inhalt. Dies fordert und fördert die Teamfähigkeit aller Beteiligten und sorgt letztendlich dafür, dass es oft leichter ist, eine gemeinsame Basis zu finden, auf der sich konstruktiv kommunizieren und zusammenarbeiten lässt.

Was bleibt als Fazit? Echte Teamarbeit in der Schule kann funktionieren. Dazu braucht sie einen verlässlichen und verbindlichen organisatorischen Rahmen. Sie braucht Menschen – Schüler, Eltern und Lehrer –, die bereit sind, sich auf diese Strukturen einzulassen, und sich ihnen verpflichtet fühlen. Teamarbeit bedeutet an vielen Stellen einen momentanen Mehraufwand, der sich jedoch im großen Ganzen auszahlt und die Arbeit des Einzelnen vielfach erleichtert und bereichert.

Teamfähigkeit durch Gewaltprävention (von Thomas Henckes)

Als freiberuflicher Gewaltpräventionstrainer (A AT/CT-Trainer[79]) arbeite ich für gemeinnützige Vereine und Firmen und organisiere mit meinem Kollegen Philipp van den Ecker Projekte an Schulen und sozialen Einrichtungen zu Themen wie Gewaltprävention,

Selbstbehauptung und soziale Kompetenzen. Im Folgenden soll es zum einen um die Schwierigkeiten gehen, die manche Kinder und Jugendliche damit haben, ein »Teamplayer zu sein«, und die möglichen Ursachen dafür; zum anderen darum, welche Möglichkeiten es für Eltern und Schule gibt, die Teamfähigkeit zu fördern.

Gewaltpräventionstrainings beinhalten neben dem Erlernen von Deeskalations- und Konfliktlösungsstrategien und der Sensibilisierung für das Thema Gewalt vor allem Inhalte zur gezielten Förderung sozialer Kompetenzen wie Einfühlungsvermögen (Empathie), Kooperationsfähigkeit, Kommunikationsfähigkeit, Förderung der Eigen- und Fremdwahrnehmung, Konfliktfähigkeit, Stärkung des Selbstwertgefühls etc. Denn eine Ursache für Gewalt ist fast immer fehlende soziale Kompetenz.

Grundlage meiner Arbeit bilden die konfrontative Pädagogik und ein autoritativer Erziehungsstil. Die pädagogische Haltung zeichnet sich dadurch aus, den Kindern größtmögliche Wertschätzung und Akzeptanz entgegenzubringen, aber gleichzeitig klare Standards und Regeln zu setzen und auf deren strikte Einhaltung zu achten. Ich spreche den Kindern ein hohes Maß an intellektuellen Kompetenzen und Eigenverantwortung zu, fordere diese jedoch bei Regelverletzungen auch strikt von ihnen ein und konfrontiere sie mit ihrem Verhalten. Gemeinsam können dann Lösungsmöglichkeiten erarbeitet werden.

Aufgaben und Probleme der modernen Schule

Die Schule von heute hat einen größeren Erziehungsauftrag, als dies noch vor zehn oder 15 Jahren der Fall war. Sie muss versuchen, das auszugleichen, was in vielen Familien nicht mehr geleis-

Tipp

Teamfähig oder nicht?

Ein Junge, der sich gut mitteilen und in andere hineinversetzen kann, Rücksicht nehmen und sich auch nach
einer Frustration noch mit den anderen in einem ange-
brachten Ton auseinandersetzen kann, wird in der Gruppe gemocht und eingebunden werden. Er ist teamfähig.
Ein anderer Junge hat zum Beispiel Schwierigkeiten, sein
eigenes Empfinden mitzuteilen, oder stellt seine persönlichen Wünsche über die der Gruppe, ohne dabei zu beachten, wie die anderen sich fühlen. Wenn er bei kleinen
Problemen, die Frustration auslösen, andere beschimpft
oder sich der Gruppe entzieht, wird er von ihr auf Dauer abgelehnt werden. Er wird sich ungerecht behandelt
fühlen, da für ihn nur seine eigene Perspektive ersicht-
lich ist und er die Sicht der anderen nicht nachvollziehen
kann. Er fühlt sich ausgeschlossen, wird immer frustrier-
ter und reagiert gegebenenfalls mit Gewalt oder anderem unsozialem Verhalten. Mit anderen Worten, er ist
nicht teamfähig.

tet wird oder geleistet werden kann. Leichter gesagt, als getan! Die
Lehrer stehen vor dem Dilemma, ihren Lehrplan durchbringen
zu müssen, während sie gleichzeitig erziehen und sich mit Ämtern, Kinderpsychologen und anderen Einrichtungen auseinandersetzen müssen, um den Kindern die notwendige außerschu-

lische Unterstützung zukommen zu lassen. Auch die baulichen Strukturen der meisten Schulen sind nicht dafür geschaffen, Kindern mehr zu bieten als eine Unterkunft für Wissensvermittlung. Selbst wenn es in vielen Schulen mittlerweile neue Gebäude für den offenen Ganztag gibt, fehlen auch dort oft echte Rückzugs- und Ruheräume. Die Kinder befinden sich von morgens früh um acht bis nachmittags um halb fünf in kleinen Klassenräumen mit bis zu 30 Mitschülern. Das kann für sie sehr anstrengend sein. Ein dauerhaft hoher Lärmpegel, kaum Rückzugsmöglichkeiten und ein von Anfang bis Ende durchgetakteter Tagesablauf bedeuten für viele Kinder Stress.

Die Schule muss Strukturen und Angebote für diese neuen Herausforderungen schaffen. Sie braucht dafür sowohl mehr differenziert ausgebildetes Personal und Mittel für ein breiter gefächertes Angebot als auch die entsprechenden Räumlichkeiten.

Gewaltpräventionsprojekte sind Teil solcher Angebote. In Kooperation mit den Schulen sollen den Jugendlichen Kompetenzen vermittelt werden, die es ihnen ermöglichen, friedlich miteinander umzugehen, Konflikte zu lösen und auf andere Rücksicht zu nehmen, ohne dabei die eigenen Bedürfnisse und Wünsche zu vernachlässigen. Eine engere Verzahnung von Schule und Jugendsozialarbeit ist heute unumgänglich.

Kinder und Teamfähigkeit

Viele Kinder und Jugendliche haben nie gelernt, wie man sich in einem Team verhält, wie man mit Frustrationen umgeht, wie man Konflikte gewaltfrei und fair lösen kann. Dies betrifft jedoch keineswegs nur Kinder aus sozial belasteten Familien und Milieus, sondern ebenfalls behütete Kinder aus »gutem Hause«. Lediglich die Gründe und Ursachen für die Defizite im sozialen Verhalten sind andere.

Kinder folgen Verhaltensmustern, die sie zu Hause oder auf der Straße gelernt haben, kommen mit diesem Verhalten jedoch oft in Konflikt mit den Regeln, Normen und Werten der Schule und der Gesellschaft. Im Endeffekt müssen sie jedoch die Verantwortung für ihr Handeln übernehmen und Konsequenzen wie schulische Probleme, Schulverweis oder Anzeigen tragen. Jedes Kind und jeder Jugendliche wäre wohl gern, wenn er die Wahl hätte, ein sozial kompetenter und teamfähiger junger Mensch, der ohne größere Probleme mit anderen Menschen, Mitschülern oder Lehrern durch die Schulzeit und sein Leben geht. Konflikte und Streitereien mit anderen bedeuten immer auch Stress und psychische Belastung. Kein Kind ist absichtlich sozial auffällig oder »schwierig«. Viele haben nur aufgrund der erlernten Verhaltensweisen Probleme, sich an die Strukturen und Anforderungen ihrer sozialen Umwelt anzupassen und sich in ihr zurechtzufinden.

Kinder aus sozial belasteten Familien

So gibt es in den sogenannten sozialen Brennpunkten viele Kinder/Jugendliche, die aufgrund ihrer Biografie mit teils schweren Problemen konfrontiert sind. Viele sind nach der Schule auf sich allein gestellt, da häufig beide Eltern oder der zu Hause lebende Elternteil arbeiten. Sie müssen schon im Grundschulalter tagsüber auf kleinere Geschwister aufpassen, diese vor der Schule noch in den Kindergarten bringen und andere verantwortungsvolle Aufgaben übernehmen.

Schon früh sehr viel Verantwortung

Ein achtjähriges Mädchen aus einer Trainingsgruppe erzählte morgens in der »Wie geht's uns heute?«-Runde, mit der jede Trainingseinheit anfängt, dass sie sehr müde sei, weil sie vor der Schule noch den Müll runterbringen, die Katzen füttern und danach noch ihren kleinen Bruder zum Kindergarten bringen musste. Auf die Frage, warum das denn nicht ihre Mutter mache, antwortete sie: »Mama schläft immer lange und hat keine Lust, so früh aufzustehen.«

Andere Kinder leben mit vielen Geschwistern auf engem Raum und kämpfen täglich um ein bisschen Aufmerksamkeit und die knappe Zeit ihrer Eltern. Viele von ihnen haben zwar teils starke Defizite im schulischen Bereich und bei ihren sozialen Kompetenzen, wirken jedoch schon reifer beziehungsweise älter als Kinder aus »gutbürgerlichen Familien«. Ihr Auftreten und ihre Sprache lassen sie schon früh sehr viel reifer wirken, da sie ihre Freizeit oft mit älteren Freunden oder Geschwistern verbringen. Ihre Wünsche und Bedürfnisse sind jedoch dieselben wie die anderer Kinder auch. Sie erleben zu Hause und auf der Straße viele Situationen, mit denen Kinder/Jugendliche nichts zu tun haben sollten. Gewalt, Vernachlässigung, unsichere Familienverhältnisse, Alkohol und andere Drogen sind nicht selten Teil ihrer alltäglichen Lebenswelt. Ihre Lebensumstände, die fehlende Förderung von zu Hause und damit verbunden schlechte schulische Leistungen bieten wenig Möglichkeiten für Erfolgserlebnisse und Anerkennung. Kinder/Jugendliche werden aber Wege finden, um zu Aufmerksamkeit und Anerkennung zu gelangen, und sei es auf eine Weise, die mit den Regeln, Werten und Normen unserer Gesellschaft nicht verträglich ist. Störendes, gewalttätiges und anderes unsoziales Verhalten sind lange erlernte und in gewissem Maße durchaus erfolgreiche Strategien zur Lösung von Problemen beziehungsweise zum Erlangen von Anerkennung und Aufmerksamkeit.

Ein Kind, das immer wieder den Unterricht stört, indem es den Klassenclown spielt, bekommt Aufmerksamkeit durch die Lehrer und Mitschüler – und Anerkennung von Letzteren. Ein Kind, das geärgert wird und sofort zuschlägt, hat sein Problem mit dem Mitschüler für den Moment schnell und erfolgreich gelöst. Ein Kind, das relativ grundlos andere Kinder ärgert oder auch schlägt, wird über kurz oder lang Aufmerksamkeit vom Lehrer bekommen. Und negative Aufmerksamkeit ist besser als gar keine.

Ein weiteres Problem stellt die Art der Freizeitgestaltung dar. Eines der meistgenannten Hobbys ist Spielen auf der Konsole – nicht selten spielen vor allem die Jungs schon im Grundschulalter mehrere Stunden am Tag. Hinzu kommen noch Fernseh- und Internetkonsum. Für viele Eltern ist dies eine angenehme Sache, da die Kinder viele Stunden ruhig und beschäftigt sind. Doch diese Art der Freizeitbeschäftigung bringt auf Dauer viele Nachteile mit sich. Die Kinder bewegen sich kaum und können somit ihre motorischen Fähigkeiten nicht gut entwickeln. Sie lernen ihren Körper und ihre körperlichen Fähigkeiten nicht kennen, was jedoch sehr wichtig für die Entwicklung eines positiven Selbstbildes ist. Oft kommt es zu Übergewicht und den damit verbundenen negativen physischen und psychischen Folgen. Sie lernen nicht mit anderen Kindern zu spielen, das heißt, sie lernen nicht, Rücksicht auf andere zu nehmen, sich selbst zurückzunehmen und sich an bestimmte Regeln zu halten. Im Videospiel sind immer sie die Hauptfigur. Wenn es im Spiel mal nicht läuft, kann »Reset« gedrückt werden, um so der aufkommenden Frustration sofort entgegenzuwirken. Die Fähigkeit, mit anderen Kindern zu spielen, bleibt dabei auf der Strecke, weshalb mit vielen Grundschul-Trainingsgruppen erst einmal viele Einheiten lang geübt werden muss, einfach nur miteinander zu spielen und dabei Regeln einzuhalten.

Ursachen für Defizite im sozialen Verhalten sind in diesem Bereich:

Hohe Problembelastung der Familie – unsichere Familienverhältnisse – Vernachlässigung – fehlende positive Vorbilder – fehlende Förderung – schulischer Misserfolg – fehlende Anerkennung und Erfolgserlebnisse – hoher Medienkonsum.

Kinder aus »gutem Hause«

Die andere Seite der Medaille stellen die Kinder dar, deren Freizeit so straff durchorganisiert ist, dass man von regelrechtem Freizeitstress reden muss. Kinder aus der mittleren und oberen Mittelschicht werden teilweise »überfördert«. Schon im Kindergarten fangen sie an, eine Fremdsprache zu lernen, nach der Schule steht beispielsweise montags Klavierunterricht, dienstags Tennis und donnerstags noch Schwimmen auf dem Programm. Hinzu kommen Hausaufgaben und gegebenenfalls Nachhilfe, damit der Sprössling auch garantiert den Übergang von der Grundschule auf ein Gymnasium schafft. Von frühester Kindheit an müssen die Kinder Leistung bringen.

Die heutige Jugend verbringt mehr Zeit mit schulischer und beruflicher Ausbildung als die Generationen davor, die Bedeutung schulischer und beruflicher Abschlüsse nimmt zu. Der Leistungsdruck steigt, und leider gibt es auch immer mehr, die auf der Strecke bleiben, da sie sich dem Druck nicht gewachsen fühlen oder es nicht sind. Bei all der Förderung, so gut sie auch gemeint ist, gibt es oft keine Möglichkeit mehr, sich frei von Druck und Regelung durch Erwachsene zu entdecken, auszuprobieren und zu entwickeln. Im freien Spiel unter Gleichaltrigen erlangen Kinder viele Kompetenzen und Fähigkeiten, die sie im Verlauf ihrer Entwicklung dringend benötigen. Wenn Kinder spielen, darf dies nicht als sinnloser Zeitvertreib missverstanden werden. Sie lernen, mit ihrem Körper und verschiedenen Gegenständen und Materialien umzugehen, und schulen dabei ihre Wahrnehmungs- und motorischen Fähigkeiten, sie üben sich in verschiedenen gesellschaftlichen Rollen mit eigenen Werten, Normen und Regeln und bauen soziale Beziehungen in spielerischer Weise auf.

Ursachen für Defizite im sozialen Verhalten in diesem Bereich:

Stress durch Überförderung – hoher sozialer Leistungsdruck – fehlende Zeit zum »Kind sein« – Gefühl der Überforderung – Ich-Fixiertheit.

Es gibt einige Aspekte des Gewaltpräventionstrainings, die besonders geeignet sind, die Teamfähigkeit zu fördern, weshalb sie hier erläutert werden sollen. Es handelt sich hierbei um Regeln, Selbst- und Fremdwahrnehmung sowie Spiele und Teamspiele.

Regeln

Gemeinsame Regeln und Werte sind für jede funktionierende Gemeinschaft unerlässlich. In der Gruppe wird mit den Kindern besprochen: Warum ist es wichtig, Regeln zu haben? Wer profitiert von Regeln, die Schwachen oder die Starken einer Gruppe? Wen schützen Regeln eigentlich?, etc.

Daran schließt sich die Überlegung an, welche Regeln in einem Team gebraucht werden und warum. Wichtig ist es, die Regeln gemeinsam mit den Kindern festzulegen und als Erwachsener nicht alleine zu bestimmen. Die Kinder sollen nicht das Gefühl haben, dass ihnen die Regeln auferlegt wurden, sondern dass sie diese mitbestimmt und festgelegt haben. Außerdem müssen die Regeln auch für den Erwachsenen/Trainer gelten. Schließlich muss den Kindern/Jugendlichen richtiges Verhalten vorgelebt werden. Man darf keine Dinge von ihnen verlangen, die man selbst nicht einhält. Abschließend wird gemeinsam ein Regelvertrag beschlossen, den alle absegnen.

Bei jüngeren Kindern können die Regeln lauten:
- Wenn wir im Kreis sitzen, sind wir leise.
- Niemanden auslachen oder ausgrenzen.
- Niemanden verletzen (physisch oder verbal).
- Stopp heißt Stopp (Stopp als Signalwort, wenn einen etwas stört).

Bei älteren Kindern/Jugendlichen heißen Regeln zum Beispiel:
- Respekt
- Aufmerksamkeit
- Disziplin

Daraufhin werden gemeinsam Konsequenzen erarbeitet: Was passiert, wenn die Regeln nicht eingehalten werden?

Mögliche Konsequenzen können wie folgt aussehen:

- Verwarnung: Fünf Kniebeugen oder Liegestütze (manchmal auch Hampelmänner oder eine Entschuldigung vor der Gruppe), zum Beispiel wenn zum wiederholten Male dazwischengequatscht wird.
- Gelbe Karte: Zehn Kniebeugen oder Liegestütze oder Ähnliches.
- Gelb-rote Karte: Ein Spiel aussetzen oder eine kurze Auszeit.
- Rote Karte: Kann bedeuten, den Rest der Trainingseinheit zusehen zu müssen und nach der Einheit eine Wiedergutmachung auszuhandeln. Die Wiedergutmachung kann ein Entschuldigungsbrief oder Bild an die Gruppe oder ein Kind sein, das geschädigt wurde. Es kommen aber auch andere Dinge infrage, wie zum Beispiel zwei Wochen Hofdienst machen oder den Trainingsraum nach Beendigung des Trainings aufräumen, je nach Regelverstoß. Wichtig ist dabei, dass die Kinder/Jugendlichen sich selbst Gedanken machen, was sie tun können, um wieder Teil des Teams zu werden.

An vielen Schulen bestehen Strafen/Konsequenzen aus Dingen wie zehnmal die Schulordnung abschreiben oder hundertmal »Ich darf im Unterricht kein Handy haben« aufschreiben. Diese Art der Strafen halte ich, und die Schüler empfinden dies genauso, für äußerst sinnlos und demütigend und für die Schüler schwer zu akzeptieren. Eltern und Pädagogen müssen sich der Wirkung ihres Handelns immer bewusst sein.

Es ist wichtig, den Kindern/Jugendlichen immer mit Respekt und Wertschätzung zu begegnen. Man muss ihnen aber auch zu verstehen geben, dass von ihnen verlangt wird, Verantwortung für ihr Verhalten zu übernehmen und sich an den von allen unterzeichneten Vertrag zu halten. Dazu braucht es eine leidenschaftliche Streitkultur, die sehr kraftaufwändig und anstrengend sein kann. Es geht um Zuwendung auf der einen Seite und verständlich begründete Strukturen und Grenzen sowie entwicklungsgerechte Aufgaben und Herausforderungen auf der anderen Seite.

Kinder wollen klare Regeln, da sie ihnen Sicherheit geben. Dann wissen sie genau, was sie tun dürfen und was nicht. Und sie wissen auch, welche Konsequenzen es gibt, und dass diese nicht heute so und morgen so sind.

Viele Eltern, Lehrer und Erzieher machen den Fehler, zu inkonsequent zu sein. Es sind viel Arbeit und der Wille zur Auseinandersetzung erforderlich, um Regeln und Konsequenzen im Alltag immer wieder einzufordern. Kommt man als Elternteil von einem anstrengenden Arbeitstag nach Hause, fehlt sicherlich oft ein wenig die Kraft, sich immer wieder mit denselben Dingen in einer fairen und konsequenten Art und Weise auseinanderzusetzen. Aber denken Sie daran, dass jedes Mal, wenn Sie die Regeln schleifen lassen, das Kind lernt: »Aha, wenn ich Mama/Papa nur genug nerve, bekomme ich meinen Willen.« So ist jede Auseinandersetzung, die Sie führen und in der Sie konsequent bleiben, eine gute Investition in die Zukunft. Zeigen Sie Ihrem Kind, dass Sie den längeren Atem haben.

Lehrern geht es genauso, nur dass sie noch vor einem weiteren Problem stehen. Wenn Lehrer in einer Klasse von oft bis zu

Tipp

Auch Eltern können mit ihren Kinder für zu Hause ein Regelwerk erstellen

Zum Beispiel:
- Wir hören uns gegenseitig zu!
- Wir verletzen niemanden!
- Bei Tisch verhalten wir uns leise!

Es kann auch ein Signalwort für Eltern und Kinder eingeführt werden, wenn einen etwas besonders stört oder jemand eine Auszeit braucht. Gemeinsam verabredete Konsequenzen können zum Beispiel sein: Müll wegbringen, abwaschen, Tisch abräumen etc. Natürlich muss es auch für die Eltern bei Nichteinhaltung der Regeln Konsequenzen geben.

30 Schülern sich jedes Mal intensiv mit ein paar Kindern auseinandersetzen müssen, bleibt der Rest der Klasse auf der Strecke. Helfen würde hier, neben mehr Personal, ein klares und einheitliches Regelwerk. In vielen Schulen gibt es dieses jedoch nicht, oder es ist höchst unterschiedlich. Bei dem einen Lehrer darf man im Unterricht etwas trinken, bei einem anderen gibt es dafür einen Tadel. Mal darf das Handy in den Pausen herausgeholt werden, mal nicht. Oft gibt es zwar für den täglichen normalen Schulbetrieb klare Regeln, im offenen Ganztagsbereich gelten jedoch wieder andere. Dies führt bei den Schülern zu Verunsicherung bezie-

hungsweise dazu, Grenzen immer wieder neu auszutesten, was zu mehr Stress bei der Lehrerschaft führt. Auch hier sind ein klares und einfach gehaltenes Regelwerk sowie sinnvolle Konsequenzen ein erster wichtiger Schritt zu einem friedlicheren und angenehmeren Miteinander.

Selbst- und Fremdwahrnehmung

In einem Team müssen die Bedürfnisse und Grenzen aller Mitglieder berücksichtigt und toleriert werden. Gleichzeitig sollen die eigenen Grenzen und Bedürfnisse geachtet werden. Um den anderen Teammitgliedern dazu die Chance zu geben, muss man lernen, sich selbst und die eigenen Gefühle wahrzunehmen, diese in Worte zu fassen und zu wissen, wo die persönlichen Grenzen liegen. Auch ein falsches Selbstbild und damit einhergehendes Verhalten kann zu Konflikten führen.

Mangelnde Selbstwahrnehmung

Eine Schülerin möchte in einer Teamübung die Chefrolle übernehmen, da sie sich für diese Rolle besonders geeignet fühlt. Sie kommandiert ihre Mitschüler herum, behandelt sie von oben herab und lästert bei Fehlern, sodass die Teammitglieder nicht gewillt sind, ihre Ideen und Vorschläge anzunehmen. Die Schülerin merkt nicht, wie unfreundlich sie mit den anderen umgeht und dass sie deren Ideen einfach übergeht, und wundert sich über die pampigen und trotzigen Reaktionen. Beide Seiten verlieren die Lust am Spiel und den Willen, zusammen die gestellte Aufgabe zu lösen. Es endet mit einem riesigen Streit und gegenseitigen Vorwürfen.

In Gruppen ist es wichtig, die eigene Wahrnehmung mit der der anderen zu vergleichen. Dazu vermittelt man ihnen die eigene Sicht der Dinge, die eigenen Wünsche und Gefühle. Auch die anderen Gruppenmitglieder tun dies, um dann zu schauen, wo Gemeinsamkeiten liegen und wo es noch Differenzen gibt und vor allem warum.

Jedes Training beginnt mit einer »Wie geht's uns«-Runde. Jeder Teilnehmer zeigt mit dem Daumen, wie es ihm heute geht. Daumen hoch bedeutet »Mir geht's gut«, Daumen waagerecht heißt »Mir geht es mittelmäßig« und Daumen runter »Mir geht es heute nicht so gut«. Hierbei lernen die Kinder, dem anderen zuzuhören und zugleich ihre Befindlichkeiten zu äußern. Außerdem weiß somit jedes Teammitglied, wie es dem anderen geht, und kann Rücksicht auf dessen Befindlichkeit nehmen.

Es gibt viele verschiedene Übungen, die sich mit dem Thema Selbst- und Fremdwahrnehmung beschäftigen, für jüngere Kinder zum Beispiel Trainingseinheiten zum Thema Gefühle.

Was sind Gefühle? Warum ist es wichtig, Gefühle bei mir selbst wahrzunehmen? Wie erkenne ich Gefühle bei anderen? Wo in meinem Körper spüre ich Gefühle (Bauchgefühl, im Herzen etc.)? Was sind gute und was sind schlechte Gefühle?

Bei älteren Kindern/Jugendlichen bietet sich eine Übung an, bei der jeder Teilnehmer einmal mit dem Rücken zur Gruppe sitzt und von den anderen gesagt bekommt, was sie an ihm mögen beziehungsweise was sie sich von ihm in Zukunft wünschen würden. Zum Beispiel: »Ich mag an dir, dass du lustig bist und viele Späße machst. Ich wünsche mir von dir, dass du nicht so schnell aggressiv wirst, wenn andere etwas falsch machen.«

Tipp

»Wie geht's uns«-Runde für zu Hause

Auch zu Hause können feste Zeiten für kleine Gesprächs-
runden vereinbart werden. Zum Beispiel könnten sich
freitags alle Familienmitglieder zusammensetzen, damit
jeder erzählen kann, was in der Woche gut gelaufen ist
oder was einem nicht so gut gefallen hat. Zudem kann
man etwa am Wochenende gemeinsame Aktivitäten planen. Die Familie ist schließlich für jeden Menschen das
wichtigste Team, und dafür sollte man sich Zeit nehmen!

Dadurch, dass der jeweilige Teilnehmer mit dem Rücken zur
Gruppe sitzt, fällt es den anderen leichter, bestimmte kritische
Dinge zu äußern, und der betroffene Teilnehmer kann sich besser
auf das Gesagte konzentrieren.

Jeder bekommt eine positive Rückmeldung über seine Eigenschaften und ein wenig die »Seele gestreichelt«, denn die meisten Menschen sind besser in der Lage, Kritik anzunehmen, wenn
vorher ihre guten Seiten gelobt wurden. Es gibt aber auch kritisches Feedback. Wichtig ist, dass die Kritik nicht in Verallgemei-
nerungen und Du-Botschaften geäußert wird wie: »*Du* bist *immer*
so aggressiv, wenn man etwas falsch macht«, sondern in Ich-Bot-
schaften wie: Ich mag es nicht wenn du mich so anmotzt, wenn
ich einen Fehler mache.

Nahezu jede Übung wird von einer kleinen Reflexionsrunde gefolgt, um diese Art der Kommunikation und des gegenseitigen

Austauschs zu üben und Probleme und Konflikte anzusprechen. Gemeinsam mit den Kindern/Jugendlichen können dann mögliche Lösungen gefunden werden. In der Schule und der Familie bedeutet dies für Lehrer oder Eltern, sich bei Konflikten die Zeit zu nehmen, beide Konfliktparteien anzuhören und gemeinsam Lösungswege zu finden. So fühlen sich die Kinder ernst genommen und empfinden die Konsequenz als fairer. Sie sind weniger frustriert.

Spiele und Teamspiele

Beim Spielen können Kinder mehr lernen, als man vielleicht annehmen würde. Selbst einfache Fangspiele verlangen gerade jüngeren Kindern viel ab. Damit Lauf- und Fangspiele in einer Gruppe ohne größere Konflikte ablaufen, müssen die Kinder über eine Vielzahl an Kompetenzen verfügen. Sie müssen sich an Regeln halten können, wie zum Beispiel dass sie gefangen sind, auch wenn sie selbst die Berührung gar nicht wahrgenommen haben. Sie müssen auf andere Kinder Rücksicht nehmen, aufpassen, niemanden über den Haufen zu rennen, oder als Fänger, dass sie beim Versuch, die anderen zu fangen, nicht zu fest schlagen, sondern sie nur berühren. Sie müssen auch Geduld haben, da der Fänger nicht immer hinter ihnen her ist, oder bei anderen Spielen warten, bis sie an der Reihe sind. Sie lernen außerdem, mit Frustration umzugehen. Nicht nur, wenn sie gefangen werden oder etwas nicht klappt, sondern auch, wenn es ums Gewinnen und Verlieren geht. Besonders dieses Thema birgt großes Frustrationspotenzial.

Nach den Spielen sollte man sich mit den Kindern zusammensetzen und besprechen, was gut gelaufen ist und was nicht. Dabei

Tipp

Die Flussüberquerung

Hierbei müssen die Kinder/Jugendlichen mithilfe einer bestimmten Anzahl Bretter oder Teppichstücke einen imaginären wilden Fluss überqueren, sprich eine Distanz von A nach B überbrücken, ohne dabei mit dem Wasser in Berührung zu kommen. Ziel ist es, das ganze Team sicher auf die andere Seite des gefährlichen Flusses zu bringen, ohne dass jemand verloren geht. Natürlich ist die Anzahl der Bretter/Teppichstücke so gewählt, dass die Gruppe nicht einfach eine Brücke bis zum anderen Ufer bauen kann, sondern sich überlegen muss, wie sie es schaffen kann, das andere Ufer mit den zur Verfügung gestellten Brettern zu erreichen. Solche Teamspiele fördern besonders das Gruppengefühl, das »Wir-Gefühl«. »Wir« sind ein Team, und »wir« müssen uns, ohne jemanden zu verlieren, durch diesen Fluss kämpfen. Der Übungsleiter kann, um das Spiel noch etwas schwieriger und aufregender zu machen, ein großes ekliges Flussmonster spielen, das die Bretter klaut, wenn diese nicht durch Berührung gesichert werden.

kann man Probleme klären, die während des Spiels aufgetreten sind, darüber diskutieren, was »fair spielen« bedeutet, und gemeinsam überlegen, worauf besonders zu achten ist. Die Kinder lernen, sich gegenseitig zuzuhören, ihre Meinung und Gefühle zu äußern und Probleme zu lösen. Auch mit jüngeren Kindern ist eine Reflexionsrunde möglich. Natürlich sollte man diese kurz halten und an das kognitive Level der Kinder anpassen.

Es kommt immer auch auf den Erwachsenen/Pädagogen an, wie viel Nutzen aus dem jeweiligen Spiel gezogen werden kann. Er muss bereit sein, sich wirklich auf die Spiele einzulassen, die Regeleinhaltung immer wieder einzufordern, vielleicht auch mal mitzuspielen, um den Kindern in Bezug auf Regeleinhaltung und Fairness als positives Vorbild zu dienen.

Komplexere Kooperations- und Teamspiele sind frühestens mit Kindern im Alter von sieben bis acht Jahren möglich. In einem früheren Alter sind sie noch zu sehr mit sich selbst beschäftigt, das heißt, für sie steht noch der Eigennutz im Vordergrund, und sie sind bei vielen Spielen motorisch schon so gefordert, dass sie es nicht schaffen, gleichzeitig noch auf andere Acht zu geben.

Besonders in der Erlebnispädagogik gibt es viele gute Übungen und Spiele zum Thema Teamfähigkeit. Ein weitverbreitetes und bekanntes Teamspiel ist die »Flussüberquerung«.

So eine Übung stellt hohe Anforderungen an die Kinder. Sie müssen gemeinsam Ideen sammeln, wie diese Aufgabe zu schaffen ist. Sie müssen dem anderen zuhören, mit Kritik an ihren Ideen umgehen lernen sowie mit Frustrationen, wenn die ersten Versuche scheitern oder ihre Ideen nicht für gut befunden werden. Sie müssen sich gegenseitig vertrauen und festhalten, damit niemand in den Fluss fällt. Sie lernen, auf Schwächere zu achten, aber auch die Stärken der vermeintlich schwächeren Kinder kennen. Schnell wird in solchen Gruppenprozessen deutlich, dass nicht immer die stärksten und lautesten Kinder die besten Ideen haben. Wenn so ein gemeinsames »Abenteuer« gemeistert ist, kann das Team den Erfolg und sich selbst feiern. Gemeinsame Erfolgserlebnisse schweißen ein Team zusammen.

Nach solchen Kooperationsspielen bespricht man in einer Reflexionsrunde mit der Gruppe, was gut funktioniert hat und was nicht. Was waren anfängliche Probleme, wie wurden diese gelöst, warum waren manche Teammitglieder sauer auf andere und wie wurden sie wieder mit ins Team geholt? Wer hatte welche Rolle im Team? Wer war Chef, wer Mitarbeiter oder Ideengeber? Wer ist wichtiger? Jeder Teilnehmer versucht selbst einzuschätzen, was für eine Rolle er hatte und ob ihm diese gefiel. Die anderen Teilnehmer schildern ihre Sicht dazu. Auf diese Weise können die Rollenverteilung und die Beziehungsstrukturen innerhalb einer Gruppe sehr gut veranschaulicht und offengelegt werden. Jeder Teilnehmer bekommt so Wertschätzung für seine Rolle in der Gruppe, da das Team erkennt, dass jeder Einzelne wichtig für den Gesamterfolg ist.

Solche Teamspiele eignen sich auch gut für Klassengemeinschaften. Meist sind nur ein paar Materialien nötig und ein etwas größerer Raum. Außerdem hat diese Art von Teamspiel immer ein wenig Abenteuercharakter und bietet daher einen hohen Anreiz für die Kinder/Jugendlichen.

Es ist nicht immer einfach, Kindern und Jugendlichen Teamfähigkeit zu vermitteln, da sie viele der benötigten Kompetenzen nie erlernt haben. Kinder lernen aber schnell dazu, daher lohnt es sich, am Ball zu bleiben. Als Lehrer, Eltern, Erzieher oder Übungsleiter muss man lernen, die kleinen Fortschritte wertzuschätzen und daran zu arbeiten. Schaffen Sie ein vertrauensvolles, attraktives und respektvolles Lernklima, leben Sie den Kindern/Jugendlichen vor, was Sie von ihnen erwarten, und begegnen Sie ihnen respektvoll und wertschätzend. Versuchen Sie konsequent, aber auch fair in Ihrem Handeln zu sein.

Vom Ego-Shooter zum Teamplayer – was Sport dazu beitragen kann (von Dr. Jürgen Hofmann)

Durch die Vermittlung spieltheoretischer und -praktischer Grundlagen an Lehramtsstudierende am Institut für Sportwissenschaft an der Universität Augsburg erhalte ich stets ein aktuelles Bild über junge Menschen im Schulsport. Seit 2005 bin ich Studiengangsleiter für die Lehramtsausbildung in Augsburg und begleite seit mehr als zehn Jahren Managementseminare als Sport- und Bewegungstrainer zur Förderung der geistigen und körperlichen Aktivierung.

Wenngleich in Bezug auf die Wirtschaft häufig die Meinung geäußert wird, dass dort vor allem egoistische Persönlichkeitstypen erfolgreich sind, besitzt die oberste Managerriege in der Regel eine hohe Sozial- und Kommunikationskompetenz. Interessant erscheint dabei, dass auch einige Spitzensportler[80] in der Wirtschaft »eine gute Figur machen« oder als Führungskraft im Rahmen eines Traineramts respektable Ergebnisse erreichen (zum Beispiel Uli Hoeneß, Felix Magath, Heiner Brand).

Eltern von heranwachsenden Kindern beschäftigt die Frage, was sie tun können, damit ihr Kind eine hohe Sozialkompetenz entwickelt – also in der Sportsprache ausgedrückt ein Teamplayer wird. Sportliche Aktivitäten können diese Entwicklung unterstützen.

Welche Rolle können sportliche Aktivitäten einnehmen, wie können schon im Vorschulalter gewisse Weichen zu mehr sozialer Verantwortung gestellt werden und welche Aufgaben können der Schulsport sowie das sportliche Engagement in einem Sportverein übernehmen? Die Hauptfrage dabei ist, was sportliche Betätigung dazu beitragen kann, das Kind vom eher ichzentrierten Wesen zum Teamplayer zu erziehen, ohne dabei eigene Interessen aus den Augen zu verlieren. Denn eines sollte klar sein: Wenn das Kind erkennt, dass es einige Dinge nur mithilfe anderer (besser und effektiver) erreichen kann, sind die Weichen für eine erfolgreiche Zukunft gestellt. Dafür dient Sozial- und Kommunikationskompetenz als Grundvoraussetzung!

Dies bedeutet nicht, all seine eigenen Interessen hintanzustellen und ausschließlich für die Bedürfnisse anderer zu arbeiten – denn selbst in Teamsportarten muss ein gesunder Egoismus gefunden werden, um erfolgreich zu agieren. Nehmen Sie als Beispiel den Handballspieler, der sich nie traut, in einer risikoreichen Situation den Torabschluss zu suchen. Wenn er es nicht auch einmal selbst versucht, wird er einerseits von seinen Gegenspielern nie ernst genommen; andererseits wird ihm auch von seiner eigenen Mannschaft nicht zugetraut, Verantwortung und Führung zu übernehmen. Aber auch das andere Extrem ist problematisch, wenn ein Spieler in jeder möglichen (und unmöglichen) Situation den Torabschluss sucht und nicht erkennt, dass ein Miteinanderspielen sowie das Abspielen auch wichtige Eigenschaften sind, um einen gemeinsamen Erfolg zu feiern.

Die Bedeutung von sportlicher Aktivität für die Entwicklung eines Teamgedankens

Aus der Entwicklungspsychologie wissen wir, dass die Entwicklung der Motorik insbesondere im Zeitraum von der Geburt bis zum Ende der Grundschulzeit von elementarer Bedeutung ist, da sich über die Motorik weitere Fähigkeiten entwickeln. Sie ist mitunter dafür verantwortlich, wie gut die kognitiven Fähigkeiten ausgebildet sind. Das Kind lernt zunächst vorrangig auf motorischer Ebene und legt damit die Grundlage für die nervalen Schaltungen, die dann auch für kognitive Leistungen verwendet werden können. Diese Tatsache belegen aktuelle Forschungen sowohl der Neurokognitionswissenschaften[81] als auch der Sportwissenschaft[82].

Daher erscheint der erste Ratschlag einfach: Bewegen Sie sich und Ihr Kind möglichst häufig, besuchen Sie viele Bewegungsorte, seien Sie Bewegungsvorbild. Neben den Spielplätzen, die ab ein bis zwei Jahren an Bedeutung gewinnen, sind dies Treffpunkte wie Babyschwimmen, Kleinkindkrabbelgruppen, Wander- und Klettervereine oder Kindersportgruppen. Dieser indirekt wirkende Aspekt gerät in der heutigen Zeit, die von kurzfristig zu erwerbenden kognitiven Leistungen und Kompetenzen der PISA-relevanten Fächer bestimmt ist, leicht in Vergessenheit. Zu gerne wird zwar auf Frühförderung hingewiesen, die letztlich aber zu häufig zu einer Spezialisierung unter Inkaufnahme einer Einseitigkeit führt. Auch wenn eine Begabung frühzeitig erkannt wird, erscheint es bis zum Alter von mindestens zehn bis zwölf Jahren wichtig, eine vielseitige Förderung zu betreiben. Ein weiterer Ratschlag ist daher, den Kindern eine möglichst breite Erfahrungspalette zukommen zu lassen – und dies ist nicht mit einem besonders hohen materiellen Aufwand, sondern vor allem durch ein entsprechendes Engagement der Eltern zu erreichen.

Am eindrücklichsten sind diese Erfahrungen in einer Gruppe, da dann die Motivation für alle, sich mit den Dingen auseinanderzusetzen, am höchsten ist. Der Neugiertrieb, eines der menschlichen Urmotive, ist dabei stets zu fördern, etwa durch Hinweise auf die vielen Dinge des Lebens, die es zu entdecken gilt (Ameise, Schnecke, Tierspuren etc.). Außerdem sollten Kinder ihre Erfahrungen anderen mitteilen – auch dies hilft, die Neugier aufrechtzuerhalten. Bei der Auseinandersetzung mit unterschiedlichen Naturphänomenen wird zudem die Kommunikation gefördert, da die Erlebnisse untereinander geteilt und gemeinsam verarbeitet werden müssen. Diese Zeit sollte bei gemeinsamen Unternehmungen eingeplant werden. Einfache Fragen wie: »Was war für dich das Schönste heute?«, »Was möchtest du noch mal spielen?«, oder: »Welche Tiere hast du heute gesehen?«, können diesen Reflexionsprozess unterstützen.

Schon vor dem Eintritt in den Kindergarten erscheint es zudem sinnvoll, dass in der Familie und den oben genannten Treffpunkten folgende Dinge immer wieder thematisiert werden:

Miteinander reden lernen

Wünsche – aber auch störende Dinge – sollten gemeinsam besprochen werden. Dadurch erhält das Kind die Möglichkeit, unterschiedliche Meinungen kennenzulernen, Bedürfnisse anderer ernst zu nehmen und sich zu artikulieren. Diese Kommunikation stellt die Basis allen sozialen Handelns dar, da über die kommunikativen Fähigkeiten vielfach die soziale Kompetenz erarbeitet wird. Viele Kinder sind – ohne dies in irgendeiner Form böse zu meinen – zunächst unglücklich, wenn sich Dinge verändern oder Spiele gespielt werden, die sie nicht kennen. Sie verlassen sich lieber auf das, was sie kennen, und brauchen daher die neuen Ideen aus ihrer Sicht nicht. Gerade beim Einführen eines neuen Spiels sind häufig Widerstände vorhanden, die zu überwinden aber wichtig ist, da sich nur dadurch der Horizont der Kinder erweitert und der Neugiertrieb erhalten bleibt. Dies bedeutet aber im gleichen Moment für Sie, viel Überzeugungsarbeit zu leisten, viel zu reden! Motivieren Sie Ihr Kind dazu, neue Spiele und Bewegungen auszuprobieren. Dennoch ist es auch sinnvoll, das gleiche Spiel mehrfach zu spielen, da gut funktionierende Spiele auch die Möglichkeit bieten, sich auf sicherem Terrain zu bewegen.

Die Aussage »Das kann ich nicht« ist vielfach nur ein Vorwand, diese Sache nicht machen zu müssen, oder entsteht aus Angst vor einer Blamage. Hier ist Ihr Geschick gefragt, um zu zeigen, dass über stetes Üben sehr viel an sportlichen Kompetenzen erlernt werden kann und noch kein Meister vom Himmel gefallen ist. Auch so erhöht sich das Selbstwertgefühl. Vermitteln Sie Erfolgserlebnisse verbal, und leben Sie positive Emotionen aus – auch das muss gelernt und geübt werden, und als Vorbild geben Sie diese Eigenschaft an Ihr Kind weiter! Damit hat es schon einen großen Schritt zu einem Teamplayer vollbracht, da es andere motivieren und loben kann, andererseits aber auch nicht zu schnell aufgibt, wenn aus dem Team oder vom Sportlehrer oder Trainer auch einmal kritische Worte kommen oder es einfach nicht so gut klappt.

Werte und Richtlinien definieren und aushandeln

Wenn Eltern ihren Kindern begründen können, weshalb das ein oder andere Verhalten nicht akzeptiert werden kann, führt dies oft dazu, dass diese Regeln entsprechend anerkannt werden. Die Einsicht, weshalb sie befolgt werden sollen, ist wichtig. Dies bezieht sich auch auf gegenseitige Absprachen und Werte. Entscheidend ist dabei die Konsequenz, die die Eltern an den Tag legen. Die Kinder merken schnell, inwiefern die Eltern auf Absprachen pochen, die sie schnell selbst brechen. Wenn die Eltern keine Konsequenz zeigen, werden sie in der Folge kaum erwarten können, dass die Kinder sich daran halten.

Auch im Sport gilt: Regeln sind nun einmal die grundlegenden Werte, die von allen auch akzeptiert werden müssen, um einen fairen Wettkampf zu gewährleisten. Klar, es gibt immer wieder Sportler, die diese brechen – am deutlichsten wird das beim Doping. Doch gilt generell, dass die Regeln frühzeitig erklärt werden und darauf gepocht wird, dass diese eingehalten werden. Im Idealfall ist dazu kein Schiedsrichter notwendig, da eine Übereinkunft existiert, was erlaubt ist und was nicht. Dies sollten insbesondere Eltern beachten, die als Zuschauer an einem Spiel Ihrer Kinder teilnehmen und dabei den Schiedsrichter beschimpfen, mit dem Trainer diskutieren oder den eigenen Kindern lautstark vorschreiben, was diese zu tun haben. Es sollte nicht immer ausschließlich um den eigenen Vorteil gehen.

Ein Beispiel aus dem Fußball ist die Situation, dass zwei gegnerische Spieler um den Ball kämpfen und er über die Auslinie rollt. Statt auf die Entscheidung des Linienrichters zu warten, versucht jeder der beiden Spieler, diesen dadurch zu beeinflussen, dass er unmittelbar die Hand hebt und damit signalisiert, dass seine Mannschaft Einwurf habe. Es kann hin und wieder durchaus unklar sein, wer den Ball als Letzter berührt hat, in den meisten Fällen gibt es allerdings keinen Zweifel. Was lernt jetzt der junge Mensch beim Betrachten dieser Bilder? Einerseits, dass ein Spiel nur mit einem Schiedsrichter funktionieren kann, und andererseits, dass man sich immer so verhalten muss, dass dieser zum eigenen Vorteil pfeift, auch wenn damit Begriffe wie Fairness vernachlässigt werden. Mein Plädoyer ist hier, sich frühzeitig über Regeln und deren Sinnhaftigkeit zu unterhalten, diese auch in gemeinsamen Spielen selbst auszuhandeln sowie bei Verletzungen der Fairness Position zu beziehen.

Verlieren und gewinnen lernen

Der Umgang mit einer Niederlage ist für jeden jungen Menschen schwierig und muss vonseiten der Eltern gut vorbereitet werden. Das kleine Kind hat zu Beginn bei keinem Spiel eine realistische Chance gegen einen Erwachsenen, da dieser einen ganz anderen intellektuellen Hintergrund hat, motorisch besser ist und sich im Lauf seines Lebens schon vielerlei Handlungsmuster angeeignet hat, die ihn zu diesem Spiel befähigen. Somit muss das Kind mit einer Niederlage im Leben starten, da es merkt, dass es etwas noch nicht so gut kann wie seine erwachsene Bezugsperson. Nun erscheinen zwei Dinge wesentlich: Zunächst einmal muss die Niederlage vonseiten des Erwachsenen so dargestellt werden, dass sie keine menschliche Wertung erfährt. Der junge Spieler ist weiterhin ein liebenswerter Mensch – egal, wie oft er verliert! In der Niederlage liegt aber auch die Kraft – durch entsprechende Übung und mit Übernahme von spieltaktischen Verhaltensweisen des Gegenspielers –, das Spiel irgendwann einmal doch zu gewinnen. Zur Motivationssteigerung wird der Erwachsene sowieso zu Beginn nicht gleich seine ganze Spielintelligenz aufbieten, sondern versuchen, den Spielausgang möglichst knapp zu gestalten, und vielleicht auch einmal den Gegner gewinnen lassen. Dies ist zur Aufrechterhaltung der Motivation und Spannung ein wesentlicher Aspekt. Und damit kommen wir zum zweiten Punkt, der häufig vergessen wird – dem Gewinnen-Lernen: Wichtig ist auch, das Gewinnen in einer fairen Art und Weise zu gestalten. Auslachen und arrogantes Verhalten sowie übermäßige Freude sind unangebracht und können dem Unterlegenen leicht das Gefühl geben, menschlich weniger Wert zu sein, oder es lässt ihn an seiner Person (und Intelligenz) zweifeln. Wenn ein Spiel so ungleich ist, dass der Sieger schon vorher feststeht, entfällt zudem der Reiz, es auszuüben. Dies gilt bei Gesellschaftsspielen genauso wie bei sportlich-motorischen Wettkämpfen.

Noch ein wichtiger Hinweis auf die Form der Spiele: Spielen Sie auch gemeinschaftliche Spiele, wo miteinander ein gemeinsames Ziel erreicht werden muss. Wenn dann eine Mannschaft oder die gesamte Familie etwas erreicht, ist der Stolz aller Beteiligten groß und das Selbstwertgefühl sowie die Gruppenzusammengehörigkeit sind gestärkt. Mit solchen Spielen wird zudem verdeutlicht, dass man als Team etwas erreichen kann, was als Einzelner nicht möglich wäre – eine wichtige Voraussetzung zur Entwicklung als Teamplayer!

Gerade im Spiel werden vielfältige Verhaltensweisen erlernt (Fairness, Umgang miteinander, Kommunikation), und die »wahre Persönlichkeit« tritt schnell hervor. Erziehen Sie also Ihre Kinder mittels unterschiedlicher Spiele zu fairen Mitspielern. Fördern Sie ihr Selbstbewusstsein mit dieser Vielfalt, und erkennen Sie die Vorlieben Ihres Nachwuchses, den Sie dann entsprechend fördern können.

Verzichten Sie als Eltern darauf, die Fähigkeiten ihrer Kinder untereinander zu vergleichen. Wenngleich das biologische Alter Hinweise auf Entwicklungsstände geben kann, so sind diese doch interindividuell unterschiedlich zu werten. Jedes Kind hat sein eigenes Entwicklungstempo, und nur weil es etwas noch nicht kann, sollte keine Rangfolge oder Bewertung aufgestellt werden. Unglücklicherweise tendieren wir alle dazu, schon im Kleinkindalter einen Wettkampf entstehen zu lassen, der Auswirkungen auf unsere Kinder hat: So lernen sie schon früh, dass sie gewissen Normen entsprechen müssen. Das Kindesalter wird mit dieser Form des Wettkampfes der Erwachsenen untereinander massiv beschnitten, und die Heranwachsenden geraten schon frühzeitig unter Leistungsdruck. Freuen Sie sich mit Ihrem Kind über jeden Leistungsfortschritt, und geben Sie ihm Rückmeldung, was es jetzt besser kann als vorher. Ermutigen Sie die Kinder zum Üben, und verdeutlichen Sie ihnen, dass mittels Training Leistungen möglich sind, die vorher nicht für möglich gehalten wurden. Beispiele auf motorischer Ebene sind etwa Ballweitwerfen bis zu einem Ziel oder Weitschwimmen. In späterem Alter (ab etwa acht Jahren) ist das Federballspiel gut geeignet, da über lautes Mitzählen der Zuspiele, ohne dass der Ball den Boden berührt, eine gute Rückkopplung des Erfolgs möglich ist. Auch Volleyball ist ein typisches Spiel, wo gemeinsames Handeln im Vordergrund steht und die Anzahl der Gesamtballkontakte das Erfolgsmaß charakterisiert.

Möglichkeiten der Vorschule und des Kindergartens, über sportliche Aktivität den Teamgedanken zu stärken

Im Kindergarten geht nichts ohne Regeln – und das ist auch gut so. Denn innerhalb des gesellschaftlichen Umgangs sind Rücksicht und Kommunikation eine Grundlage, die gerade wegen der aktuell gelebten Meinungspluralität, vielfältiger (medialer) Einflüsse, unterschiedlicher Lebensstile mehr denn je eine hohe Bedeutung innehat. Diese vielschichtigen sozialen Reibungspunkte treffen sicherlich schon im gemeinsamen Spiel auf Spielplätzen aufeinander, konkreter werden sie aber in den formalen Bildungsstätten wie Kindergarten oder Schule. Spätestens in diesem Alter wird die Basis gelegt, ob Bewegung zu einem Grundbedürfnis wird und lebenslange Bedeutung im Leben des Kindes erfährt.

Dies beginnt schon mit der Frage, wie das Kind dorthin gelangt. Oft bringen gestresste Eltern auf den letzten Drücker ihren Nachwuchs mit dem Auto. Empirische Studien belegen jedoch, dass Kinder, die zu Fuß in den Kindergarten oder die Schule gehen, sich zum einen mehr bewegen und – was noch bedeutender ist – tendenziell ihre Konzentrationsleistungen über den gesamten Tag nachhaltig steigern können.[83] Eine Idee hierfür ist die Installation eines »Walking Bus«. Dabei bewältigen acht bis zwölf Kinder mit ein bis zwei Erwachsenen auf einer vorher festgelegten »Busstrecke« den Schulweg in gehender Form gemeinsam. Die Vorteile liegen auf der Hand: Die Kinder sind weniger gestresst, haben sich körperlich betätigt und schon miteinander geredet sowie erste Naturerfahrungen gemacht. Da die Durchführung von den Eltern organisiert werden muss, ist diese Form des gemeinschaftlichen Schulwegs ein gutes Beispiel von bürgerschaftlichem Engagement – also auch eine Form von Netzwerken, was die Kinder beim Miteinandergehen ebenfalls tun. Im Regelfall stehen die Städte und ihre Schulbehörden solchen Aktionen sehr offen gegenüber und unterstützen sie.

Bei der Auswahl des Kindergartens sollten Eltern darauf achten, welche Spielmöglichkeiten inner- und außerhalb des Hauses existieren und ob die Erzieher im Bereich der motorischen Förderung entsprechend ausgebildet sind. Erkundigen Sie sich unbedingt, in welcher Form Ihr Kind eine entsprechende motorische Förderung erhält und wie das Bewegungsprogramm aussieht. Neben der musisch-künstlerischen erscheint die motorische Frühförderung elementar wichtig und bedarf einer speziellen Ausbildung, um die spezifischen Bedürfnisse dieser Altersgruppe zu befriedigen. Ideal ist eine Verquickung von Musik und Bewegung, da dabei das Gehirn besonders intensiv angeregt wird. Gerade kleine Tänze und die Verbindung von Bewegungen mit Musik schaffen in den entsprechenden Hirnarealen bestmögliche Vernetzung. Im Regelfall sollte mindestens ein Erzieher eine spezielle Ausbildung besitzen, um die jungen Menschen bestmöglich fördern und – auch dies ist ein oft unterschätzter Punkt – Defizite und Schwächen erkennen und analysieren zu können. Je früher motorische Schwächen (die sich ja wieder auf den sozialen Bereich auswirken!) erkannt werden, umso früher können diese in der Regel auch ohne größeren Aufwand und effektiv angegangen und behoben werden. Für diesen Bereich bedarf es zwingend eines Experten, der gezielt Bewegungszeiten arrangiert und durchführt. Dies ist besonders für inaktive Kinder notwendig, damit auch diese Bewegung als ein elementares Grundbedürfnis ansehen. Ein Tipp: Einen Hinweis, wie wichtig Bewegung für die Erzieher ist, erhält man häufig schon durch die körperliche Erscheinung sowie die (versteckte) Nachfrage nach dem Lebensstil sowie der präferierten Sportart.

Eine besondere Form von Kindergärten sind sogenannte Waldkindergärten.[84] Sie zeichnen sich dadurch aus, dass bei jedem Wetter und in jeder Jahreszeit ein Großteil der Zeit im Wald beziehungsweise im Freien verbracht wird. Dabei spielen Bewegung sowie die Auseinandersetzung mit Natur und vielfältige Primärerfahrungen eine dominante Rolle. Auch die soziale Komponente, das gemeinsame Gestalten und Interagieren sowie das gemeinsame Kommunizieren sind dabei wichtig. Aber auch hier sollte auf vielfältige Bewegungsanregungen wie Balancieren, Rückwärtslaufen, Springen, Laufen, Werfen etc. geachtet werden.

Möglichkeiten der Schule, über sportliche Aktivität den Teamgedanken zu stärken

Grundschule

Vieles, was über die Kindergärten sowie die Vorschulerziehung gesagt wurde, setzt sich in der Schule fort. Auch im Grundschulalter spielt die motorische Entwicklung eine bedeutsame Rolle in der kognitiven Entwicklung. Gerade in der ersten und zweiten Klasse sollten die Schüler viele Bewegungserfahrungen sammeln. Die Realität sieht allerdings anders aus, da es scheinbar das Ziel der Schule ist, die Schüler mehr oder weniger ruhigzustellen, damit sie den Unterrichtsstoff bewegungslos sitzend gut konsumieren können. Kenntnisse über Bewegungspausen, Schulhöfe, die zu Bewegung auffordern, und vielfältige Spielmaterialien sind in vielen Grundschulen noch Mangelware. Erste Hinweise zeigen, dass Bewegung im Rahmen des Mathematik- oder Fremdsprachenunterrichts dazu führt, dass bessere Lernergebnisse zustande kommen.[85] Lehrer sollten auf Fortbildungen viel mehr auf diese Möglichkeiten hingewiesen werden. Einen guten Überblick über praktische Möglichkeiten des bewegten Lernens gibt Riegger.[86]

Das größte Problem stellt der Ausbildungsstand der Lehrer dar. Es ist höchste Zeit, darüber nachzudenken, das Klassenlehrerprinzip zugunsten einer gelungenen motorischen Förderung im Rahmen des Schulsports durch ausgebildete Sportlehrer aufzugeben. Es kann nicht sein, dass nur knapp ein Drittel der Grundschullehrer in diesem Fach eine Ausbildung erhalten hat und der Rest es fachfremd unterrichtet. Vielfach zeigt sich bei den nicht ausgebildeten Lehrern, dass sie einigen Themenbereichen ängstlich gegenüberstehen, nicht genau wissen, was sie machen können und wo die Schwerpunkte in der Primarstufe liegen müssen. Gerade die Frühförderung in der Grundschule hat – auch im Hinblick auf Teamfähigkeit, den Umgang mit Sieg oder Niederlage sowie die sozialen Kompetenzen – eine zu hohe Bedeutung, als dass hier so nachlässig gehandelt werden kann.

Auch Schwimmen ist nicht mehr verpflichtender Bestandteil in der Grundschule oder kann nicht in befriedigendem Maße angeboten werden. Ein Schüler, der nicht schwimmen kann, wird dieser Freizeitbeschäftigung beraubt und wird – wenn überhaupt – immer mit einem schlechten Gefühl sowie einer gewissen Angst ins Wasser gehen. Doch die Primärerfahrungen mit dem Element Wasser sind von wesentlicher Bedeutung für die menschliche Entwicklung und dürfen nicht unterschätzt werden. Hier können auch etwas dicklichere Kinder positive Erfahrungen sammeln, da das Fortbewegen im Wasser auch für sie gut möglich ist. Außerdem ist das gemeinsame Spielen und Planschen eine gute Möglichkeit, miteinander in Kontakt zu treten, und viele Spiele im Wasser leben von Strategien, die nur durch gemeinsames Teamverhalten umgesetzt werden können.

Eltern sollten hier optimale Bedingungen einfordern, eventuell mithilfe von Elterninitiativen und Fördervereinen, die diese sensiblen Bereiche konsequent unterstützen.

Weiterführende Schulen

Was kann der Schulsport leisten, um aus den vielen »Individualisten« Teamplayer zu machen und eine Klassengemeinschaft herzustellen? Hier sind vor allem Spiele zu wählen, die ausschließlich gemeinsam zu bewältigen sind. Ein Beispiel ist die Teamaufgabe »Ausbruch«, wo alle gemeinsam eine Lösung finden müssen, um aus einem »Gefängnis« auszubrechen. *Alle* müssen über die »Gefängnismauer« (zum Beispiel eine quergestellte Weichbodenmatte) »fliehen«. Bleibt einer zurück, kennt er den Aufenthaltsort der anderen, und damit werden diese wieder eingefangen. Hierfür ist Kommunikation gefragt, da sich die Spieler austauschen werden, wie sie das Problem angehen wollen. Die sportlichen Schüler müssen sich in die weniger sportlichen hineinversetzen (Empathie) und Lösungen finden, wie diese ebenfalls über die »Mauer« gelangen. Über den Körperkontakt gelingt in der Regel ein Abbau von körperlicher Distanz, und die gemeinsame Lösung des Problems verschafft einen höheren Gruppenzusammenhalt. Diese und weitere Spiele, die vielfältig und zudem häufig an erlebnispädagogischen Inhalten orientiert sind, finden sich in einer Broschüre der Deutschen Sportjugend.[87]

Als besondere pädagogische Möglichkeit sind auch Klassenfahrten zu sehen, die die Gruppenzusammengehörigkeit ebenfalls stark steigern können. Klassenfahrten mit sportlichem Hintergrund vermögen es zudem, den körperlichen mit dem sozialen Aspekt zu vereinen, was gerade im Hinblick auf die Teamfähigkeit viele Möglichkeiten eröffnet. Wenngleich Klassenfahrten in Großstädte für die Schüler einen hohen Anreiz bieten, sind sie vor dem Hintergrund einer Verbesserung des Klassenzusammenhalts und der Teamfähigkeit wenig sinnvoll, da sich die Klasse sehr häufig nach Partikularinteressen aufteilt und wenig gemeinsam macht. Eltern sollten in diesen Fragen kritischer mitentscheiden, um den erzieherischen Anspruch dieser Fahrten mehr einzufordern.

Eine weitere Komponente schulischen Lebens sind auch außerunterrichtliche Aktivitäten, wie zum Beispiel Schulchor, Sport-Arbeitsgemeinschaften und Theatergruppen. Gerade diese nicht am Lehrplan orientierten und außerhalb des schulischen Leistungsdrucks stehenden Angebote zeigen, wie motiviert die Lehrerschaft ist. Für die Identifikation der Schüler mit der Schule sind diese zusätzlichen Bereiche eminent wichtig, viele nehmen sich dann erst als Teil der Schulgemeinschaft wahr. So erscheint eine Sport-AG mit der Teilnahme an Schulvergleichswettkämpfen als beste Möglichkeit, beispielsweise auch den Sportlehrer außerhalb des Sportunterrichts kennenzulernen und in Kontakt mit Schülern aus anderen Klassen zu kommen. Hieraus entsteht oft ein Netzwerk, welches häufig über den Sport und die Schulzeit hinaus Bestand hat, da gerade die Bekanntschaften im Kindes- und Jugendalter besonders tiefe Spuren hinterlassen.

Möglichkeiten von Sportvereinen, über sportliche Aktivität den Teamgedanken zu stärken

Es stellt sich für viele Eltern die Frage nach dem optimalen Freizeitangebot für ihre Kinder. Durch hohe Anforderungen in der Schule kommt es oft schnell zu einem Konflikt mit den Freizeitinteressen. Auch durch die Ganztagsschule ist die verbleibende Freizeit immer knapper bemessen. Idealerweise sollen die Schüler sich dann nach dem Willen der Eltern sowohl in der Musik und im Theater als auch im Bereich des Sports engagieren. Dies geht selbstredend schon aus Zeitmangel nicht, und es stellt sich die Frage nach der geeigneten Auswahl. Ich bin der Meinung, dass gerade Bewegung und Sport in der Kinder- und Jugendzeit unbedingt notwendig ist, da die kognitive Entwicklung über die körperliche Betätigung in besonderer Weise gefördert wird.

Doch wie entwickelt sich aus einem kindlichen Ichling ein erwachsener Teamplayer im Sport, und wie wird sich dieses Verhalten dann auf sein sonstiges Leben niederschlagen? Aus dem sportlichen Engagement resultieren einerseits Netzwerke, die letztlich in vielen Fällen Auswirkungen bis ins Erwachsenenalter haben. Das Eingebettetsein in ein Mannschaftsgefüge, das gemeinsame Training und die sogenannte »dritte Halbzeit« mit dem gemeinsamen Umtrunk stehen für ein soziales Gefüge, welches den Umgang miteinander ganz wesentlich prägt. In den (Sport)Vereinen treffen im Regelfall unterschiedliche soziale Schichten mit differierenden Lebensläufen aufeinander. Das Verbindende ist eben die sportliche Tätigkeit sowie die Mannschaft, der gemeinsame »Feind« ist der Gegner. Wo sonst finden sich diese Konstellationen? Andererseits werden über die Akzeptanz von Regeln, das

Einhalten von mannschaftlichen Absprachen sowie das Einordnen in ein Mannschaftsgefüge Partikularinteressen hintenangestellt – der erzieherische Wert, der über Jahre hinweg in einem freiwilligen sozialen Umfeld wirkt, ist kaum zu unterschätzen.

Mit welcher Sportart können diese Effekte erreicht werden? Wenngleich die Unterteilung in Individualsportarten (zum Beispiel Gerätturnen, Schwimmen, Leichtathletik, Tennis) und Mannschaftssportarten (etwa alle Ballsportarten) suggeriert, dass Erstere ohne Mannschaften stattfindet, ist das nicht der Fall. Obwohl in den Individualsportarten die Ausübung der sportlichen Tätigkeit in der Regel alleine stattfindet, bilden sich doch auch Mannschaften, die gemeinsam trainieren, auf Wettkämpfe fahren, sich gegenseitig anfeuern und Siege zusammen feiern. Daher wäre es den Individualsportarten gegenüber nicht fair, ihnen prosoziale Effekte abzusprechen. In den meisten Sportarten werden Gemeinschaftserfahrungen gemacht, die langfristig jeden einzelnen Sportler positiv beeinflussen. Klar ist aber auch: In den Mannschaftssportarten wird über die Interaktion auf dem Platz schon viel Wert darauf gelegt, sich an gemeinsame taktische Absprachen auch zu halten. Der Trainer wird entsprechende Konsequenzen ziehen, wenn der Spieler gegen taktische Vorgaben verstößt. Dies wäre bei einmaliger grober Nichtbeachtung etwa die Auswechslung, in mehrmaligem Fall würde er den Spieler zunächst nicht in die Anfangsformation aufstellen. Damit erhält dieser stets Rückmeldung über sein Verhalten. Andererseits wird der Spieler auch über die Reaktionen seiner Mitspieler sowie der Zuschauer ein Feedback erfahren und seine Verhaltensweisen im Idealfall modifizieren. Hier ist eben auch der pädagogische Trainer gefragt, der mit entsprechendem Taktgefühl, aber mit Vehemenz darauf hinarbeitet, dass eine Verhaltensänderung einsetzt. Trainer im Kindes- und Jugendbereich müssen deshalb über eine hohe pädagogische Kompetenz verfügen. Doch leider schlüpfen viele Trainer ohne dieses »softe« Fachwissen in die Rolle, und der Verein kann froh sein, wenn sich überhaupt jemand für dieses Amt zur Verfügung gestellt hat.

Hier kommen wir in den Bereich der Sportpsychologie, die nach den Effekten durch Sport fragt und überlegt, welche Voraussetzungen notwendig sind, damit prosoziale Erfahrungen wie Fairness, Regelakzeptanz, sozialadäquater Umgang mit Sieg und Niederlage sowie weitere Komponenten, die einen Teamplayer ausmachen, in den Umgang miteinander auch außerhalb des Sports einfließen. Es gibt durchaus auch kritische Töne im Bereich der Sportpädagogik, die behaupten, dass eine zu starke Leistungsfixierung, die Orientierung am Profisport sowie zu hohe Prämien dazu führen, den Fairnessgedanken nur noch marginal zu beachten, und damit genau zum gegenteiligen Effekt führen. Daher finden sich – auch im Sinne einer dauerhaften Bindung des Kindes an den Verein – folgende fünf Regeln für das Trainerverhalten im Kinder- und Jugendsport:[88]

- Leistung nicht ausschließlich als Gewinnen und Siegen definieren.
- Schaffen einer positiven Trainingsatmosphäre durch positive Verstärkung.
- Betonung positiver Gruppenverhaltensweisen und von Zusammenhalt durch gegenseitige Unterstützung und Hilfeleistung.
- Aufstellen klarer Regeln und Verantwortlichkeiten.
- Ständiges kritisches Überprüfen des eigenen Trainerverhaltens durch Video, Beobachter und Rückmeldung durch Athleten.

Im Bereich des Sportvereins sind noch weitere Aspekte von Relevanz: So ist der Sportverein einerseits offen für die Mitarbeit. Jeder kann sich dort in irgendeiner Weise, zum Beispiel als Trainer, Jugendleiter oder in sonstigen Ämtern, engagieren. Diese ehrenamtliche Tätigkeit ist eine geeignete Möglichkeit, sich in kleinem Rahmen zu beweisen, Führung zu übernehmen und Ideen im sozialen Umfeld umzusetzen. Inzwischen gibt es nicht wenige Unternehmen, die sich bewusst diejenigen Auszubildenden aussuchen, die in ihrem Lebenslauf ehrenamtliche Tätigkeiten vorweisen können.

Noch ein paar Hinweise für Ihr Kind: Denken Sie daran, dass das Gespräch über das Training und den Wettkampf, das Interesse für Probleme und Krisen, aber auch über Erfolgserlebnisse und Siege innerhalb der Mannschaft von großer Bedeutung ist. Kinder lernen sehr schnell und können bei hochwertigem Training in kürzester Zeit Dinge besser als Sie. Erfreuen Sie sich an diesen Fortschritten, und verdeutlichen Sie sie auch Ihrem Nachwuchs. Dies ist wichtig für die Folgezeit, wenn die Leistungen einmal stagnieren und der Erfolg ausbleibt. Eine gewisse Ausdauer ist notwendig, wenn sich Fortschritte einstellen sollen. Dies wird in der heutigen Gesellschaft – wo alles so schnell gehen soll – gerne von den Kindern vergessen. Ihnen ist kein Vorwurf zu machen, da die Werbung ja vielfach suggeriert: Erfolg ohne Anstrengung. Doch jeder, der etwas leisten kann, hat dafür einiges an Zeit, Mühe und Schweiß investieren müssen! Letztlich ist es gerade dieser Prozess, der das Selbstwertgefühl stärkt und die eigenen Kompetenzen veranschaulicht.

Wenn Ihr Kind in einem Sportverein Mitglied ist und dann einmal keine Lust mehr hat, gehen Sie dem Grund nach und prüfen Sie, ob sich daran etwas ändern lässt. Motivationstiefs sind etwas ganz Natürliches. Sie können aber Ihrem Nachwuchs und der Mannschaft helfen, wenn Sie Ihrem Kind klarmachen, dass mitten in der Saison ein Ausstieg für die Mannschaft unter Umständen sogar existenzbedrohend sein kann und die Entscheidung erst nach dem Ende der Saison getroffen werden soll. Damit erreichen Sie zweierlei: Zum einen stellt man sich aktiv Schwierigkeiten, ohne gleich die Flinte ins Korn zu werfen. Zum anderen erlernt man ein gewisses Durchhaltevermögen. Häufig genug kommt nach einer unmotivierten Phase wieder eine Zeit, in welcher man wieder Freude an der Tätigkeit findet oder – im Fall von persönlichen Differenzen – diese überwindet. Beide Effekte sind auch im Alltagsleben elementar wichtig.

Insgesamt lässt sich zusammenfassen, dass die Teilnahme an Sport und Bewegung substanziell notwendig für die gesunde Entwicklung von Kindern und Jugendlichen ist. Gerade Soft Skills wie Kommunikationskompetenz, Netzwerken und Empathie, aber eben auch die kognitiven Fähigkeiten insgesamt werden vom Sport in langfristiger Weise positiv beeinflusst. Voraussetzung dazu sollte aber ein pädagogisch sensibler Ansatz sein, der auf die Besonderheiten von Kind und Mannschaft Rücksicht nimmt und nicht ausschließlich Leistung in den Vordergrund stellt. Dazu sind die Ballsportarten sicherlich eine gute Wahl, wenngleich es auch gute Argumente für Individualsportarten gibt. Der junge Ichling wird auf alle Fälle im Sport – sei es mit den Eltern, in der Schule oder im Verein – die eine oder andere Erfahrung machen, die ihm wesentlich dabei hilft, ein guter Teamplayer zu werden.

Nachwort

Autonomie ist ein Schlüsselwort der 2000er-Jahre. Sie zu erreichen ist ein wesentliches Ziel der Kindererziehung. Eltern begleiten ihr Kind von Geburt an auf diesem langen Weg. Langsam, Schritt für Schritt, wird aus ihrem völlig von ihnen abhängigen Neugeborenen ein Erwachsener, der fähig ist, sich um sich selbst zu kümmern. Im Laufe dieser Entwicklung dürfen Etappen nicht übersprungen werden. Jedes Kind hat seinen eigenen Rhythmus. Erst wenn es sich sicher fühlt, wird es eine neue Etappe in Angriff nehmen. Die Aufgabe seiner Eltern ist, ihr Kind darin zu ermutigen, ohne es zu drängen.

Autonomie ist jedoch kein Synonym für »alles ganz alleine tun«. Autonom zu sein bedeutet, selbstständig handeln zu können, aber vor allem auch zu erkennen, wann man Hilfe braucht, und andere um ihre Unterstützung zu bitten. Niemand ist fähig, alles ganz allein zu vollbringen. Deshalb ist es so wichtig, in der Erziehung seines Kindes auf die Regeln, die das Leben in der Gemeinschaft ermöglichen, und auf die Vorteile der Zusammenarbeit im Team zu insistieren. Der Erfolg im Team vermittelt einem Kind vielfältige Erfahrungen, die ihm in seinem emotionalen und beruflichen Leben sehr hilfreich sein werden.

Wir leben in einer Welt, die dank der neuen Technologien vielleicht besser funktioniert, aber gleichzeitig die menschliche Einsamkeit fördert. Bildschirmmedien appellieren an das Grundbedürfnis des Menschen: zu kommunizieren. Doch der digitale Austausch ersetzt nicht die menschliche Nähe. Bei übertriebener Nutzung kappen die elektrischen Kabel das soziale Band. Der Bildschirm als Freund? Die neuen Technologien sind in unserem Leben nur schwer wegzudenken. Es liegt an der Gesellschaft, ihre Kinder vor einem Übermaß an digitalem Einfluss zu beschützen, damit ihre soziale Kompetenz nicht darunter leidet und das Virtuelle ihre reale Welt nicht verdrängt.

Ichlinge werden nicht als solche geboren, sie sind das Produkt äußerer Faktoren. Doch durch das Trainieren der sozialen Kompetenz und durch Prävention im Bereich der Teamfähigkeit kann Ichlingen und generell Kindern und Jugendlichen das sichere Gefühl des »Wir« vermittelt und ihnen ein neues Motto für die Zukunft geschenkt werden: »Zusammen leben und agieren statt einsamer (Miss-)Erfolg.«

Anmerkungen

1. Grimm, J. und W. (1877) *Deutsches Wörterbuch*, Bd. 4.2, Leipzig
2. www.welt.de/welt_print/article2356601/Ichlinge-sind-out-Die-Gesellschaftstrends-der-naechsten-20-Jahre.html
3. »Herausforderungen und Realität an den Schulen aus Sicht von Eltern und Lehrern«, Institut für Demoskopie Allensbach, 2011, www.ifd-allensbach.de
4. www.zeit.de/karriere/beruf/2010-11/egoismus-karriere-erfolg/seite-2
5. Brunner, R., Zeltner, W. (1980), *Lexikon zur Pädagogischen Psychologie und Schulpädagogik*, München
6. Hartup, W. W. (1992), *Having friends, making friends, and keeping friends: Relationships as educational contexts*. http://www.ericdigests.org/1992-3/friends.htm
7. www.athealth.com/Consumer/disorders/ChildSocialSkills.html
8. www.apotheken.de/news/article/kinder-brauchen-soziale-kompetenz/
9. www.avg.com/de-de/press-releases-news.ndi-1047
10. www.oekotest.de/cgi/index.cgi?artnr=10822;gartnr=90;bernr=07;co=
11. »Tut Kindern gut! Ernährung, Bewegung, Entspannung«, Broschüre der Bundeszentrale für gesundheitliche Aufklärung
12. www.psychologie.zhaw.ch/de/psychologie/forschung-und-entwicklung/medienpsychologie/forschungsprojekteaktuell/james/james.html
13. www.morgenpost.de/printarchiv/wissen/article1654614/Kinder-Schmerzende-Finger-nach-Computer-Nutzung.html
14. www.sleepfoundation.org/article/press-release/annual-sleep-america-poll-exploring-connections-communications-technology-use
15. www.sleepfoundation.org/article/press-release/annual-sleep-america-poll-exploring-connections-communications-technology-use
16. Rehbein, F., Kleimann, M., Mössle, T., »Computerspielabhängigkeit im Kindes- und Jugendalter: Empirische Befunde zu Ursachen, Diagnostik und Komorbiditäten unter besonderer Berücksichtigung spielimmanenter Abhängigkeitsmerkmale«, KFN-Forschungsbericht, Nr. 108, Hannover
17. www.1a-krankenversicherung.de/nachrichten/kinderaerzte-verlangen-warnungen-auf-spielekonsole-und-pc-11141
18. www.spiegel.de/netzwelt/web/0,1518,548754,00.html
19. www.jugendhilfeportal.de/wai/showcontent.asp?ThemaID=4801
20. www.utexas.edu/know/2011/01/18/watkins_facebook/

21. www.heute.at/freizeit/multimedia/Studie-Jugendliche-einsam-durch-Facebook;art760,390136
22. www.fitforfun.de/sex-soul/partnerschaft/freunde-finden-1000-facebook-freunde-oder-ein-echter_aid_9826.html
23. »Neurosciences: Les mécanismes de l'empathie«, *Sciences Humaines,* Nr. 150, Juni 2004
24. Tisseron, S. (2010), *L'empathie au cœur du jeu social,* Paris
25. www.sciencedaily.com/releases/2010/05/100528081434.htm
26. www.pressetext.com/news/20090302031
27. www.dradio.de/dlf/sendungen/studiozeit-ks/901822/
28. www.lehrerverband.de/heranw.htm
29. Jürgen, F., Fehr, W. (Hrsg.) (2003), *Computerspiele. Virtuelle Spiel- und Lernwelten,* Bonn
30. www.focus.de/wissen/wissenschaft/mensch/tid-12539/hirnforschung-aggressive-kennen-kein-mitleid_aid_346123.html
31. Scala, K. (2001), *Soziales Kompetenztraining – Indoor & Outdoortraining in erlebnisreicher Kombination zwischen Natur und Beziehung,* http://www.uni-protokolle.de/forum/25
32. http://jrsmith.blog.avg.com/2010/10/would-you-want-a-digital-footprint-from-birth.html
33. Sroufe, L., Fleesen, J. (1988), »Attachment and the construction of relationships«, in: Hartup, W., Rubin, Z. (Hrsg.): *Relationships and development,* London
34. www.salzburg.com/online/lifestyle/gesundheit/Feinfuehligkeit-ist-das-Wichtigste.html?article=eGMmOI8VfijlJ9BVm6Cl6LPiRANEBgJ8ilHXcq7&img=&text=&mode=send&
35. Grossmann K., Grossmann K. (2004), *Bindungen – das Gefüge psychischer Sicherheit,* Stuttgart
36. »Paternal involvement and infant-father attachment: a Q-set study«, www.thefreelibrary.com/Paternal+involvement+and+infant-father+attachment%3A+a+Q-set+study.-a0119510146
37. www.welt.de/print/wams/vermischtes/article13400602/Warum-wilde-Tiere-spielen.html
38. www.welt.de/print/wams/vermischtes/article13400602/Warum-wilde-Tiere-spielen.html
39. Schoppe-Sullivan, S. J. et al. (2006), »Attachment and sensitivity in family context: The roles of parent and infant gender«, *Infant and Child Development* Nr. 15
40. Kermoian, R., Leiderman, P. (1986) »Infant attachment to mother and child caregiver in an East African community International«, *Journal of Behavioral Development,* Nr. 9
41. www.medizin-aspekte.de/2011/04/kinderpsychologie_fruehpraevention_15188.html
42. Hazan, C., Shaver, P. R. (1987), »Romantic Love conceptualized as an attachment process«, *Journal of Personality and Social Psychology,* Nr. 52
43. www.dradio.de/dlf/sendungen/studiozeit-ks/901822/

44. deMause, L. (1977), *Hört ihr die Kinder weinen. Eine psychogenetische Geschichte der Kindheit,* Frankfurt
45. deMause L. (1977), *Hört ihr die Kinder weinen. Eine psychogenetische Geschichte der Kindheit,* Frankfurt
46. Dominici, G., Cote, A. B. (1927), *On the education of children,* Washington D. C.
47. deMause, L. (1977), *Hört ihr die Kinder weinen. Eine psychogenetische Geschichte der Kindheit,* Suhrkamp Verlag.
48. Stork, H. E. (1993), *Les rituels du coucher de l'enfant,* Thiron
49. Konrad, R. (2000), »Die Fähigkeit zum Alleinsein als Fähigkeit zur Selbstregulation: Stern und Winnicott«, *Fachtexte zur Entwicklung von Psychotherapie in Theorie und Praxis,* Jahrgang 1
50. Halmos, C. (2009), *Grandir, les étapes de la construction de l'enfant, le rôle des parents,* Paris
51. www.irishhealth.com/article.html?id=18808
52. www.tagesanzeiger.ch/mobile/leben/gesellschaft/Da-wachsen-kleine-Prinzen-heran-/s/20598903/index.html
53. Valentin, S. (2004), *Schlaf beim deutschen Kleinkind* (Doktorarbeit)
54. www.thueringer-allgemeine.de/startseite/detail/-/specific/50-Jahre-Pille-Befreiung-oder-Suende-1111464646
55. www.focus.de/wissen/bildung/egoismus/psychologie_aid_26199.html
56. www.focus.de/wissen/bildung/egoismus/psychologie_aid_26199.html
57. Kristensen, P., Bjerkedal, T., »Explaining the Relation Between Birth Order and Intelligence«, *Science* 22, June 2007, Vol. 316, Nr. 5832
58. Britain in 2011, November 2010 vgl. www.esrc.ac.uk/funding-and-guidance/tools-and-resources/research-resources/surveys/understanding-society.aspx
59. www.guardian.co.uk/lifeandstyle/2010/nov/14/only-children-happier-competition-bullying
60. Brophy, B., (1986), »It doesn't hurt to be alone«, *U. S. News and World Report,* Nr. 106
61. www.kinder.de/Einzelkinder.486.0.html
62. www.rundschau-online.de/html/artikel/1296684440136.shtml
63. *Eltern,*12/2008
64. www.dradio.de/dkultur/sendungen/thema/681212/
65. www.maja-langsdorff.de/medprena.htm
66. *Eltern,* Mai 2008
67. Montessori, M. (2005), *Grundlagen meiner Pädagogik,* Wiebelsheim
68. Pressemappe der Techniker Krankenkasse (2009), »Stress – Aktuelle Bevölkerungsbefragung: Ausmaß, Ursachen und Auswirkungen von Stress in Deutschland«
69. www.cio.de/karriere/personalfuehrung/2271484/
70. Gérard, C. (2011), *Kein Anschluss unter dieser Nummer,* Bad Honnef.
71. »Tischgruppen statt Trennung«, *Frankfurter Rundschau,* 25./26.6.2011
72. Meuß, K., »Schule in China«, *Einsichten und Perspektiven,* Themenheft 02/2007
73. Hesket, T. et al. (2010), »Stress and psychosomatic symptoms in Chinese school children: cross-sectional Survey«, *Arch Dis Child.*
74. www.bbc.co.uk/news/world-asia-pacific-12264416.

75. Katzenbach, J. R., Smith, D. K. (1993), *The Wisdom of Teams: Creating the High-performance Organization,* Boston

76. www.n-tv.de/wissen/Kinder-imitieren-ihre-Eltern-article995666.html

77. Schneider S. (2009), *Lehrbuch der Verhaltenstherapie. Band 3: Störungen im Kindes- und Jugendalter,* Berlin

78. Krainz-Dürr, M. (1999), *Wie kommt lernen in die Schule?,* Innsbruck/Wien

79. Anti-Aggressivitäts- und Coolness-Trainer (beides geschützte Methoden zur primären, sekundären und tertiären Gewaltprävention).

80. lle maskulinen Bezeichnungen schließen gleichermaßen weibliche und männliche Formulierungen mit ein.

81. Zum Beispiel Hollmann, W., Strüder, H. K. & Tagarakis, C. V. M (2003): »Körperliche Aktivität fördert Gehirngesundheit und -leistungsfähigkeit«, *Nervenheilkunde,* 22, 467-474; Morgenstern, U. (2003): »Zum Zusammenhang von Motorik und Kognition bei Vorschulkindern«. Universität Potsdam: Dissertation Online am 15.08.2011 unter http://opus.kobv.de/ubp/ volltexte/2007/1583/pdf/morgenstern_diss_A1b.pdf; Voelcker-Rehage, C. (2005): »Der Zusammenhang zwischen motorischer und kognitiver Entwicklung im frühen Kindesalter«, *Deutsche Zeitschrift für Sportmedizin,* 56

82. Vgl. Asendorpf, J. & Teubel, T. (2009): »Motorische Entwicklung vom frühen Kindes- bis zum frühen Erwachsenenalter im Kontext der Persönlichkeitsentwicklung«, *Zeitschrift für Sportpsychologie,* 16(1), 2-16; Fleig, P. (2009): *Die frühkindliche Persönlichkeit am Übergang von der Kindergarten- zur Grundschulzeit – Eine Längsschnitt-Feldstudie zur Entwicklung von Motorik, ausgewählten Kognitionen und Selbstkonzept.* Aachen: Shaker; Zimmer, R. (2009): *Toben macht schlau. Bewegung statt Verkopfung* (4. Auflage). Freiburg/Brsg.

83. Vgl. Kehne, M. (2011): *Zur Wirkung von Alltagsaktivität auf kognitive Leistung von Kindern.* Aachen

84. Mehr Informationen dazu unter: Bundesverband der Natur- und Waldkindergärten in Deutschland e. V. (2011): »Rund um den Natur- und Waldkindergarten«, online am 13.08.2011 unter http://bvnw.de/

85. Müller, C. & Schlöffel, R. (2004): *Bewegtes Lernen in modernen Fremdsprachen – dargestellt am Beispiel des Faches Englisch.* St. Augustin; Müller, C. & Ziermann, C. (2004): *Bewegtes Lernen im Fach Mathematik.* St. Augustin

86. Riegger, S. (2003): »Bewegte Schule – Gesunde Schule«, online am 16.08.2011 unter http://www.gesundestadt.de/Downloads/bewegte%20schule%20gesunde%20 schule.pdf

87. Deutsche Sportjugend (Hrsg.) (2005): »Eine Frage der Qualität: Persönlichkeits- und Teamentwicklung im Kinder- und Jugendsport«, online am 16.08.2011 unter: http://www.dsj.de/downloads/Publikationen/ Persoenlich_Teamentwicklung.pdf

88. Alfermann, D. & Stoll, O. (2007), *Sportpsychologie. Ein Lehrbuch in 12 Lektionen.* Aachen

Register

A

Abhängigkeit(en) 123
ADHS-Kind 209
Aggressivität/aggressiv 22, 25,
36, 43, 60–63, 78, 98, 101,
125, 132, 208, 210, 302 f.
Aktivität, sportliche (Bedeu-
tung) 310–316
Anerkennung 294
Anklammern 82
»antiautoritäre« Erziehung 167,
174–177
Asperger-Syndrom 277
Aufmerksamkeit, Erlangung
von 294
Ausbildung, Kind 193 ff.
Ausbildungsreife 269
Autonomie(entwicklung)
121–153
– Trennung 134–141 *siehe auch*
Trennungsängste
Autorität, gute 178 f.

B

Babymassage/-schwimmen/-
Yoga 187, 310
Babys *siehe auch* Säuglinge/
Babys
Bildschirmmedien 15, 24 f., 27,
29 f., 32, 34–39, 42, 45 ff.,
58, 68, 70, 171, 173
Bildungseinrichtung(en)
–, optimale 187
– unter Druck 198
Bindung, frühkindliche 74–103
– Bedeutung 74 f.
Bindungsängste 99–103
Bindungsperson, Bedeutung
für Kind 87
Bindungstypen 75–80

C

Computer (PC) 26–39, 42 f.,
45 ff., 62, 70, 172 f., 213

D

Deeskalationsstrategien 289
Depression(en)/depressiv 36,
157, 184, 205, 219
Desorganisierte/desorientierte
Bindung 79 f.
Diagnosefähigkeit, soziale 65 f.
Distanz zum Kind 104–120
Disziplin 13, 15, 167, 297

E

Egoismus 17, 56, 60, 154–166,
226, 309
–, gesunder 157 f., 309
–, rationaler 160
Einsamkeit 45–50
Einschlafmethoden 119
Einzelkinder 161–166
– Erziehung 166
Eltern
– Autoritätsrolle 169
– Leistungsdruck entziehen
200
– Modellwirkung 240–243
– strenge 132
– Überängstlichkeit 129
Elternaussagen, Lehreralltag
221
Eltern-Kind-Team 240–253
Emotionen 256
Empathie 18, 38, 50–55, 109,
154 ff., 289, 321, 327
– Kind, Förderung 59
– Kleinkind 55
– und Gewalt 60–64
– Verlust 56–60
»entfernter« Erziehungsstil
111 f.
Enttäuschung 101, 181, 223
Erfolg 187–237
Erfolgszwang, Eltern/Schule
195–201
Erlebnispädagogik 306
Erstgeborene, Intelligenz 163
Erwartungshaltung, Eltern 197
Erzieherinnen 89–98

– Bindung, sichere 97
Erziehungsstile, kulturelle 110 ff.

F

Facebook(-Nutzung) 34, 38, 40,
47 ff., 71, 224
Familienkonstellation 22
Familienplanung, Deutsch-
land 145
Fernsehkonsum, Regeln 31
Förder-Hysterie 187–193
Föten-Training, Folgen 192
Fremdeln 126
Freunde 245
Frühförderung 194
Frühpädagogik 188
Frustration 132
–, Umgang mit 186
– und Liebe 179–185
Frustrationstoleranz 155, 182 ff.
–, große 229 ff.

G

Geburt 20, 22, 53, 70, 80 f.,
83, 89, 91, 105, 117, 121,
124, 134, 144 f., 162 f., 172,
188 ff., 207, 239, 247, 310
–, digitale 71
Gemeinschaftssinn 60, 113,
155, 159, 236
»gemischter« Erziehungs-
stil 112
Generation ICH 56
Georg-Christoph-Lichtenberg-
Gesamtschule 271–288
Gewalt, Formen (Kinder/Ju-
gendliche) 61 f.
Gewaltprävention 288–308
Gleichaltrige(n, Beziehung zu)
9, 20, 22, 24 f., 41, 54, 70,
165 f., 189, 201 ff., 219, 226,
245, 251, 267, 296
Grenzen, Regeln und 14, 18,
20 f., 58, 143, 158, 177, 243
Großfamilie 245

Grundschule, sportlich Teamgedanken stärken 319 ff.
Gruppenarbeit 255 f.

H
Hilfsbereitschaft 11, 13, 60,
243 ff.
Höflichkeit 13, 15

I
Ideenreichtum 239
Impulskontrolle 60
Intelligenz, Erstgeborene 163
Internet(nutzung/-konsum) 14,
16 f., 25, 27, 30–33, 35, 38 f.,
46–50, 71 f., 177, 189, 294
Intoleranz 40

J
Jugendliche 10 ff., 14, 16 ff., 25,
32, 34 ff., 38, 40 ff., 44–48,
56 ff., 61, 63 f., 72, 159, 184,
204, 210 ff., 216, 228, 235,
262, 289, 291 ff., 297 ff., 302,
304, 307 f., 327
– Mediennutzung 33

K
Kind(er)/Jugendliche
– aus »gutem Hause« 295 f.
– Regeln, gemeinsame 297
– Teamplayer 237–240
– Verantwortung, frühe 293
Kindergarten/-tagesstätten
18, 23 f., 27, 30 ff., 82, 94,
96 f., 102, 135, 137, 143,
158, 165 f., 193–198, 204,
232, 238, 292 f., 295, 311,
317, 319
– sportlich Teamgedanken stär-
ken 317 ff.
Kinderrechte (Genfer Erklä-
rung) 168
Kindesmisshandlung
101, 135 *siehe auch*
Misshandlung(en)
Kindheit, Geschichte der
104–108
Kindheitserinnerungen 68
Klassenkonferenz, »Problem-
kind« 206–210
Kleinkinder 17, 20, 27, 30, 37,
54, 75 f., 79, 86, 88, 96, 157,
187, 196, 204, 247, 310, 316
siehe auch Babys/Säuglinge
– Bindungsperson 87
– Computer 28 f.
– Empathie 55
– Spielzeit 250
Klinik für Videospiel-Süchtige 41

Kommunikation 246 f.
–, interne 239
Kommunikationskompetenz
308 f., 327
Kompetenz, soziale 18–25
– Definition 19
– Kind einschätzen 23
– Teamfähigkeit 64–67
– Welt, digitale 36–45
Konflikt/-situationen 18, 38,
51, 58, 60, 66, 73, 99, 101,
115, 133, 158, 164, 171, 177,
180, 183, 199, 202, 214, 218,
238 ff., 256, 261 ff., 276, 284,
291 f., 301, 304, 323
Konfliktbewältigung/-lö-
sung 289
– Schule, Angebote/Maßnah-
men 262 ff.
Konflikte 239
Konfliktfähigkeit 64, 289
Konfliktlösungsstrategien 289
Konkurrenzkampf, Asien 236
Konsequenzen (Strafen), Regel-
verstöße 298
Konzentrationsschwierigkei-
ten 16
Körperhaltung/-sprache 24
Körperkontakt 115
Krankheit(en)/Kranksein 212 f.
–, Angst vor 214 f.
Kreativität/kreativ 36, 66, 85,
197, 236, 250, 274, 286
Kultur, Erziehung 22
–,– afrikanische/asiatische 115
–,– westliche 112–120
Kulturtechnik, Erziehung ver-
sus 67–73
Künste, schöne (Frustrati-
on) 185 f.
Kuscheltuch (Übergangsob-
jekt) 125
Kuschelzeit 213

L
Lehrerengagement 264 f.
Leistung 222
Leistungsdruck 9, 11, 16, 102,
110, 197, 232–236, 259 f.,
281, 296, 316, 322
– Folgen 201–211
– und Leistungsverweigerung
211–232
Leistungsfördernde Fakto-
ren 225
Lernen, pränatales 189 f.
Liebe 90
–, Frustration und 179–185
Liebesentzug 101
Lob 18
Loslassen 127–131

M
»Mamakind« 115
Medienindustrie 72
Mediennutzung, Jugend-
liche 33
Milieu, soziales 267
Minderwertigkeitsgefühle
155
Misshandlung(en) 210
Miteinander
– Eltern-Kind-Beziehung
80–83
– reden lernen 311 f.
Montessori-Schule 135
Motivation 159, 202, 311,
315, 327
Motivationssteigerung 315
Museumspädagogik 195 ff.
Mutter 84–88
Mutter-Kind-Bindung 94

N
Nachhilfe 199
Nähe, Angst vor 99–103
»naher« Erziehungsstil 111
Neonatizide 106

O
Online-Schikanen 38
Organisierungsphase, Team
239

P
PC *siehe* Computer
PC-Konsum, Regeln 31
Pisa-Studie (2010) 232
Prügelstrafe 67 *siehe auch*
Schlagen/Schläge

R
Realitätsprinzip 180
Realitätswahrnehmung 230
Regeln
–, gemeinsame 297–301
– goldene (Eltern-Kind-Team)
249
– Grenzen/Gebote 14, 18, 20 f.,
58, 143, 158, 177, 243
–, »natürliche« 248 f.
Regelverstöße, Konsequenzen
(Strafen) 298
Regelwerk für zu Hause 300
Richtlinien definieren/aushan-
deln 313 f.
Rituale/ritualisiert 111, 214,
223, 262

S
Säuglinge/Babys 9, 11, 20, 26,
29, 36 f., 51, 53 f., 70, 75,
80 ff., 84, 92, 94, 96, 105 ff.,

111–118, 121–124, 126,
140, 142, 144 f., 147–152,
163, 179, 187–193, 239,
244, 247
– Babysitter 138
– Bindung verbessern (Väter)
91
– Feminismus 153
– Geburt, digitale 71
– Schreien 85, 148
– Trennung auf Zeit 137
– Übergangsobjekt (Kuschel-
tuch) 125
– Verabschiedung 138
– Weinen, Gründe 149
Schlaflosigkeit 35
Schlafrhythmus, Kind 147
Schlafritual 91, 139, 150 f.
Schlafstörungen 34, 119, 126,
148, 192, 205, 209
Schlafverhalten, Baby 148
Schlagen/Schläge 67, 104,
107 ff., 175
Schuldgefühle 60, 134, 139,
176 f.
Schule (moderne) 259–271
– Aufgaben/Probleme 289 ff.
– Bewegungspausen 319
– Computernutzung 30
– Eltern, Wunschkenntnisse 13
– sportlich Teamgedanken stär-
ken 319 ff.
Schüler
– Kompetenzen, soziale 266 f.
Schulkindergarten, integrati-
ver 257 ff.
Schulpreis 2011 271–288
Schulsport 319–322
Schulverweigerung 205
Schwangerschaft 80 f., 153,
189 f.
Selbstbestimmung 143
Selbstbewusstsein 64, 129, 143,
157, 167 f., 209, 243, 316
–, gesundes 229
Selbstbezogenheit 60
Selbstdisziplin 18, 185
Selbstreflexion 65
Selbstschutz 158
Selbstvertrauen 74, 102, 220
– stärken 251 ff.
Selbstwahrnehmung 65, 301
–, mangelnde 301–304
Selbstwertgefühl 102, 157, 174,
210, 251, 289, 312, 315
Sensitivität, perzeptuelle 19
sichere Bindung 76 f., 99
Solidarität 159, 239
Sozialisation 109
Sozialkompetenz 308
Sozialstrukturen 160

Sozialverhalten, Defizite
(Ursachen)
– Kind aus »gutem Hause« 296
– Kind mit belasteter Lebens-
biografie 295
Spiele 304–308
– »Ausbruch« 321
– Flussüberquerung, Die 305
Spielekonsole 43 f.
Spielzeit 250 f.
Sport, Ego-Shooter/Teamplay-
er 308–327
Sportvereine, sportlich Team-
gedanken stärken 323–327
Sprachentwicklungsstörun-
gen 206
Sprachfähigkeit 189
Stress/gestresst 14 f., 46, 76 f.,
85, 197, 212 f., 242 f., 291 f.,
296, 301, 317
–, Schüler im 203

T
Tagesmütter 89–98
– Bindung, sichere 97
Tangshan (China), Schule
in 233
Team 237–240
–, Lernen/Lehren in 271–288
– Phasen 238 f.
Teamaufgabe »Ausbruch«
(Spiel) 321
Teamfähigkeit/teamfähig 13,
64–67, 210, 238, 267 f., 270,
290, 320, 322
– durch Gewaltprävention
288–308
– Kinder 291 f.
– Milieu, soziales 267 f.
– Schulformen 268 f.
Team-Kleingruppen-Mo-
dell 271
Teamregeln (gute) 248
Teamspiele 304–308
Teilnahmslosigkeit 205
Toleranz 18, 65, 229
Trennungen auf Zeit 137
Trennungsängste 78, 124, 126,
139 f., 204
Trotzphase 131–134, 182 f.

U
Überängstlichkeit, Eltern 129
Übergangsobjekt 124
Umwelt entdecken 130
unsicher-ambivalente Bindung
78 f., 100
unsicher-vermeidende Bin-
dung 77 f., 99 f.
Unterstützung des Kindes
109

V
Väter 89–98
– Bindung zum Kind verbes-
sern 91
Vater-Kind-Bindung 94
Verabschieden, Kind 138 f.
Verantwortung
–, Autonomie und 230
–, frühe 293
Verantwortungsgefühl 60, 102
Verbote 142
Verhalten, soziales 270
Verlieren lernen 314 ff.
Vernetzung, Eltern/Freunde/
Vereine/Schule 265 f.
Vertrauen/vertrauen 47, 50, 65,
75, 86, 91, 93, 96 f., 99, 103,
114, 120 f., 136, 138 f., 148,
181, 186, 191, 195, 200,
209, 216, 224 f., 227, 231,
246, 253 ff., 282, 306
Videospiele 26–36
Videospiel-Süchtige 41
Vorbilder 20, 54, 57, 295
Vorschule, sportlich Team-
gedanken stärken 317 ff.
Vorschulerziehung 317 ff. *siehe
auch* Kindergarten/-tages-
stätten

W
Waldkindergärten 319
Weinen/Schreien 52, 54 f., 76,
78, 81 f., 84, 86, 88, 115,
119, 121, 127, 133, 136 ff.,
143, 147 f., 151, 173, 179,
184, 192, 209
– Gründe 149
– »Mythos« 85
Weinkrämpfe 205
weiterführende Schulen, sportlich Teamgedanken stär-
ken 321 f.
Werte 313 f.
»Wie-geht's-uns«-Runde 303
Wünsche formulieren (Lö-
sungsmöglichkeiten) 225
Wutanfälle/-ausbrüche, Kind
68, 127, 133, 183

Z
Zärtlichkeit 90
Ziele formulieren (Lösungs-
möglichkeiten) 225
Zukunftsängste 11, 210
Zukunftstrend 270 f.